JOSÉ REINA VALENZUELA

BIOGRAFÍA DEL PADRE VALLEJO, EL PRIMER HISTORIADOR DE HONDURAS

ERANDIQUE
COLECCIÓN

BIOGRAFÍA DEL PADRE VALLEJO, EL PRIMER HISTORIADOR DE HONDURAS
JOSÉ REINA VALENZUELA

©Colección Erandique
Supervisión Editorial: Óscar Flores López
Diseño de portada: Andrea Rodríguez
Administración: Tesla Rodas—Jessica Cordero
Director Ejecutivo: José Azcona Bocock
Primera Edición
Tegucigalpa, Honduras—Diciembre de 2024

UN PADRE EXCEPCIONAL

El día que el padre Antonio Vallejo falleció (domingo 18 de enero de 1914), a Tegucigalpa se le paralizó el corazón y sus ojos se llenaron de lágrimas. A su velatorio y entierro llegaron pobres y ricos, intelectuales y analfabetos, hombres en corbata o descalzos, mujeres, jóvenes y niños.

De esa forma, la ciudad despedía a uno de sus hijos más ilustres, al primer historiador hondureño.

"Creemos nosotros (a pesar de lo que piensan algunos), que con el Doctor Vallejo Honduras ha perdido un factor indispensable en su actuación forzosa como miembro de la comunidad internacional. Y si no, allí están las pretensiones sobre el Golfo de Fonseca; la demarcación de los límites entre este país y Guatemala y el estudio de nuestra deuda exterior", señaló diario El Cronista en su edición del 20 de junio de 1914.

Sobre los hombros de sus alumnos iba el ataúd que cargaba los restos de quien primero quiso ser sacerdote, pero después abrazó con toda pasión, la historia, la geografía y la investigación.

Al padre Vallejo, como se le conocía cariñosamente, lo movía el amor por su país.

La bibliografía que dejó a las futuras generaciones y a los estudiosos de la historia es invaluable.

El primer Censo General de la República de Honduras (publicado en 1887), el Compendio Histórico, Estadísticas de las escuelas (también de 1887), Recopilación de leyes agrarias, Historia documentada de los límites entre la República de Honduras, Nicaragua, El Salvador y Guatemala, Ligeras observaciones al curso elemental de historia de la lengua española, Minas de Honduras y Necrología del presbítero D. Miguel A. Bustillo, son entre otras, obras en las que quedó plasmada la dedicación de Vallejo.

El Censo General que levantó, en medio del boicot de algunos sectores de la sociedad, es una hermosa radiografía de lo que era Honduras hace ciento treinta y siete años.

En ese libro (publicado por Colección Erandique), se encuentran estadísticas y datos curiosos, desde el número de costureras, barberos y zapateros, hasta cuántos extranjeros o religiosos vivían en los principales pueblos del país.

"El Censo General de 1887 representa un paso importante para el Estado de Honduras para aprender a conocer su propia realidad. El país había sido incapaz durante todo el periodo de la independencia hasta llegar a la reforma liberal de medir a su población o las condiciones de vida de la misma. Aun el gobierno colonial había producido censos muy parciales e inexactos", expone el ingeniero José Azcona Bocock, director ejecutivo de Colección Erandique.

El padre Vallejo vivía para escribir, cosa que en Honduras provoca penurias económicas.

Estimado y respetado por mandatarios y ministros (él mismo fue secretario privado del presidente José María Medina, Medinón; y miembro influyen en el gobierno de Marco Aurelio Soto), la pobreza, sin embargo, lo asfixió. Aún así continuó realizando sus aportes a la nacionalidad.

Conmovedora es la carta que le envía al Congreso Nacional solicitando su apoyo para poder dedicarse a la investigación y publicación de libros.

"Yo, Antonio R. Vallejo, mayor de edad, soltero, Abogado, pido a Vos, Soberano Congreso Nacional, Os dignéis mandar publicar las obras que dejo si las creéis de verdadera utilidad, cediendo a favor del Gobierno la mitad, y acordéis una pensión para ocuparme exclusivamente de dar a luz a mis pobres hijos intelectuales, pues carezco de recursos y como he vivido de las letras, ahora estoy asfixiándome, pues mi modesta competencia no tiene papel en estos tiempos. Tegucigalpa, 26 de enero de 1910. Soberano Congreso Nacional. Antonio R. Vallejo".

El Soberano Congreso Nacional ni siquiera pasó a estudio esta solicitud. ¿Qué les importaba a los señores diputados que tenían la sartén por el mango, que Vallejo se asfixiara? —señala José Reina Valenzuela, autor de esta obra, en el capítulo III.

¿Qué provecho iban a tener ellos, siendo tan patriotas y competentes, con que se publicaran obras sobre límites, sobre la Deuda Federal o sobre Gramática Latina? —se pregunta sarcásticamente Reina Valenzuela—. Siguiendo la vieja rutina del miedo, calcularon que publicar asuntos de límites sería hurgar un hormiguero en Guatemala y El Salvador. ¡Honduras bien podía esperar!

Al miedo habría que sumarle el desdén que históricamente, salvo honrosas excepciones, han demostrado los "padres de la Patria" por el arte y la cultura, por la ciencia, por la belleza de la poesía, por las pinturas de los grandes maestros y las composiciones musicales que producen las almas elevadas.

En presencia de este hombre que ha muerto de manera tan humilde, sería una profanación decir que nació en Tegucigalpa el año tal y que a los tantos años de vida ha plegado las pestañas; porque en el fondo de su ataúd se siente el vaho de su sabiduría en cosas viejas y porque el Padre era uno de esos varones beneméritos a quienes no se les cuenta la edad, era uno de esos varones que a fuerza de tanto evocar el pasado acaban por encontrarlo dignamente y toman el color enigmático de los que saborean la amargura del tiempo que fue mejor —escribió Rafael Heliodoro Valle.

Como ocurre lamentablemente en Honduras, donde es casi imposible ser neutral, el padre Vallejo fue víctima de la inestabilidad política, al punto que, a pesar de los servicios prestados a la patria, tuvo que marcharse en una ocasión al exilio.

Con esta biografía del connotado escritor José Reina Valenzuela, Colección Erandique pretende que los hondureños, en especial los jóvenes, descubran a uno de los grandes personajes hondureños. Al hombre que construyó sobre roca firme, las bases de nuestra historia: el padre Antonio Vallejo.

Óscar Flores López
Editor Colección Erandique

BIOGRAFÍA DEL DR. ANTONIO R. VALLEJO

El Poder Ejecutivo por conducto del Ministerio de Educación Pública, convocó a un concurso para escribir una biografía del Dr. Antonio Ramón Vallejo, en ocasión de conmemorarse el 122 aniversario de su nacimiento el 17 de marzo de 1966.

Triunfó en el concurso el distinguido intelectual e historiador Dr. José Reina Valenzuela, con su obra titulada El Presbítero y Licenciado Antonio Ramón Vallejo, la que hoy se publica.

El autor describe la vida fecunda y la acción múltiple que realizó el Dr. Vallejo como sacerdote, abogado y funcionario público. La obra de servicio nacional se destaca en la investigación histórica, en la defensa de la integridad territorial, en la fundación de la Biblioteca y Archivo Nacionales, en la organización de la estadística, en la docencia y en el periodismo, tareas que cumplió con desinterés y acendrado patriotismo.

La edición de esta biografía constituye un homenaje del Gobierno de Honduras a la memoria ilustre del Dr. Vallejo, la que ofrece a la juventud hondureña para que conozca su mensaje y encuentre en él ideales capaces de marcar rumbos a su conducta para servir con dignidad a la grandeza de la Patria.

Comayagüela, D. C., septiembre de 1968.

RAFAEL BARDALES B.
Secretario de Estado en el Despacho de
Educación Pública

5

CAPÍTULO I: CAPITULOS PRELIMINARES

PREÁMBULO

Para quien intenta escribir la biografía de un hombre ilustre, se da por descontado el sinnúmero de trabajos, de investigaciones, de acopio y cotejo de datos que habrán de servirle para realizar un trabajo que sea digno del biografiado. Para quien como yo, tiene el deseo de estudiar la vida del Presbítero y Licenciado Antonio Ramón Vallejo, la tarea resulta mucho más difícil por cuanto no sólo se trafa de un ciudadano que fue ilustre por sus merecimientos, por su labor y por la contribución que dio a Honduras en asuntos vitales de su integridad territorial, sino que fue, sin discusión, él primer hondureño que se adentró en los estudios históricos.

Habiendo sido Vallejo un historiador, su propia obra histórica señala el derrotero a seguir; en ella se encuentra en cada línea, en cada página, la médula del investigador, del analista y del sociólogo. Repite Vallejo constantemente en sus escritos que ha buscado la verdad documental; que se ha empeñado honradamente para que sus obras sean la realidad viviente del pasado y como tal, la ofrece sin temor, con valentía, aun cuando esta verdad sea cruda y amarga, y aunque tenga que lamentarse en algunas ocasiones de que, por decirla, se hiera él mismo en lo más puro de sus sentimientos patrióticos.

Pienso a veces, que es bien poco el caudal de mi inteligencia para desentrañar de sus escritos la realidad del ambiente y del medio en que discurrieron sus primeros años, sus días de juventud, sus días de madurez y los postreros días de su derrumbamiento físico. Pienso en sus alegrías, en sus amarguras y desengaños y en la tragedia constante que envolvía a la patria en aquellas horas tan lejanas por el tiempo, pero tan cerca de todos por su constante repetición. Pienso también, en que Vallejo escribió para señalar los grandes errores cometidos por nuestros antepasados, sean éstos de tipo político, social, religioso y hasta quizá económico, con la esperanza de que conociéndolos, se buscaran las rectificaciones; con la esperanza de que ya no más se siguiera por el sendero fácil de la improvisación, y de que, quienes tuvieran el encargo de manejar los vitales intereses de la Nación, esquivarían el vericueto y buscarían la rufa más segura haciendo renunciación de los personales apetitos y de los personales provechos en beneficio del bienestar y del progreso del tantas veces defraudado pueblo hondureño.

Debe pensarse en que Vallejo como Cabañas, como muchos otros preclaros hondureños, no quiso vivir la muelle vida de los aprovechados y que rehuyó las ocasiones de servirse de los bienes públicos como personal beneficio, porque jamás pidió prebendas ni canonjías, limitándose a ofrecer su concurso para lograr la bienandanza de su querida Honduras, y a cumplir con el sagrado deber de servir a la patria con lealtad en los instantes más críticos de su historia.

El Presbítero y Licenciado Antonio Ramón Vallejo no quiso ser el producto del ambiente en que nació y en el que tuvo que luchar a brazo partido para alcanzar su formación intelectual. En su tiempo la disyuntiva para quienes deseaban superarse, solo era ésta: o se hacía sacerdote, o se hacía abogado. Vallejo optó por ambas. Primero fue a la Universidad para estudiar Filosofía, luego al Seminario para obtener las Ordenes Sagradas y finalmente, regresó al Alma Máter para coronar la carrera del Derecho. Pero no se sintió satisfecho con ser sacerdote ni con ser abogado; había ya muchos hombres dedicados a tales disciplinas y era necesario robustecer la mente con nuevos conocimientos, afianzar las enseñanzas recibidas, abrevar en otras fuentes más renovadas que aquellas que le había ofrecido el antiguo Colegio Tridentino de Comayagua y la Universidad de José Trinidad Reyes que era entonces el santuario de la metafísica; era preciso para un espíritu inquieto como el suyo, abarcar otros conocimientos, para buscar rufas distintas que le llevaran a desarrollar plenamente su intelecto.

Con este pensamiento Vallejo comenzó a buscar los nuevos libros; a leer otras páginas en donde sospechaba que las ideas habían cambiado de ruta, y dentro del ambiente semi—colonial en que se desenvolvía la cultura hondureña, Vallejo, por medio de los amigos que iban al viejo continente, o de aquellos que se habían educado en Londres, o en París o en Bruselas, adquirió las obras que le interesaban, y fue conociendo a los autores de aquellos países, fue dándose cuenta de las inquietudes y las modernas doctrinas, hasta que encontró al fin, el amplio campo de la especulación filosófica orientada hacia la persona humana, que ya iniciaba su alborada en los predios de la América Central.

La obra de Vallejo es el reflejo de las influencias culturales que recibió su espíritu y puede servir como pauta para demarcar los períodos que ha seguido en Honduras independiente la evolución de las ideas, y las grandes etapas en que esta evolución marcó la vida de nuestro pueblo. Conoció el pensamiento político del Padre de la Patria don Dionisio de Herrera, su doctrina económica encaminada a forjar un pueblo respetado y capaz de alcanzar las metas más elevadas en el ámbito centroamericano, pensamiento y doctrina inspirados en los revolucionarios franceses; supo del legalismo de Herrera, pero, como buen clérigo, cuando le tocó enjuiciar su actitud frente al Provisor Irías, le fustigó con acritud y le llamó "dictador, usurpador y tirano", calificativos injustos por cuanto se basaron, creo yo, en falsas premisas.

Luego fue partidario de la unidad centro—americana y de la revolución morazanista, pero con una adhesión de tipo personalista hacia el Héroe; este conocimiento de nuestras dos grandes figuras, fue desde luego a posteriori, porque cuando Vallejo nació en 1844, la doctrina de Herrera y el pensamiento de Morazán eran sólo un vago recuerdo que flotaba en el aire saturado de temor que no osaba perturbar la paz ferrerista. La efímera etapa de la revolución liberal iniciada por don Dionisio y continuada y robustecida por el Héroe de La Trinidad, se hizo presente en Vallejo, como era natural, cuando ambos líderes ya estaban consagrados como Próceres.

Desde 1858 a 1876, Vallejo vivió entre una sociedad esquiva, indiferente e inactiva, más preocupada del bienestar individual que del progreso y desarrollo colectivo; vio desenvolverse a los políticos sin iniciativa, incapaces de emprender una tan sola reforma y sin otra aspiración que la de llegar al poder y tratar de retenerlo a cualquier costo; se dio cuenta de que la libertad de pensar y de actuar que había puesto en marcha la revolución de 1829, era un recuerdo del pasado y que en su lugar, se volvía a las leyes coloniales de España; y sintió en todo lo que tenía de tiránica la enseñanza de corte teológico que Ferrera había restablecido para reemplazar los sistemas educativos iniciados en Honduras bajo la rectoría del Jefe de Estado don Joaquín Rivera.

Juan Lindo con todo su talento, con su habilidad para dominar voluntades, con su nunca desmentido amor por la enseñanza, fue incapaz de revolucionar los sistemas seguidos en nuestras escuelas y colegios, y aún en la Universidad que él robusteció con sabios decretos de protección. Y, así, Vallejo en sus primeros años tuvo que aprender las primeras letras influenciado por el sistema teológico que a fuerza de ser dogmático sustentábase en lo sobrenatural y misterioso, no obstante que, para entonces, tal sistema, por la evolución lógica de las ideas y de los pueblos, había sido reemplazado inadvertidamente "por una abstracta ideología", que nos trasplantó, como dice don Ramón Rosa "del infinito desconocido a lo finito para buscar sus primeras causas, y penetrar en la esencia de los fenómenos de la vida y de la naturaleza".

Así, en el tiempo en que Vallejo estudiaba filosofía, encontró términos más elevados, pero a la vez más racionales, porque se alejaban mucho de lo insondable y se acercaban más al concepto y comprensión del destino del hombre, pues el sistema metafísico de difícil planteamiento y retorcida forma expositiva, era una fuente inagotable de silogismos y de extensa dialéctica que no obstante había cambiado la rufa y había cambiado la meta, pasando de lo "semidivino a lo semi—humano". Cuando Vallejo estudiaba estas disciplinas, la metafísica estaba en el cenit de nuestro incipiente progreso, y logró grandes beneficios, entre ellos el de "sustraer la ciencia al dogma" y el de preparar la nueva etapa en que se llegaría al libre examen de las ideas, a las "observaciones concretas", a los análisis, más benéficos por ser más humanos y representados en Honduras por el positivismo de la reforma que iniciaron Marco Aurelio Soto y Ramón Rosa en 1876.

Es interesante observar cómo estos dos hombres de ideas avanzadas, lograron poner en marcha la reforma revolucionaria liberal que habían ayudado a cimentar en Guatemala en 1871 bajo la tutela de Don Miguel García Granados y de Justo Rufino Barrios; es interesante, por cuanto los hombres que colaboraron con Soto y Rosa estaban calcados en los modelos de la enseñanza metafísica y hasta cierto punto dogmática; es interesante, por cuanto la mayoría de ellos habían sido factores activos y actores destacados en los acontecimientos políticos que condujeron a Honduras al caos de 1875—76, y sin embargo de ello, pudieron sustraerse a las antiguas normas, pudieron desechar los resabios y los vicios del anarquismo político y gubernamental en que se habían movido para agruparse con fervor en el lado de las nuevas doctrinas.

Esto demuestra dos cosas: una, el grado de sensibilidad de los unos vos prosélitos de la Reforma; y la segunda, el hecho de que por sus constantes lecturas habían logrado formar en sus mentes y en su corazón una fortaleza de ideas renovadas que no habían estallado porque faltaba la chispa impulsadora que las pusiera en marcha. Esa chispa de las nuevas ideas la trajeron Soto y Rosa, pero se habría apagado prontamente si hombres de la vieja escuela y de una generación anterior a la de aquellos estadistas como Adolfo Zúñiga, Crescencio Gómez, Trinidad Ferrari, José Esteban Lazo, Céleo Arias, Pedro J. Bustillo, y hombres también de su propia generación como Antonio Ramón Vallejo, Enrique Gutiérrez, Luis Bográn, Jeremías Cisneros, Manuel Molina Vijil, Carlos Alberto Uclés, Jesús Inestroza y Joaquín Soto padre, no hubieran estado preparados para ayudar eficazmente en la tarea; se hubiera apagado aquella chispa salvadora si ciudadanos como Francisco Planas, el Padre Leonardo Vijil, Gonzalo Guardiola, Manuel Bonilla, Santos Soto.

Domingo Vásquez y Francisco Cruz, no hubieran asimilado aquellas ideas y guardado celosamente para sacar las a luz en el momento oportuno.

Y he aquí que, Vallejo, pasó de una etapa a otra con la agilidad y brillantez que para su privilegiado cerebro era fácil tarea, y si durante la etapa del escolasticismo dogmático había despertado su inquietud para iniciar la búsqueda de las nuevas modalidades, de los nuevos moldes político—sociales que eran necesarios para salvar a Honduras, a partir del 27 de agosto de 1876, aquella que sólo había sido inquietud, le hace dar un viraje total, y se apresta en los nuevos ejércitos para llevar adelante la Reforma, para realizar labor de alta cultura y para iniciar la obra fundamental de la investigación histórica, que es el pedestal en que descansa su recia personalidad. Al teólogo y al latinista sucede el sociólogo, el humanista Vallejo, que se expresa con claridad y abre las compuertas de su pensamiento para que se ponga al servicio de la noble causa de la hondureñidad.

Muchos proyectos, muchas realizaciones del Gobierno de Soto y de Bográn, fueron obras inspiradas por Vallejo; porque Soto como Rosa y Bográn como Vásquez, supieron aquilatar la versatilidad del talento de aquel hombre cuya inquebrantable voluntad para el trabajo no conoció barreras. Aquellos estadistas comprendieron pronto y aprovecharon luego lo que Vallejo era capaz de hacer en beneficio de sus principios y de Honduras, y por ello no esquivaron a sus atinados consejos ni fueron remisos para brindarle las oportunidades necesarias al desarrollo de su patriótica actividad. No fueron quizá generosos en dádivas monetarias, pero lo fueron en otorgarle su confianza y su respaldo porque sabían que no iban a ser defraudados.

Las ideas políticas de Vallejo no encajaban con la violencia ni hacían migas con la dialéctica del Dr. Policarpo Bonilla, el nuevo líder que había formado la bandera de don Céleo Arias y que se proponía vigorizar las doctrinas expuestas por aquel gran ciudadano con nuevas tácticas y diferentes metas. Las metas y las tácticas del Dr. Bonilla eran de tipo sectario, partidista, muy distintas a las metas revolucionarias y nacionalistas perseguidas por Soto y por Ramón Rosa, así que Vallejo, al derrumbarse el gobierno del General Domingo Vásquez durante el cual había sido importante factor, se vio obligado a dejar el solar nativo, y entristecido y pobre, buscó la sombra generosa de sus amigos y fue a refugiarse a Guatemala, meca entonces de la cultura más refinada y asilo seguro para los errantes centroamericanos a quienes ofrecía garantías el gobierno del General don José María Reina Barrios.

Provechosa fue para Vallejo aunque no placentera, la emigración, porque su tiempo de desterrado lo aplicó a registrar archivos y seleccionar documentos con los que habría de cumplir con el encargo que le había hecho el Presidente Solo primero, y Vásquez posteriormente, y con los cuales contribuiría a la salvagua rdia de la integridad territorial de Honduras. Pocos años después, el Dr. don Policarpo Bonilla, hombre de singular talento, vio en Vallejo al ciudadano que podía ayudarle con ventaja en la tarea de proseguir la búsqueda y ordenación de los títulos y probanzas que respaldan los derechos soberanos del país, pues veía la tormenta que se acercaba y era propicia la hora para llegar a un arreglo decoroso, especialmente con Nicaragua, en el asunto de fronteras, y don Policarpo envió a Guatemala al General don Manuel Bonilla, como emisario personal para exponer a Vallejo la situación que se planteaba al país, y para invitarle a la vez, a regresar a Tegucigalpa. Y Vallejo, sin odio y sin rencor, como buen hondureño, aceptó la comisión de servir a su patria, gobernada entonces por un presidente cuyo credo político era opuesto al suyo. Así se reintegró al seno de su familia para dedicarse con amor al desempeño de tan inmensa tarea.

Advinó el primer gobierno del General don Manuel Bonilla, y no obstante que en la campaña electoral de 1902 Vallejo había sido ferviente partidario del Dr. Marco Aurelio Soto, uno de los candidatos presidenciales en contienda, el General Bonilla supo estimular al hombre culto y utilizó su experiencia, su honradez y su patriotismo, en la difícil empresa que culminó con el tallo arbitral del Rey de España don Alfonso XIII, de 23 de diciembre de 1906. El Doctor y General don Miguel R. Dávila, tampoco desaprovechó lo que Vallejo podía ofrecer para bien de Honduras y el Dr. don Francisco Bertrand, que terminó el segundo período del General don Manuel Bonilla, tuvo el sentimiento de asistir al deplorable suceso de la muerte de aquel gran hondureño, que había caído a la tumba, con la pluma patriótica en la mano, refutando al salvadoreño Dr. don Santiago I. Barberena, hombre sabio y docto, pero equivocado en sus pretensiones sobre el dominio y legítima propiedad de las islas de la Bahía de Fonseca.

Otro ilustre hondureño, el Profesor don Gustavo Castañeda, con quien cultivé una sólida amistad a pesar de la tragedia política hondureña, recogió los manuscritos de la Réplica del Presbítero y Licenciado Antonio R. Vallejo, y los dio a la publicidad en 1926, cuando gobernaba a Honduras el eminente patricio Dr. don Miguel Paz Baraona.

He aquí, por qué sigo creyendo que me faltan luces para iluminar el sendero que se obscureció con la muerte de Vallejo. Sin embargo, es preciso esforzarse para dar a conocer a las generaciones actuales y futuras y para recordar a los que vagamente saben quién fue el Padre Vallejo, cuál es la herencia que dejó aquel patriota y cuál es el ejemplo digno de imitarse.

NACIMIENTO, NIÑEZ Y JUVENTUD

Trémula estaba aún la conciencia democrática de Centro América y sumida en las sombras la libertad cuando el General don Francisco Ferrera entraba a ejercer su segundo período presidencial en Honduras el 23 de febrero de 1844. La paz impuesta a puñetazos y la persecución de los "coquimbos" que habían arribado a playas salvadoreñas, consumían la atención del gobierno y ponían al desnudo la saña y el despotismo con que se ejercía el poder a nombre del pueblo.

Apenas hacía 17 meses que en San José de Costa Rica, los soldados capitaneados por el portugués Antonio Pinto y por el traidor Florentino Alfaro, habían asesinado a Francisco Morazán y dos años también, y no cumplidos, que las campanas de la parroquia de Tegucigalpa se echaran al vuelo celebrando la muerte trágica del Mártir de la Unidad Centro—Americana. En Honduras, en Nicaragua y en El Salvador, las cancillerías estaban ocupadas y afanosas porque el 29 de marzo de aquel año, debería inaugurarse en la ciudad de San Vicente el Gobierno Confederal bajo la autoridad del Supremo Delegado don Frutos Chamorro, en cumplimiento del pacto de confederación suscrito en Chinandega el 27 de julio de 1842, como medio de oponerse a los designios de Morazán que, desde Costa Rica, había proclamado la hora de restablecer el régimen federal.

La hipocresía con que se había llegado a Chinandega era la consecuencia de la mala fe, de la ambición y de las características de la dictadura que en cada uno de los países mencionados, practicaban los hombres de gobierno, pero he aquí que, en los primeros días de marzo de 1844 se levantó en rebelión el pueblo de Texiguat al mando de Francisco Sancho y de Lorenzo Pérez, estimulados por don Joaquín Rivera, Dionisio de Herrera y Ramón Vijil, que habían tomado en sus manos el estandarte caído en San José, para enarbolarlo en las serranías hondureñas en una lucha desafortunada para restablecer la libertad perdida con la mano fuerte del ferrerismo en auge, y la tranquilidad impuesta se rompió con la insurrección que secundaron los vecinos de Tegucigalpa y Comayagüela que ya no soportaban el peso de sus cadenas.

Siempre los hondureños hemos invocado la libertad, el derecho y la justicia para empuñar las armas; hemos pensado primero en estos dones del hombre sin meditar que una revuelta o un bochinche nos deja más desgracias y más desprestigio que un transitorio período de mal gobierno. No soy cofrade de los tiranos ni soy secuaz de los dictadores impenitentes, pero tampoco formo parte del rebaño que aplaude a los demagogos ni participo en los festines que organizan los empujadores Soy hondureño sincero, y veo, desde hace muchos años cómo se suceden en mi patria los acontecimientos, observando desde un plano de imparcialidad los méritos de los políticos de altura y la impostura de los logreros y arribistas.

Aquellos tiempos de espesa intransigencia, de cruda obstinación, de sectarismo odioso encaminado a vengar agravios personales de los líderes políticos, no dejaron para Honduras más que lágrimas, miseria, devastación y torrentes de sangre marchitando los campos, aunque los ilusos afirman que la sangre abona la libertad, y si hago recuerdo de ellos, no es porque sienta satisfacción en revivir tan dolorosa etapa, sino para ubicarme en el medio que rodeaba a nuestra sociedad al momento en que nacía en Tegucigalpa, Antonio Ramón Vallejo.

En efecto, nació este ilustre varón el 17 de marzo de 1844 en un modesto hogar del Barrio de San Sebastián, colindante con el de Los Dolores por el Norte, casi en el centro de la antigua ciudad de Tegucigalpa, siendo sus padres don Román Vallejo y doña Marta Bustillo, unidos en legítimo matrimonio. Don Román, al igual que su padre don Antonio Vallejo, era hombre de la clase humilde: era, además buen amanuense muy apreciado por los litigantes de los juzgados citadinos por su buena conducta, su rectitud y su espléndida letra caligráfica, por lo que sus ingresos deben haber sido modestos pero bastantes para sostener con dignidad un hogar modelo que era tenido en alta estima en aquellos tiempos, cuando valía mucho más la recta conducta y la honestidad de un ciudadano, que el abundante tesoro de sus arcas habido a fuerza de trampas e ignominias. Doña Marta era hija de doña Bibiana Bustillo, madre del Capitán General don Santos Guardiola, del Presbítero don Miquel Ángel Bustillo, y de las señoritas Hilaria, Leonor y Antonina del mismo apellido, todos hijos naturales como solía diferenciarse entonces y aún ahora a los hijos fuera de matrimonio.

Sumábase, pues, en el hogar del niño Antonio Ramón, la austeridad de sus abuelos y la conducta irreprochable de los padres que, al unir sus destinos comenzaron la lucha por la vida entre las estrecheces de su ingreso modesto, las zozobras de un ambiente preñado de tormentas y el tedioso correr de los contados días de relativa calma. Para quienes intentan biografiar a un hombre ilustre con los escasos méritos que yo tengo para ello, y aún ostentando los que a mí me faltan, resulta un rompecabezas relatar los años de niñez del biografiado. Generalmente los grandes hombres como Vallejo, comienzan a llamar la atención de sus contemporáneos después de cumplidos algunos años de juventud, y estos hombres, casi nunca dejan referencias de su niñez tranquila, pero amenazada por las vicisitudes que acarrea la exigua renta del padre; una niñez con instantes de sublime amor filial, de renunciamiento involuntario pero también con la inocente delicia de las travesuras y ocurrencias de muchachos, y a la vez matizada con esos pasajes pintorescos propios del medio en que han crecido, entre las faenas del hogar, las contadas diversiones pueblerinas y el trajín de la escuela.

Es común, en la mayoría de los estudios biográficos, encontrar que el niño tal, era muy vivo, que era amoroso, obediente y buen hijo; y esto tiene que ser así, porque se desconoce en la mayoría de las veces esa etapa feliz que todos hemos rebasado. Pero la descripción del acontecer político y social, puede ayudar al biógrafo y a quien lea su trabajo, para la formación de una idea sobre cuál fue el medio y el ambiente en que transcurrieron aquellos años. Y eso he querido hacer, conformándome con ofrecer un somero relato, un esbozo incompleto de los que quizá para Vallejo, fueron los años más felices.

¿Qué podía ofrecerse al niño Antonio Ramón en los primeros años de su vida? Temor había por todas partes; inquietud era el plato del día; odio y sangre se regaban a cada instante, mientras el país, la pobre y desventurada patria se amarraba cada día con más seguridad al potro de su agonía. Así que los años de niñez de Antonio Ramón Vallejo transcurrieron en la obscura tragedia, entre el temor y la amenaza, refugiado en el tibio regazo de su adorada madre que dulcificaba con sus caricias la inocente sonrisa del infante, y procuraba llevar tranquilidad al espíritu del amante esposo, rezando a los santos del cielo y encomendándose a Dios para que le diera fortaleza y suficiente piedad cristiana.

Es probable que la amistad de doña Marta Bustillo de Vallejo, con el presbítero José Trinidad Reyes le haya impulsado a buscar para su hijo los medios entonces disponibles para iniciar su educación, y es el caso que en la escuela privada que atendían sus tías Leonor y Antonina Bustillo, recibió la instrucción elemental, consistente en aprender a escribir, a leer y sumar, en aprender la doctrina cristiana, los buenos modales, la obediencia y el amor y respeto para sus padres y sus semejantes. Tan pocas disciplinas bastaban para inculcar en la niñez el principio de la moral, base inconmovible de toda humana actividad. Bastaban estos elementales conocimientos para formar hombres honestos, a cambio que ahora, cuando han transcurrido más de cien años, la moral está ausente en los jovencitos, el temor de Dios no existe, el respeto a los semejantes se ha convertido en execrable malacrianza y en el hogar, en la mayoría de las veces, es en donde se reciben los peores ejemplos que desvían la natural inocencia de los niños.

A esa desordenada vida hogareña se debe atribuir la rebeldía incomprensible del hondureño de hoy; a esa falta de conocimiento de las disciplinas morales se debe achacar la irresponsabilidad de nuestra gente que busca la vida fácil, liviana, sin sacrificios, sin conciencia de que hay una ley no escrita que regula todos los actos de la vida del hombre que se llama secamente ética personal. ¿Cómo entonces puede esperarse que Honduras se fortalezca, que se desarrolle cívicamente y que se coloque en la primera línea del progreso, si los hondureños no conocemos nuestros más elementales deberes? Gritamos nuestro patriotismo; hacemos lucimiento público de nuestra calidad de ciudadanos y gala de los derechos que el Estado nos concede; pero llegado el caso en ¿dónde está el patriotismo? ¿cuál es el concepto que tenemos de patria? ¿cuál el de responsabilidad?

Examine su conciencia cada hondureño y contéstese a sí mismo estas preguntas que dejo formuladas. Ahora bien, es lógico que quien señala los males, procure, al menos, indicar los remedios. Para mí, todo podría mejorarse a plazo más o menos largo, o más o menos corto, comenzando la tarea de educar a la niñez desde el Kindergarten; pláticas sencillas sobre lo que es la patria, de lo que es el hogar, de lo que representa la familia, de lo que se recibe de la formación religiosa, cualquiera que esta sea, que al cabo, todos los caminos conducen a Dios; que se le vaya inculcando al niño y al adolescente, en nuestras escuelas y colegios, la devoción a nuestros grandes valores humanos al mismo tiempo que se les va familiarizando con el aprendizaje de las ciencias; que se les inculque el amor a la belleza en sus más grandes manifestaciones, como ser las artes y las letras; que se les incline a observar siempre aquel principio tan hermoso predicado por don Benito Juárez el Benemérito de las Américas: "El respeto al derecho ajeno es la paz", y que en nuestro caso concreto, se les enseñe que el Estado se integra por gobernantes y gobernados y que para que ambos se complementen, debe existir el mutuo respeto, la mutua estimación, es decir, en pocas palabras, que se forme en el hondureño la verdadera conciencia cívica.

Pero no desviemos más el pensamiento y volvamos al niño Antonio Ramón Vallejo, que entre la escuela y el hogar tenía tiempo para disfrutar de las diversiones infantiles como era en aquel tiempo el ir a las procesiones, a las representaciones de las Pastorelas del Padre Reyes, asistir a las misas solemnes y a los rosarios y novenas con que nuestros antepasados honraban a los santos de su devoción; escuchar las solemnes alboradas, las estruendosas carreras de bombas y los armoniosos cantos de villancicos y salves entre el sonoro cantar de las campanas parroquiales, actos piadosos perdidos ahora en la lejanía de los tiempos. Naturalmente, no podían faltar los juegos con los niños del barrio, ni las furtivas escapadas a las orillas del Río Grande para gozar del baño saludable o perseguir las "olominas", y pececillos que entonces abundaban en su anchurosa cuenca.

Aquellas sanas diversiones muy distintas a la mojigatería de hoy iban formando el alma de nuestros hombres en el crisol de las virtudes y prendas morales ahora echadas en olvido; iban inculcando el sentido de responsabilidad, el respeto a la opinión ajena y el valor de sostener, ya en la edad madura, las propias convicciones con la firmeza que requiere la defensa de los principios esenciales que forman el tesoro espiritual de cada individuo. No obstante que el ambiente público era de precaria tranquilidad, en el hogar de los Vallejo se respiraba la quietud de una vida ejemplar, tanto más deseada, cuanto que el hogar era el refugio en que disfrutaban nuestros abuelos de todo lo bueno que ofrece la vida a las gentes de bien.

Tegucigalpa era por entonces una pequeña ciudad "una ciudad hundida en los Andes —dice el inolvidable don Rafael Heliodoro Valle— con dos ríos que inútilmente siguen dando su lección de fraternidad al juntarse bajo los arcos del Puente Mallol; con aires que bajaban a su regazo desde las copas de sus pinares; con lentas campanas melodiosas presidiendo las tareas domésticas y los chismes de los politicastros que se agazapaban detrás de los balcones para ver madurar, sin riesgo, la nueva rebelión contra el régimen; y unas palomas que ponían su nota blanca en aquellos días negros. Las gentes se asomaban a la puerta cuando se sentía el paso de los correos expresos que llegaban de Comayagua, con noticias del complot frustrado o con las hojas volantes en que algún general en estado de merecer la presidencia hacía a sus queridos conciudadanos una de esas promesas que parten el alma o que cambian el curso de las estaciones. Así era Tegucigalpa, remota y feliz con su plaza y sus portales, su Calle del Comercio, ya sin la bonanza de las minas, y con 10.000 habitantes que oían atentamente el sermón del Padre Reyes, pagaban puntualmente diezmos y primicias; pero eran míseros pecadores, algunos de ellos en pecado mortal. Al otro lado del Río Grande vivían, como si fueran habitantes de otro mundo, los indios de Comayagüela, que enseñaban su complejo de inferioridad al solo oír sonar los apellidos en que temblaban recuerdos de días argentíferos: Vásquez, Zelaya, Midence, Ferrari, Fiallos y Vijil".

Pero no todo habría de ser tinieblas y temor. El 19 de septiembre de 1847 en la antigua iglesia de San Francisco y en acto solemnísimo, se inauguró en Tegucigalpa la Academia Literaria o Universidad de Honduras, cuya semilla había sido la Sociedad del Genio Emprendedor y del Buen Gusto, fundada en 14 de diciembre de 1845 por el Presbítero José Trinidad Reyes, el eterno Rector de la juventud de Honduras. Aquel rayo de luz vino a rasgar las sombras de la ignorancia y a trazar nuevos derroteros para los jóvenes deseosos de saber, y a ese refugio de ilustración iba a llegar años más farde el joven Antonio Ramón Vallejo, acicateado por su claro talento, por la ambición de ser alguien en el seno de aquella sociedad aletargada que, acostumbrada a la contemplación y a la rutina, no se había esmerado en la búsqueda de caminos que abren al hombre el aprendizaje de las ciencias, entonces puramente especulativas y abstractas, pero bastantes para dar paso a las gentes de mayor talento.

Para los días que corren, lo que ofrecía en enseñanzas la Universidad era bien poco: su Plan de Estudios abarcaba apenas las Cátedras de Gramática Castellana, Matemáticas, Gramática Latina, Filosofía, Derecho Canónico y Derecho Civil, pero para su tiempo, llenaba a satisfacción su cometido, pues no había llegado hasta aquí, porque todavía no era la hora, el positivismo basado en la enseñanza de la ciencia experimental; llenaba en el medio una misión civilizadora que dio frutos bien sazonados como Rafael Alvarado Manzano, Crescencio Gómez, Adolfo Zúñiga, Jerónimo Zelaya, Teodoro Aguiluz, Román Meza padre, y una pléyade de hombres ilustres que llevaron el prestigio de Honduras más allá de sus fronteras. Estos hombres fueron conscientes de que el país estaba atrasado en el ramo de enseñanza, tanto como en su desarrollo agropecuario y, por consiguiente, con una economía raquítica, pero a la vez estuvieron también conscientes de que la política mal orientada, la falta de preparación de los líderes que no les dejaba ver más allá de la sombra que proyectaba la silla presidencial y la constante hostilidad de los vecinos que se gloriaban de decirse nuestros hermanos en la raza, en la geografía y en la historia, eran las causas inexcusables de este atraso. Eso ocurría en la segunda mitad de Siglo XIX y parece que ocurre, en buena medida, en lo que va corrido del Siglo XX.

Doce años tenía Antonio Ramón Vallejo, cuando el 8 de febrero de 1856 fue nombrado Profesor de Latín de la Universidad don Fran cisco Antonio Xavier Botelo, hombre de luces, como se decía antaño que había nacido en Tegucigalpa y quien, después de cursar los es tu dios de primeras letras en una escuelita privada, fue enviado a Guate mala para completar su educación en el famoso Colegio de Infantes habiendo sobresalido en latín, materia impartida allá "por un notable profesor italiano, llamado Carlos Pomaroli".

En aquel tiempo, cuando todavía nuestra Universidad ocupaba el edificio del hoy Cuartel de San Francisco, se daba al Latín una importancia especial, pues además d ser el único medio de conocer a los clásicos griegos y romanos, era e idioma de la Iglesia; era indispensable para aprender la lengua caste llana, y en suma, se le consideraba como la base de toda cultura.

En el mes de enero de 1858, el joven Vallejo acompañado de s señor padre, se presentó ante el Presbítero don Samuel Escobar, Secretario de la Universidad, para entregarle un pliego en el que su maestro de primeras letras Leonor Bustillo, hacía constar que el joven sabía leer y escribir con facilidad, que era muy aplicado al estudio y que tenía buenas costumbres. El Padre Escobar como era de rigor, suscribí el documento en señal de matrícula, inscribió al estudiante en el registro correspondiente y le dio el "pase" para cursar estudios de filosofía. Llama la atención de que por el 858 y aún después, se exigía e testimonio de buenas costumbres, como para no dejar en olvido la famosa información de limpieza de sangre que tanta valía tuvo en el período colonial, lo que quiere decir que quienes por desventura, no tuvieran ese limpio antecedente, bien poco podían esperar de la Universidad.

Desde un principio el joven Vallejo mostró buena predisposición para el estudio del Latín, cátedra que como he dicho, estaba a cargo de don Francisco Antonio Xavier Botelo, que había adoptado como texto la Gramática Latina de Raimundo de Miguel y, según el decir del erudito y recordado don Esteban Guardiola, tenía como libros auxiliares el de Antonio de Nebrija para los genitivos de la tercera declinación y las conjugaciones; el Corcuera y el Olarte, para el estudio de las oraciones, y las Selectas de Historia Sagrada y Protana, para los ejercicios de traducción. Ya tenía, pues, el joven Vallejo, suficientes textos para romperse la cabeza en el aprendizaje de la Gramática Latina que tanto le apasionaba; llevaría, además, el texto de Velásquez de la Cadena para la Gramática Castellana, materia que era indispensable para aprobar el primer curso del referido bachillerato. Para el curso de Filosofía, tuvo que aprender por el texto de Lugdunensis y el libro del Padre Varela, pues a ese tiempo parece que no se conocía aquí la obra del Padre Jaime Balmes.

Tedioso por demás era el estudio de estas disciplinas con textos que, como afirma el Doctor don Alberto Membreño, eran tan malos pedagógicamente hablando, que no podían conseguirse peores. Una idea de cómo era el aprendizaje allá por 1858, la encontramos referida por el Doctor Guardiola en su Biografía de don Francisco Antonio Xavier Botelo cuando describe cómo este profesor había organizado su cátedra. "La clase empezaba—dice el Dr. Guardiola—, con la lección aprendida de memoria que era formada por los decuriones y continuaba con los ejercicios que practicaban los mismos. En seguida, el señor Botelo hacía una inspección a los grupos, oyendo y a veces preguntando para conocer el progreso de cada agrupación. Después, había una explicación y ejercicio general destinados a toda la clase, para el aprendizaje de las definiciones y clasificaciones y, por último, el señor Botelo se encargaba personalmente de los ejercicios de traducción. Las secciones tenían los nombres de la enseñanza a que se destinaban; pero a los alumnos que se ejercitaban en declinaciones, géneros y conjugaciones, se les daba el nombre común de estudiantes de mínimos; a los que cursaban oraciones simples por Corcuera, corcueristas; a los que aprendían oraciones compuestas por Olarte, olartistas, y a los de la sección más alta, ejercicios de traducción, cuartistas".

Vallejo fue de los alumnos más aprovechados y por ello, pronto el señor Botelo le nombró decurión y además, le confiaba frecuentemente el cuidado de la cátedra, por lo que quizá, algunos de los distinguidos escritores que han biografiado al señor Vallejo, aseguran que a los diez y seis años, se le había nombrado Catedrático de Latín "con gran alabanza de sus condiscípulos y alumnos". En verdad, no hay una fuente digna de crédito que confirme tal cosa, pero sí que durante un período de enfermedad del señor Botelo, el joven Vallejo desempeñó con soltura y gran eficiencia la referida cátedra de Gramática Latina, que el señor Botelo sirvió en nuestra Universidad por un período de diez y siete años. Esa aptitud de Vallejo le llevó a realizar sus estudios de latinidad en dos años, cosaque la generalidad lo hacía en tres y aún en cuatro años. Sin embargo, necesitó un año más para completar el currículo y obtener su grado, así que, sin perder tiempo, al finalizar los cursos de 1860, el joven Vallejo presentó al Rector "un memorial en papel del sello 3" solicitando su grado de Bachiller en Filosofía. Dicho pliego iba acompañado de las Certificaciones extendidas por los Catedráticos correspondientes y de las notas obtenidas en los respectivos exámenes anuales. Era indispensable para obtener este grado, haber sufrido "un examen de Gramática Castellana", latinidad y, además "haber ganado tres cursos y fres matrículas y haber echado cinco lecciones cuodlibeto tales de media hora". Era Rector en tal fecha, el Doctor don Hipólito Matute, médico eminente y ciudadano distinguido, quien puso el pase de estilo y en su oportunidad, en acto público, extendió el Título de Bachiller en Filosofía al estudiante don Antonio Ramón Vallejo en el mismo año de 1860, quien vio en esta forma colmada sus aspiraciones que le abrían las puertas de la enseñanza superior.

En aquella sociedad tan parca y ceremoniosa, el grado de Bachiller representaba mucho más que lo que ahora representa el grado de Ciencias y Letras que extienden nuestros centros de Enseñanza Secundaria, porque se otorgaba indefectiblemente a jóvenes que no sólo habían cursado el pensum prescrito, sino que eran poseedores de una cultura más alta, de una educación ejemplar que provenía del hogar y de un sentido de responsabilidad a toda prueba. Y no es el caso de que "el tiempo pasado fue mejor"; no es el caso de las líricas remembranzas de un ayer que se nos ofrece matizado con todos los colores de la bondad y la disciplina; es el caso de que, a fuerza de pretendernos demócratas, hemos rayado en la indisciplina moral y nos sentimos con derechos que no nos corresponden, por cuanto no sabemos cumplir con nuestras más elementales obligaciones, tanto en la sociedad en que vivimos, como ante la Patria y ante nosotros mismos.

Los hombres forjados en nuestras viejas casas de estudio; los varones que alimentaron su espíritu en los antiguos textos y bajo las arcaicas disciplinas de nuestros abuelos, a su tiempo, supieron ser mejores ciudadanos que lo somos nosotros; supieron servir a Honduras con desinterés, con honradez, con limpieza de corazón y de pensamiento. Para convencernos de esta verdad, hágase cada quien un examen detenido, y emita su tallo con honestidad. El resultado será siempre el mismo: no sabemos cumplir el destino que hemos querido trazarnos, ni seguir el sendero que se nos ofrece. Es una dolorosa verdad, pero es al fin, una verdad.

VALLEJO SACERDOTE

Durante el segundo período presidencial del General don Francis Ferrera y por disposición expresa de éste, se restableció en Comayagua el Colegio Tridentino que por una serie de circunstancias, se había clausurado. El ilustre polígrafo e historiador Rafael Heliodoro Valle, refiere que desde 1842 el Presidente Ferrera en su Mensaje a Cámara Legislativa había dicho: "Es una necesidad incuestionable establecimiento de un Colegio Universal, o Cuerpo de Maestros y Profesores, y para conferir los grados respectivos en cada facultad: yo de seo que el decretar y reglamentar esta interesante Corporación sea un de vuestras tareas, no obstante las profundas meditaciones que necesita por falta de hombres instruidos y de caudales que padece el Estado".

Pero el interés presidencial tan marcado en favor de la cultura que hacía contraste con la forma dura con que Ferrera ejercía el mando supremo del Estado, no pasó de ser una idea feliz del gobernante pue además de las razones que había externado a la Cámara, había otra de orden político que ocupaban la atención del gobierno, por lo que

Ferrera se contentó con restablecer el Tridentino dándole una nueva organización y aumentando algunas cátedras de que carecía anteriormente. En 1843 al decretar la reapertura del Tridentino, el mandatario aprobó un Plan de Estudios de acuerdo con la Curia Episcopal, que comprendía las cátedras de Gramática, Filosofía, Derecho Natural y Civil, Cánones, Teología Dogmática y Medicina y Cirugía, pero no llegó a funcionar esta última por carecer de catedráticos suficientes. En aquel Colegio de ambiente medieval ingresó el Bachiller Antonio Ramón Vallejo para cursar estudios de sacerdocio los que, al parecer, emprendería por ardiente vocación.

No era lisonjero el porvenir para ningún muchacho escaso de recursos económicos y generosamente dotado de inteligencia como Vallejo. La disyuntiva era: estudiar para canonista o seguir los cursos para graduarse de abogado. En cambio, para los que podían ir a Guatemala el panorama era más amplio, más dilatado el ambiente, porque allá se había avanzado mucho a raíz de la reforma del Benemérito Padre Goycoechea; pero una inteligencia como la de Vallejo, en cualquier latitud del mundo cultural de entonces ya fuera del ámbito centroamericano, en La Habana o en México, habría encontrado, como encontró en Honduras, el ingrediente necesario para abrir las puertas de la cultura, porque llevaba en sí el soplo divino que inspiró a los humildes pescadores de Galilea en el Pentecostés: el talento.

Severas eran las disciplinas colegiales; abstrusas las ciencias y tediosas las explicaciones de los ceremoniosos catedráticos. Más, el deseo de ser, de ser alguien en el círculo tan estrecho de aquella pequeña sociedad, le hizo sacar fuerzas de flaquezas y con perseverancia digna de su propósito, el corista Antonio Ramón Vallejo, fue aprendiendo los difíciles planteamientos de la teología, fue haciendo familiar costumbre la práctica de la Sagrada Liturgia y pudo ir abrevando en los libros de Santo Tomás, de San Francisco de Paula, así como entender los disciplinados escritos de San Agustín y otros doctores de la iglesia. Entre los catedráticos que servían en el Colegio Tridentino cuando Vallejo traspasó el dintel de su amplísimo portón, figuraban el Dean don Pedro Boquín, Doctor en Sagrada Teología, el Presbítero José Ignacio Milla, Doctor en Derecho Canónico, el Presbítero don Agapito Fiallos, Doctor en Derecho Civil y luego Secretario Episcopal y los Presbíteros Fran cisco Barahona,

Ramón Mejía y Encarnación Boquín, Licenciados en Filosofía, Teología respectivamente.

En tiempo debido, que fue corto por la buena preparación que e minorista llevaba de su Bachillerato, recibió el grado preparatorio para obtener las órdenes menores que era la Prima Tonsura y luego de los intersticios canónicos, se le fueron confiriendo las de ostiario, lectorado pasando a exorcista hasta llegar a ser acólito muy aprovechado. Poco a poco, Vallejo recibió la orden de Subdiácono o de Epístola y pudo ayudar en las solemnes misas pontificiales o de Ministros cuando el caso se ofrecía, en tiempo fijado ascendió al diaconado. Cuando llegó la hora suprema de ser ordenado sacerdote, las bóvedas de la centenaria Catedral de Comayagua lucían más imponentes y severas; el 8 de septiembre de 1868, el Ilustrísimo Fray Juan de Jesús Zepeda y Zepeda ungió sus manos, y después de la oración sacramental, puso en ellas el cáliz con el vino y la patena con la ostia que es la materia esencia de la consagración.

Vallejo estaba facultado según el Sacramento de la Nueva Ley; s le había conferido la potestad espiritual y se le otorgaba la gracia para desempeñar debidamente los cargos eclesiásticos. Durante su carrera no había ninguna irregularidad ni impedimento canónico; era de familia cristiana, estaba confirmado y había observado fielmente las costumbres convenientes a la alfa jerarquía que la Iglesia iba a conferirle por manos de su Pastor. Además, tenía 24 años, edad prescrita para poder llegar al presbiterado. Vino a cantar su primera Misa a Tegucigalpa el 19 de septiembre de 1868, como demostración de cariño a pueblo que le vio nacer.

Al año siguiente, en 1869, fue nombrado Cura de la parroquia de Lamaní en el Departamento de Comayagua, en donde comenzó el ejercicio de su sagrado ministerio. Alto y espinoso era el encargo. La cura de almas, el auxilio espiritual que debía prestar a sus feligreses exigía no sólo talento, sino abnegación, sacrificio y voluntad de servir. Pero Vallejo debe haber acopiado la prudencia necesaria y la discreción precisa, pues como él mismo escribió años después, "la discreción es cualidad más eficaz que la prudencia, más activa que la reserva, inferior sólo a la abnegación, superior, mil veces superior al egoísmo".

Sin embargo, uno de sus biógrafos, el Profesor don Martín Alvarado Rodríguez dice lo siguiente sobre los primeros años de sacerdocio de Vallejo: "poco después fue nombrado Cura Párroco del pueblo de Lamaní, en el Departamento de Comayagua, cargo que desempeñó por escasos dos años, debido a que no le agradó mucho su ejercicio. Sin duda con el objeto de que pronto le mandaran sustituto, dispuso casar a todas aquellas personas que lo deseaban sin ganarles absolutamente nada. Como era natural, todas las gentes que querían legitimar sus hijos, y los jóvenes que no se casaban por falta de recursos, acudían presurosos ante el Cura, en fila interminable para cumplir sus anhelos matrimoniales. Esto estimuló a los habitantes de los pueblos vecinos a pedir a sus Curas hicieran lo mismo, y ya nadie quería pagar por matrimonio. Estas cosas amenazaban a extenderse por todas partes, y fue así como el Padre Vallejo fue removido de su curato, habiéndose trasladado pronto, lo que era su deseo, a la ciudad de Guatemala, en donde ejerció su profesión de abogado".

Según datos encontrados en fuentes irreprochables, el Padre Vallejo fue transferido de Lamaní como Capellán del Puerto de Omoa, entonces de gran movimiento e importancia, hecho que tuvo lugar en 1870, pero es dudoso que antes de 1875 haya viajado a Guatemala para ejercer su profesión de Abogado, pues obtuvo su título de tal, hasta el 5 de octubre de 1874, como adelante se verá. Lo verdadero es que a finales de 1870 Vallejo estaba en Tegucigalpa con abandono de su capellanía.

En esta ciudad permaneció radicado casi definitivamente, ejerciendo su ministerio, celebrando sus misas y predicando en la Iglesia de San Francisco a la que parecía tenerle entrañable cariño. Durante ese tiempo, no fueron pocas las veces que viajó a Santa Lucía, a Ojojona y a Tatumbla para celebrar las ruidosas funciones de los santos patronos. En cierta ocasión permaneció en Ojojona unos pocos meses por vías de salud, y se dijo entonces, que se le había nombrado Cura de aquella parroquia, decir que no pasó de rumor y quizá de ser un deseo de aquellos feligreses, pues pronto regresó a Tegucigalpa y nunca llegó el nombramiento episcopal que le concediera tal empleo en la jerarquía eclesiástica.

LA DESERCIÓN DEL SACERDOCIO. ALGUNAS CONSIDERACIONES

Como se sabe, Vallejo abandonó la carrera sacerdotal. Él nunca dijo nada sobre el particular; de suerte que nunca se sabrá la verdad de su decisión al respecto, pero pueden hacerse algunas consideraciones, y así cada escritor, cada crítico podrá achacar a tal o cual motivo su actitud podrá ser severo o leve en sus juicios como resultado del análisis de las circunstancias que le rodearon durante los primeros años de su vid eclesiástica.

Debe decirse que el estado sacerdotal requiere una vocación firme y plena conciencia de que ese es el camino, porque el sacerdote está su jeto a enormes sacrificios y privaciones; porque la vida de un clérigo en todos los tiempos no sólo debe ajustarse a las más elevadas normas d moral y castidad, sino que necesita inspirarse en la caridad, en la tolerancia y en el amor al prójimo. La vida de los sacerdotes en el siglo pasado era sencilla y apacible; su ocupación era la del culto dentro y fuera de los templos y la del ejemplo edificante ante la feligresía. Celebrada la Santa Misa por la mañana, el párroco se refugiaba en su casa y no regresaba a su iglesia sino para la hora del rosario; permanecía atento al llamado de los fieles para el auxilio espiritual de la confesión y del viático que debía llevarse a los enfermos y moribundos; los domingos asistía a la doctrina y a los bautizos, y si en algún pueblo de su jurisdicción parroquial tenía que celebrarse una función, viajaba hacia el lugar y permanecía en él por el tiempo necesario. Cada domingo y en día de precepto, el Señor Cura estaba obligado a predicar a la hora de la misa, pero la mayoría de los clérigos, como carecían de facultades oratorias para exponer la luz del Evangelio, se concretaban a fustigar despiadadamente los vicios y resabios de la feligresía, lo que no sólo era desagradable, sino más bien, poco edificante.

Las procesiones eran infalibles por aquel tiempo; las confesiones pocas y la actividad de tipo social del sacerdote muy reducido. No tenía el clérigo la necesaria movilidad que ahora tiene dentro de la comunidad; la vida estática y circunscrita a la lectura sagrada y a la meditación, si bien era un valioso ejemplo para los fieles, no contribuía en nada a mejorar el medio social del ciudadano y, en la mayoría de los casos, la grey se conformaba con escuchar aquellas tremendas represiones que su pastor le enderezaba semanalmente recriminándole su disipada conducta, por su poca constructiva vida, pero sin que luego se sintiera la influencia poderosa que debía ejercer un tutor de mentes y de espíritus en el rebaño que apacentaba.

Esto me hace pensar en la escasa posibilidad de que Vallejo tuviera vocación sacerdotal ardiente, como dije arriba; más bien me parece que la suya no fue una vocación a conciencia, porque me imagino que nació gracias al constante contacto con la Iglesia, a la estrecha vinculación que los actos litúrgicos tenían con el diario vivir de nuestros pueblos cuando estaban ligados el poder civil con el poder eclesiástico; que quizá fue la acción del cotidiano trato con gentes de sacristía, el constante misticismo con que se hacían los rezos de casa, la doctrina y la misa obligatoria de los domingos, que eran a la vez devoción y distracción en la aburrida existencia de aquel período casi sedentario de nuestro acontecer y, posiblemente, a que era entonces la carrera sacerdotal la que ofrecía mayo.res oportunidades de instruirse y mejores ocasiones de segura remuneración.

Como faltaba la vocación mística y pura, a poca distancia de la prue.ba y de la consagración, vinieron las inquietudes, la incomodidad y, finalmente, la rebeldía, no para colgar los hábitos y abjurar escandalosamente de su ministerio, sino para iniciar la separación lenta y paulatina que le convirtió sin sentirlo en un seglar. Vallejo, en mi concepto, no abandonó el sagrado ejercicio del sacerdocio porque estaba dotado de gran inteligencia como algunos han dado a entender, ni por su talento extraordinario, porque había y hay sacerdotes inteligentes e ilustrados que prosiguen su evangelio sin sentir temores ni experimentar desasosiego espiritual. A Vallejo lo exasperó la vida estática en medios y ambientes pueblerinos; él había nacido para una vida dinámica, activa, que tuviera la movilidad del azogue y diera así amplio escenario a su mentalidad privilegiada y a su afán de trabajar de sol a sol.

Vallejo había nacido para escribir, para investigar, para cumplir con una misión distinta de la muy noble de apacentar una grey. Por otra parte, aquella estrechez de ambiente, aquella reducida latitud en que tenía que moverse, le agriaron el carácter y su naturaleza impulsiva adormecida por las constantes lecturas piadosas, hizo explosión un día sin el menor esfuerzo, porque la lucha inferna que debe haber sostenido para decidir entre lo que le dictaba el deber y lo que le impulsaba la mente, debe haber concluido por dar el triunfo a su pensamiento. Otros factores influyeron seguramente en el ánimo de aquel cura inquieto para desistir de su carrera sacerdotal. Era evidente que la marcada intromisión del clero en los asuntos privativos del gobierno del Estado había llevado a muchos sacerdotes al linde de la inmoralidad, de la intransigencia y de la rebeldía.

El mal venía de muy lejos; ya el Provisor y Gobernador del Obispado don José Nicolas Irías había ejemplarizado con insolente agresividad la obstinada negativa a someterse a los mandatos de la Constitución y las leyes; había excomulgado al Jefe Dionisio de Herrera y levantado armas contra la legalidad de las instituciones republicanas que normaban la vida de la Nación, y este funesto precedente quedó como fermento latente en el ánimo del alto clero, cuya influencia hacía reaccionar violentamente a los opositores del régimen ante los avances de la revolución democrática. Años más tarde, durante el gobierno del Capitán General Santos Guardiola, el Provisor y Vicario Capitular del Obispado Presbítero don Miguel Del Cid, siguió el camino de Irías, tomando como pretexto las diferencias que había tenido el Obispo don Hipólito Casiano Flores con el Presidente Guardiola por algunas cláusulas del Tratado Cruz—Lenox Wyke, por las cuales aquel mandatario había otorgado libertad de cultos a los habitantes de las Islas de la Bahía que acababa de recuperar, poniéndolas bajo la soberanía de Honduras.

En nuestra incipiente sociedad del Siglo XIX la voz del clero era la voz del cielo; la filosofía era conocida sólo por los clérigos y por unos contados hombres de letras a quienes se llamaban masones y libres pensadores; las cuestiones de estado se resolvían desde el punto de vista teológico; todo estaba intervenido por la Iglesia y nada podía hacerse sin su aquiescencia so pena de merecer los más duros reproches. Nuestros políticos eran por tradición católico—romanos y temerosos de la censura clerical; pero ello no significaba sometimiento a los caprichos de algunos malos sacerdotes, ni presuponía la violación de los preceptos legales redactados por nuestros diputados que, hasta 1862, eran en su mayoría, sacerdotes.

Pero en 1856 cuando Guardiola llegó al poder, aunque gobernó con la Constitución de 1848 decretada en tiempos de Lindo, las cosas comenzaron a cambiar casi radicalmente; aunque en verdad no se trataba de una verdadera reforma por pertenecer el Capitán General

Presidente al partido conservador o partido de la reacción anti—morazanista, si pudo notarse cierta independencia de criterio en algunos actos gubernativos, lo cual, como era de esperarse, disgustó a los clérigos—políticos que le habían dado su apoyo incondicional en la creencia de que, como buen cachureco y jefe de los Pericos de Opoteca, sería dócil instrumento como lo habían sido algunos gobernantes liberales por su tolerancia y falta de firmeza. Pero Guardiola se había propuesto recuperar las Islas de la Bahía aprovechando la buena disposición de Inglaterra para dirimir la discordia por los medios civilizados de un Tratado Internacional.

El Capitán General Presidente deseaba esta recuperación no sólo porque estaba convencido de los derechos inalienables de Honduras, sino porque se jugaba su prestigio político, su posición de líder de una fracción popular que hasta entonces se había sentado en la misma mesa con el clero para disponer a su arbitrio del destino de la fracción liberal. Pero no obstante su respeto a la religión católica que profesaba, el Presidente se vio precisado a acepar la libertad de cultos que el Tratado Cruz—Lenox Wyke preceptuaba casi como condición sine quanon para llegar a un arreglo. Guardiola jamás esperó que sus amigos y correligionarios iban a organizar en su contra la campaña desenfrenada de calumniosas acusaciones y oprobios que desde los púlpitos de las parroquias hondureñas, se desató sin miramientos y con ostensible menosprecio a su calidad de Jefe Supremo del Estado.

Vallejo, aunque en esa fecha tenía unos 16 años, bien se enteró y comprendió cuál era la tragedia de su patria; estudiaba entonces Filosofía pero no podía ser indiferente, como no lo era la mayoría delos hondureños, ante tan vital problema, y le interesó mucho más, por cuanto el Presidente, era su pariente cercano. Si el gobierno de Honduras se hubiese rehusado a firmar aquel Tratado con las cláusulas de libertad de cultos para los isleños, Inglaterra habría tenido pretexto para seguir de tentando aquel sagrado territorio, muy a pesar del Tratado Clayton—Bowler y de la declaración del Congreso de los Estados Unidos de Norte América que establecía claramente "que las Islas de la Bahía, son de Honduras y su ocupación por Gran Bretaña constituye una violación del tratado Clayion—Bowler".

La influencia que todo lo relatado tuvo en Vallejo, está claramente demostrada en su Necrología del Presbítero don Miguel A Bustillo.

Quien quiera convencerse de mi afirmación, puede ocurrir y leer esa magnífica pieza literaria, política y sociológica del Padre Vallejo publicada en 1892.

Por otra parte, cuando Vallejo había recibido la ordenación y comenzó su vida sacerdotal, vio que la del clero era muy distinta de aquella austera y de santidad que llevaba su Pastor el Ilustrísimo Obispo Fray Juan Félix de Jesús Zepeda y Zepeda, y haciendo un recuento advirtió que eran pocos, muy pocos, los que cumplían fielmente con el compromiso contraído con la Iglesia; se enteró de cómo los párrocos transitaban por los tortuosos caminos de la inmoralidad, del préstamo usurario, del despojo de propiedades urbanas y rurales a cuenta de créditos prestarios no pagados y supo, además que algunos llegaban hasta el concubinato.

¿Cómo podía un hombre de su formación intelectual tolerar semejantes trasgresiones a la ley jurada que imponía la predicación de la doctrina de Cristo y la imitación de su ejemplo? Era preferible para él abandonar la sacristía que llegar a las gradas del alfar con las manos impuras y el corazón henchido de pasiones. Me parece que Vallejo tuvo bastante coraje para dejar al fin, su ministerio y para guardar los hábitos cuando era costumbre cubrir con ellos los pecados capitales que mantenían enferma la mente y contaminada la conciencia de pecaminosos pensamientos. Porque, imagino yo, para él más valía que se le censurara como apóstata, a que se le tildara de infidente o se le señalara como traficante con la miseria de las ovejas que se le habían confiado como pastor y como guía para la salvación.

Las anteriores consideraciones no quieren decir que yo apruebe la conducta seguida por el Padre Vallejo al hacer caso omiso de sus obligaciones sacerdotales; tampoco quieren decir que ignore las virtudes y los méritos de muchísimos sacerdotes del pasado siglo que llevaron una vida ejemplar; o que crea que todo el clero lleva el estigma de Irías, de Del Cid y de otros tantos malos clérigos. No. Nuestro clero actual está integrado por hombres de aquilatadas virtudes, de ilustración y de bondad. Estos atributos se reflejan en sus obras materiales y espirituales, en su vida ejemplar que cada día afianza más el respeto, la admiración y el cariño que la feligresía hondureña guarda a sus pastores y guías espirituales.

Le reprocho a Vallejo, aunque reconozco su coraje y las razones que pudo tener y que nunca declaró para marginarse del sacerdocio activo, su falta de serenidad y la inconstancia en la fe que había profesado. Le reprocho su falta de valor y de entereza, porque él pudo ser factor determinante para erradicar aquellos vicios, pero le faltó el propósito de enfrentarse ante los jerarcas corrompidos y prefirió entrar como ellos en el amplio escenario de la mutua tolerancia. Ya he dicho que Vallejo no colgó los hábitos tan pronto, y esto es así, porque todavía en 1889 los vestía, celebraba misa y se le nombraba en la correspondencia oficial, Presbítero y Licenciado, aun cuando en el Anuario Estadístico de Honduras, obra escrita por él mismo y publicada en el mismo año de 89, se coloca en la lista de los sacerdotes que carecen de beneficio o curato.

En 1893, los acontecimientos políticos le obligaron a emigrar a Guatemala en donde cultivó buena amistad con el Gobernador del Arzobispado don Ignacio Prado y con los presbíteros Mérida, Montenegro y González, quienes le hicieron más llevadera la vida triste de exiliado; en Guatemala solía celebrar misa en la Iglesia de El Carmen, y como después de la revolución de 1871 los sacerdotes ni religiosos podían usar hábitos fuera de los templos, Vallejo colgó también los suyos y se sometió a las reglas establecidas. Desde entonces vistió de rigurosa etiqueta: leva traslapada y sombrero de copa, así que, cuando regresó a Tegucigalpa a fines del Siglo XIX, ya no volvió a usar sotana y poco a poco se fue incorporando a la vida común y corriente como cualquier ciudadano, llamándosele con respeto: el Padre Vallejo.

EL ABOGADO ANTONIO RAMÓN VALLEJO

Ya he dicho que Vallejo optó por coronar las dos carreras profesionales que en su tiempo se ofrecían a la juventud que no podía salir al exterior en busca de preparación científica o literaria, así que en 1871 decidió continuar los estudios de Derecho en esta capital, por lo cual no pudo haber estado en Guatemala al tiempo del triunfo de la Revolución de García Granados, que fue en junio del mismo año.

Según el Decreto Legislativo de 24 de Mayo de 1862, para optar al Título de Abogado de los Tribunales de la República, el aspirante debería acreditar: que era Bachiller en Filosofía, que era Bachiller en Derecho Civil; que había cursado en tres años consecutivos las asignaturas de Derecho Natural y de Gentes, Derecho Público y Retórica Forense, además de haber tenido una práctica de tres años al menos, en algún despacho de abogado competente y debidamente titulado. El 14 de Septiembre de 1874, Vallejo presentó ante la Corte Suprema de Justicia la correspondiente solicitud para obtener el Título de Abogado de los Tribunales, y conforme a la ley, acompañó a dicha solicitud los comprobantes siguientes: 1. —Partida de nacimiento que literalmente dice: "PRESBITERO Manuel A. Estrada Coadjutor, encargado interinamente del Beneficio de Tega. Certifico: que en uno de los libros de Bautismo de esta Parroquia que comienza el veinticinco de julio de mil ochocientos cuarenta y uno y concluye el diez y ocho de noviembre de mil ocho cientos cuarenta y seis, al folio 183 está la partida que dice: En la Iglesia Parroquial del Señor San Miguel de Tega, a veinte de marzo de ochocientos cuarenta y cuatro, YO, el infrascrito Cura y Vicario de este Beneficio bauticé a Antonio Ramón que nació a diez y siete del mismo h, 1. de Román Vallejo y Marta Bustillo, su madrina María del Carmen Chávez quien fue impuesta de su obligación y lo firmé. Trinidad Estrada. Es copia fiel del original y para los usos legales del Sr. Prbo. Br. D. Antonio Ramón Vallejo, extiendo la presente en Tega., a los ocho días del mes de marzo de mil ochocientos setenta y fres. Manuel A. Estrada".

2.—En papel del Sello 4° 1873—1874 con valor de 2 reales: "RAFAEL ALVARADO, Abogado de los Tribunales de la República, Certifico y Juro: que el Sr. Presbo. Br. Don Antonio Vallejo ha hecho su pasantía en mi bufete, desde el mes de marzo de setenta y uno hasta esta fecha, en cuyo tiempo ha pasado, varias veces, todas las materias que la ley exige para obtener el título de Abogado, y considerándolo en posesión de los conocimientos necesarios, a su solicitud, extiendo la presente, en Tegucigalpa, a los doce del mes de Sbre. de mil ochocientos setenta y cuatro. Rafael Alvarado".

3.—El Título de Bachiller en Filosofía extendido por el Rector de la Academia del Estado de Honduras Presbítero y Doctor don Trinidad Estrada, extendido el 7 de febrero de 1872, en el que se hace constar que hizo su examen el 4 de octubre de 1862.

4.—Título de Bachiller en Derecho Civil, extendido por el Rector de la Academia del Estado de Honduras el 7 de febrero de 1872, en el que se dice y certifica que había hecho su examen de ley el 20 de noviembre de 1864.

Ambos Títulos están suscritos por el Abogado Rafael Alvarado como Secretario dela Academia o Universidad del Estado. Es curioso que el Señor Estrada, no sólo haya tenido el privilegio de bautizar a Vallejo, sino el de extenderle los títulos literarios que tan justamente había ganado.

El Secretario de la Corte Suprema de Justicia don Manuel Gálvez, comenzó el trámite y formó el expediente, y los señores Magistrados don Crescencio Gómez, Presidente; Planas, Rafael Padilla y Carlos Membreño que a su vez ejercía como Fiscal, dieron el traslado a éste, para que siguiera una información de vida y costumbres del solicitante, habiendo examinado el 17 de Septiembre a los Señores Don Julián Fiallos, Don José de la Rosa Coello, Don Manuel Sequeiros, Don José Antonio Ynestroza y Licenciado don Valentín Durón, sobre los extremos correspondientes, y habiendo éstos dado opinión favorable, el Fiscal volvió a la Corte el expediente con su parecer el 22 del mismo Septiembre, y ese mismo día, la Corte puso el auto siguiente: "Nómbrase examinadores a los Señores Licenciados don Valentín Durón, Don Rosendo Agüero y Don Antonio Midence, señalándose para el examen, los días veintitrés y veinticuatro del corriente. Notifíquese. Gómez, Planas, Padilla, Membreño, Manuel Gálvez. Secretario".

Pero ocurrió que los Licenciados Durón y Midence se excusaron por enfermedad (quizá un catarrito del que tanto se cuidaban nuestros abuelos), y la Corte nombró para sustituirlos a los abogados Don Pedro José Bustillo y Don Adolfo Coello. El Vicepresidente de la Corte, señor Planas, recibió el juramento a los examinadores, después de lo cual, y ya practicado el examen privado, el Secretario recogió los votos que fueron de APROBADO por unanimidad. El mismo 24 de septiembre la Corte fijó el dos de Octubre para el examen público, y acto seguido, el Secretario Gálvez entregó al Señor Vallejo un expediente "para que abra dictamen de conformidad con la ley".

En el expediente, consta el siguiente auto: CORTE SUPREMA DE JUSTICIA. Tegucigalpa, octubre dos de 1874. Resultando del examen público practicado en esta fecha que el Señor Presbo. Br. D. Anto. Vallejo posee los conocimientos necesarios para el ejercicio de la abogacía, por lo cual ha merecido ser aprobado. Por tanto: La Corte Suprema de Justicia a nombre de la República de Honduras, con presencia de los Artículos 9 fracción 11 de la ley reglamentaria de tribunales y 8 del Decreto Legislativo de 13 de Mayo de 1862, declara ABOGADO de la misma República al expresado Presbítero Don

Antonio Vallejo, y manda que previo el juramento prevenido por la ley se le expida el título correspondiente y se comunique el recibimiento a quienes corresponde. Notifíquese. Gómez, Planas, Membreño, Manuel Gálvez. Secretario". El 5 de octubre, Vallejo prestó el juramento ante el Presidente de la Corte Señor Gómez y firmó con él y con el Secretario que dio fe.

Los datos anteriores fueron formados del Tomo IV, 1874—1878 de los "EXPEDIENTES DE ABOGADOS" que existen en el ordenado y bien cuidado Archivo de la Corte Suprema de la República.

Vallejo ejerció siempre su profesión de abogado. Fue un litigante incansable y sus clientes fueron los vecinos de las aldeas de Río Abajo, Soroguara, Talanga, Sabanagrande, y varios caseríos aledaños a Tegucigalpa. Como ocurre durante el ejercicio de las profesiones liberales, ganó algunos juicios y perdió otros tantos, es decir, tuvo éxito en algunas ocasiones y cosechó fracasos en otras. Se refiere por personas que le conocieron, que a Vallejo le gustaba llegar a los Juzgados citadinos acompañado de sus clientes y numerosísimos testigos, los cuales se sentaban en la acera haciendo larguísimas colas, cosa pintoresca, pues los vecinos al ver el desfile por las entonces empedradas calles de la capital, exclamaban: ¡Allí va el Padre Vallejo para el Juzgado!

De su éxito monetario, nos da cuentas la pobreza en que murió y la sobriedad de su vida, aunque debe haber tenido indudablemente sus entradas buenas, pues siendo tan "inquieto" en asuntos de faldas, lo probable es que haya tenido suficiente para mantener más de dos bocas, como suele decirse. ¡Quizá haya sido así! Si hoy viviera, con sus "inquietudes", necesitaría una fortuna. Las jovenzuelas ya no creen en el amor, pero lo practican por dinero. Es cruda la verdad, pero es verdad, y de las gruesas.

En cuanto al acompañamiento con que solía atravesar las calles citadinas el abogado Vallejo, lo practican ahora algunos políticos, que gustan del exhibicionismo de sus prestigios, aunque para el día de las elecciones (cuando hay elecciones), no saquen ni un voto de sus seguidores, que en la mayoría de los casos, son "aviadores" que gustan de la vida fácil con el menor esfuerzo. ¡Qué grato debe haber sido ver al Padre Vallejo, metido en su sotana o en su leva traslapada, seguido de un ejército de "pencos"! Con sobrada razón solía decir, como lo dejo apuntado en otra parte, que "Honduras lo que necesita es de tres cosas: PAZ, PISTO y PENCOS".

VALLEJO COMO HOMBRE

Es difícil para quien como yo no quiere fantasear, describir siquiera someramente, lo que el Presbítero y Licenciado Antonio R. Vallejo fue como hombre. No me refiero, desde luego, a ese concepto de hombre que la mayoría de los individuos personifican en el "machismo vulgar", postura estéril porque solo representa la imagen del bruto frente a todo lo que le rodea. Intento referirme al humano Antonio Ramón Vallejo, con sus virtudes, con sus errores, con sus pasiones; al Vallejo íntimo, que no era el historiador, ni el científico, ni el sociólogo. Y digo que intento referirme a estas facetas de su vida por cuanto, según el pensar de muchos, el biógrafo sólo debe analizar y estudiar los ángulos de la vida pública del biografiado, tomando estos ángulos desde la apreciación de la política y de la vida intelectual.

Evidentemente, ese pensamiento de muchos ilustres escritores tiene su justificación si se considera que la vida privada de las personas merece el más elevado respeto, pero, ocurre muchas veces que ciertas actitudes de los hombres públicos tienen su explicación en ese prisma íntimo, tan desconocido y a veces tan apasionante.

En la vida del Padre Vallejo he encontrado detalles que dan matices admirables a su interesante personalidad: gustaba desde sus años mozos de la buena presencia, por lo que solía vestir con sobria elegancia a lo que le ayudaba su físico, su porte señorial y su prestancia de caballero culto. Gustaba del buen vino moscatel y la buena mesa tanto como de la conversación sobre temas trascendentes y de la compañía de personas ilustradas como él, y siendo así, es natural que, aunque el trato diario obliga a llamar amigos a todas las personas que se frecuentan en los menesteres de la vida, Vallejo escogiera a sus más íntimos, entre la gente que, como digo, tenía valía intelectual. Su tertulia estaba siempre amena con la asistencia de Alberto Membreño, Ramón Rosa, Adolfo Zúniga, Marco Aurelio Soto, Miguel Oquelí Bustillo, José Ferrary, Diego Robles, Trinidad Mendoza, y en los años postreros, Rómulo E. Durón, Ernesto Argueta (su médico) y Jesús Velásquez. El sagaz político don César Bonilla, también fue asiduo visitante del Padre Vallejo.

Su casa, una modesta edificación de baharaque situada en donde actualmente está el Almacén La Reina, no sólo era lugar apropiado para las amenas charlas, sino que siempre fue templo del trabajo. Los primeros escribientes que tuvo a su servicio, fueron don Ángel del Castillo, apodado Bombillo y el estudiante de derecho y luego abogado. Isidro R. Amaya. Posteriormente trabajaron con él, Don Carlos Castro, muerto trágicamente en el Banco de Honduras durante el gobierno del General López Gutiérrez; el ex—presbítero Randolfo Lobo y el P. M. Pío Uclés Armijo, viven actualmente los últimos dos.

En el trabajo era exigente y rígido; no permitía que durante las horas de labor sus empleados cuchichearan o distrajeran su tiempo en intrascendencias y, aunque era apacible, a veces montaba en cólera que solía disipar repitiendo en latín pasajes del Breviario. Jamás permitía que persona alguna entrara a su cuarto de trabajo fumando; temía un incendio y se enfurecía diciendo al circunstante: "tire esa colilla amigo, tírela a la calle o espéreme en la puerta", pero cada regla tiene sus excepciones: el Doctor don Alberto Membreño era su amigo íntimo, y este ciudadano, no perdonaba durante las tertulias, el fumarse un casero y perfumado "puro", pero ya sabía su sitio en el convivio: junto a una mesa llena de papeles, había un sillón y sobre la mesa, un tiesto de barro de Ojojona, destinado al uso del ilustre fumador.

Refiere el historiador Salvador Turcios Ramírez que entre los recuerdos de sus primeros años, conserva el de su encuentro con el padre Vallejo y lo describe de este modo: "....encontramos cierto día por una de las calles céntricas de la Tegucigalpa colonial, soñadora y guerrera, vestido de rigurosa etiqueta, con su levita traslapada y su sombrero de copa, con su cuerpo alto, recto y aristocrático, y fue tanta nuestra curiosidad infantil, que preguntamos rápidamente a alguien que pasaba junto a nosotros: ¿Quién es ese señor? —y el interpelado, bien lo recordamos, nos contestó secamente: ¡Es el Padre Vallejo! Con este nombre, sencillo y cordial, se le conocía en las relaciones casi familiares de la localidad.

Otro de sus biógrafos, Martín Alvarado Rodríguez, que ya he mencionado, dice de él: "Era de alta estatura, fornido y fuerte. Su tez trigueña hacía que resaltaran en él unos ojos verdes (gateados, como se dice entre nosotros), advirtiéndose en ellos una mirada viva e inteligente. Tenía bigote corto, su porte era elegante y caminaba siempre erguido. Usaba leva traslapada, sombrero alto, de copa, y zapatillas negras siempre bien lustradas; lucía camisa blanquísima con pechera dura con el aditamento del peto; acostumbraba usar el cuello alto y duro, lo mismo que los puños, que con el cuello, iban siempre separados de la camisa; el bastón, con empuñadura metálica, le era inseparable cuando salía de su casa a la calle. Jamás se le vio de otra manera en los lugares públicos. En todo observaba la más perfecta pulcritud".

Tal lo que dicen de Vallejo dos honorables y distinguidos historiadores que tuvieron la fortuna de conocerlo. Yo agrego, contemplando sus retratos: tenía la cara casi ovalada, de trazos rígidos pero bien proporcionados, frente amplia, sin entradas y pelo negro y crespo; cejas hermosas, nariz recta y bien formada como el firme mentón de líneas varoniles; labios ni delgados ni gruesos, pero con cierto esbozo de sensual sonrisa; mirada firme y penetrante, y e todo, dando el inconfundible sello de su carácter de hombre nacido para las más duras lides. Su contingente debe haber sido muy atractivo.

Hay dos anécdotas que ponen de relieve su severidad en el trabajo y su pulcritud de caballero, que voy a referir: El escribiente del Castillo apodado "Bombillo" tenía gran afición a las copas y no pocas veces dejaba el trabajo interrumpido. Esta actitud irritaba al metódico y cumplido Padre, pero profesándole gran estima y reconociendo su buena letra y su competencia cuando estaba sobrio, terminaba por reconvenirlo con paternal paciencia, hasta que, en cierta ocasión, la ausencia se hizo prolongada y le mandó llamar a su presencia. Llegó Bombillo tembloroso, abofeteado el rostro e inyectados los ojos por el tanto néctar ingerido. Verlo Vallejo y ponerse de pie fue uno, diciéndole al instante: "Bombillo, ya veo que Ud. sigue de parranda. ¿Cómo deja usted el trabajo para emborracharse? El hombre debe ser responsable y cumplido. ¿No está Usted a gusto con los reales que gana?".

Humildemente del Castillo profirió una excusa, a la que replicó el Padre: "AMIGO BOMBILLO, USTED BEBE MAS QUE LAS BESTIAS".

—No Padre —respondió Bombillo— es sólo que le parece.

—No Señor —contestó Vallejo—. Bebe mucho, porque las bestias en la jornada de un día de camino, solo una vez se detienen para beber agua y aunque pasen otros ríos no vuelven a tomarla. Pero parece que usted vacía una copa y está listo para empinar la otra.

Avergonzado el amanuense, pidió miles de excusas y ya más tranquilo el Padre, terminó por hablarle con palabra suave y familiar.

El otro pasaje, se refiere al litigio limítrofe con Nicaragua. Una vez que el gobierno tenía terminado el trabajo en que debería basarse el alegato que Honduras debería presentar ante el Rey de España, el Ministerio de Relaciones Exteriores comenzó a buscar los hombres que integrarían la Delegación para ir a España. Pocos hombres eran versados en el asunto, entre ellos Vallejo autor del magnífico estudio del problema, y el Doctor don Alberto Membreño, abogado distinguido y hombre de probado talento. El Padre Vallejo, como era natural, deseaba ir personalmente ante el Árbitro para despejar cualquiera duda y colaborar con su amigo Membreño que ya había sido nombrado, en todo cuanto fuera menester.

La Secretaría de Estado comenzaron a moverse los hilos de la intriga y en lugar de Vallejo, fue nombrado el Doctor Antonio Abad Ramírez Fontecha. Vallejo se sintió defraudado y triste, al grado que sus amigos notaron en el hombre de estudio la nostalgia y el desengaño y, desde luego, un resentimiento profundo con el Doctor Fontecha. Pero la misma noche del nombramiento, como a eso de las 8, se encontraba Vallejo trabajando en mangas de camisa y sin su acostumbrada corbata negra, cuando tocaron a su puerta con insistencia. Abrió prontamente, y cuál no sería su sorpresa al ver impecablemente vestido de negro al Doctor Fontecha, que al saludarlo le dijo: "Doctor Vallejo, únicamente vengo a presentarle excusas por el nombramiento recaído en mi persona".

Vallejo no le dejó terminar, invitándole a pasar y rogándole excusarlo por su desaliño. Inmediatamente pasó a su aposento, se puso el cuello, la corbata y la leva, regresando ante Fontecha para decirle que no se apenara y que sólo su caballerosidad pudo haberle movido a visitarlo para disculparse de algo que no podía culpársele. El Doctor Fontecha, cumplido caballero como era, cuando publicó su libro sobre el Arbitraje refutando la tesis nicaragüense, en el ejemplar que puso en manos del ilustre hondureño, escribió esta dedicatoria:

"AL BUEN AMIGO Dr. ANTONIO R. VALLEJO, TESTIMONIO DE GRATO RECUERDO Y AFECTUOSA CONSIDERACION AL ESPIRITU SANTO EN LA CUESTION DE

ESTE ARBITRAJE, DE SU MUY DEVOTO SERVIDOR, A. Ramírez Fontecha. Tegucigalpa, 19—5—1908".

¿Cuáles fueron las pasiones que anidó su corazón? Acaso sus varios amoríos puedan decir algo sobre ello. A buen seguro que el primer pecado hizo temblar su espíritu y buscó el perdón en el confesionario; a buen seguro que las tormentas desatadas en su mente y en su corazón le llevaron a prolongados insomnios y a torturas recónditas que no pueden saberse, pero el deseo debe haberle incitado una, y otra, y otra vez, hasta apartarlo de la senda que le trazara aquella fe jurada, y para olvidar las faltas, se dejó avasallar por el trabajo y otra pasión, insaciable, le hizo sucumbir en sus brazos: la investigación histórica.

Dudo que el odio y la venganza hayan envenenado su alma. Jamás dio muestras de ello, y ni siquiera en sus escritos hay rastros que pudieran argüirse en contrario. Hombre de influencia política, sin ser político al modo como suele entenderse este oficio, pudo haber torcido las más hermosas intenciones de los poderosos y, aunque no falta quienes quieran presentarlo como partícipe en el bochornoso proceso del General José María Medina, es muy remoto que su consejo haya influido en aquel desatinado paso del gobierno, precisamente porque Vallejo era amigo íntimo de Soto y de Rosa, y porque sabía, que aquello era una monstruosidad que arrojaría un baldón, una mancha indeleble sobre tan preclaros ciudadanos y, a buen seguro, no podía estar con aquel crimen, por mucho que hubiera censurado la voluble actuación del desafortunado caudillo graciano. Ya en otro sitio de este trabajo me he referido a la actitud de Vallejo frente a Medina caído y humillado, pero con todo, me parece que nada tuvo que ver con el proceso, y no hay prueba que le condene o que dé pie para acusarlo como responsable de aquel delito.

La influencia que Vallejo tuvo durante el gobierno de Soto puede dejarse en claro con la siguiente anécdota que, como las anteriores, me fue suministrada por su hijo el Profesor Antonio Ramón Vallejo Armijo, y que consigno a continuación:

Vivía en Tegucigalpa cierto personaje a quien el Padre Vallejo le había llevado un asunto judicial en los últimos días del Gobierno de Medina, y quien, aprovechando el caos en que estaba el país, se negó a pagar los honorarios que le cobraba el abogado. Restablecido el orden, el Fulano cayó en la cárcel como sospechoso de maquinaciones contra el gobierno de Soto. Los parientes del preso comenzaron a mover influencias para lograr la libertad de su deudo, pero ninguna gestión prosperó porque la orden de detención sólo podía revocarla el Presidente o su Secretario General, Ramón Rosa, y ninguno de los allegados a palacio quería abordar el asunto.

Cierta persona sugirió a los afligidos parientes que fueran donde el Padre Vallejo cuya amistad con Soto y Rosa era muy íntima, por lo que era evidente su influencia en las esferas oficiales, pero estaba de por medio la deuda y, el temor a una negativa; buscaron a don Miguel Oquelí Bustillo, pariente cercano de Vallejo a quien éste estimaba mucho, y le pidieron su mediación. Fue Oquelí a ver al Padre y éste le dijo a secas: "¡Que se pudra ese pícaro! Me debe quinientos pesos más una insultada, y allí me las pagará". Pero Oquelí conociendo que Vallejo era incapaz de desear lo que sus labios decían, aconsejó a la esposa del prisionero que fuera a ver al Padre y le pidiera su ayuda sin rodeos.

Temerosa y apenada fue la dama a casa de Vallejo, quien la recibió con visibles demostraciones de cortesía, y cuál no sería su sorpresa cuando al terminar la súplica, el Padre se puso de pie y le dijo: "Señora mía: por usted haría yo cualquier cosa. Vamos ahora a ver al señor Presidente". La hermosa dama no encontraba palabras para agradecer aquel favor. Horas más farde, el prisionero fue puesto en libertad, y días después Vallejo recibió los quinientos pesos.

Era fama que Vallejo observaba severa disciplina y que era, además, hombre muy serio; en apariencia era hombre seco, de carácter agrio y mal humorado, pero en la realidad, tenía una buena dosis de humorismo. En cierta ocasión durante la tertulia, el Doctor don Alberto Membreño hablaba de los serios problemas del país y de lo que Honduras necesitaba para resolverlos. Todos los circunstantes escuchaban con atención las opiniones de Membreño y opinaban con gran circunspección sobre el asunto. De pronto Vallejo se puso de pie y exclamó: "Honduras para ser feliz sólo necesita tres cosas: Paz, Pisto y Pencos".

Esos instantes de humorismo fueron conocidos por varias personas que le visitaban diariamente, y por alguna de ellas llegó a saberse que las gentes de Río Abajo, Soroguara y Guasculile solían pedirle consejos y aún la redacción de misivas amorosas. Vallejo no las escribía, pero en cambio les decía: Te voy a buscar palabras bonitas para que caiga fu novia. Y comenzaba a cavilar y pasearse a lo largo de su sala-gabinete. Luego, exclamaba: "Ponele que tiene mejillas de rosicler".

—¿Te gusta rosicler?

—Sí, Padre —respondía el interpelado.

—Pues rosicler, te cuesta diez centavos.

—Otra palabra Padre, más bonita.

—Bueno, pues decile que es un querubín, y sólo te cuesta veinte.

Luego tenía que explicarles qué era rosicler y qué era querubín y por esta explicación, según fuera larga o corta, les decía: "Ahora te cuesta cincuenta centavos y volvé mañana". Y en esta forma, Vallejo dictaba palabras bonitas y los indios de las aldeas pagaban gustosos sus centavos o su peso, según y a cómo le sonaban las palabras de amor. Este pasaje no requiere comentarios: es tan patético.

Usaba en ocasiones de la sátira. Era mordaz cuando alguien trataba de incomodarlo. A este propósito se me ha referido que en cierta ocasión, venía Vallejo llegando a su casa cuando se encontró con una vecina, dama de sociedad muy agraciada y de buena posición económica alcanzada, según decir de las "lenguas", por sus grandes "virtudes". Al verla, Vallejo se descubrió respetuoso y luego abrió la puerta de su hogar. Inesperadamente, la dama le dijo: "Caramba Doctor Vallejo, usted con su talento y con las veces que trabajó con los gobiernos pasados, no ha podido hacer una casa como la mía, de alto y de piedra". Vallejo, sorprendido y con su gran agilidad mental le respondió con una sonrisa socarrona y agregó: "Ay señora, es que yo no tengo de lo que usted tiene", y acto seguido cruzó el dintel y cerró la puerta.

Estas anécdotas ponen en claro la intimidad del hombre. No era siempre el Vallejo de adusto ceño ni el bilioso profesor de latín, ni el absorto investigador. Era el Vallejo por dentro, el ameno y ocurrente Vallejo que gozaba con la candidez de los fueranos rebuscándoles palabras bonitas; que pensaba irónicamente que Honduras solo necesitaba de paz, pisto y pencos para redimirse y que tenía a flor de labio la frase sarcástica para castigar a los imprudentes.

Deje el lector avisado que vuele su imaginación y se ubique en los ya lejanos días en que vivió y actuó el Padre Vallejo; imagínese las peripecias de sus "travesuras" amorosas y mézclelas con su seriedad para el estudio y su gran talento, y tendrá al Vallejo hombre, al Vallejo humano, al insigne Padre Vallejo, con sus virtudes, sus debilidades, sus errores y sus pasiones. Yo, aquí me detengo.

ASCENDIENTES Y DESCENDIENTES DE ANTONIO RAMÓN VALLEJO

Es bien poco lo que he logrado en mis investigaciones para determinar la genealogía del Presbítero y Licenciado Antonio Ramón Vallejo, por lo que he de conformarme, por ahora, con dar los nombres de las personas que formaron la familia de este ilustre hondureño con la esperanza y el deseo de que, hombres con el talento y la información del Licenciado Juan Bautista Valladares Rodríguez, ofrezcan a los hondureños el Árbol Genealógico del Padre Vallejo en fecha oportuna.

Por la línea paterna, fue su abuelo JOSÉ ANTONIO VALLEJO, nacido en 1773, de oficio cohetero, casado con NARCISA SOTO en 1805, con quien tuvo por hijos legítimos a PAULA JUANA (1806), PAULA JOSEFA (1808) y JOSÉ ROMÁN (1814). Don José Antonio Vallejo habitaba una modesta casa de bahareque en la Calle de la Estación, según el Censo levantado en Tegucigalpa en 1821.

JOSÉ ROMÁN VALLEJO SOTO, tercer hijo de la familia Vallejo—Soto, nacido en 1814, se casó con MARTA BUSTILLO en 1843, y procreó dos hijos: MATEO VALLEJO BUSTILLO y ANTONIO RAMÓN VALLEJO BUSTILLO, nacido el 17 de marzo de 1844. Mateo Vallejo murió en San Salvador(?)

Por la línea materna: BIBIANA BUSTILLO, abuela de Vallejo, nacida en Tegucigalpa, en 1796; era hija natural de ANTONIA BUSTILLO. Doña Bibiana, según el decir del Doctor Esteban Guardiola, "era de raza mestiza, de regular estatura, de color trigueño, de abundante, larga y lacia cabellera negra. Era de buena inteligencia, enérgica y dinámica y a la vez de carácter bondadoso y servicial". Procreó con el minero español Esteban Guardiola, a MATEO y SANTOS GUARDIOLA BUSTILLO, este último nacido en Tegucigalpa, en 1816, llegando a ser Presidente de la República de Honduras y asesinado el 11 de enero de 1862 en el ejercicio del poder.

También tuvo doña Bibiana otros hijos: MIGUEL ÁNGEL (Presbítero), MARTA, HILARIA, LEONOR y ANTONINA BUSTILLO, hijos naturales también. Debo decir aquí lo que el Dr. Guardiola ya mencionado, consignó en uno de sus brillantes escritos sobre los hijos naturales, lo cual explicará por qué me ha sido difícil encontrar el nombre del padre de MARTA BUSTILLO. "En aquellos tiempos —dice Guardiola—, era una ignominia ser hijo natural, y las madres de tales hijos eran vistas con menosprecio en nombre de la moral social. A los seres que no se les había pedido su consentimiento para existir en esa condición no se les debía menospreciar por ese motivo, ni a la madre se le podía castigar por haber tenido la debilidad de caer en los lazos del amor libre. La iglesia católica era implacable con los hijos naturales. No sólo les negaba el acceso a las órdenes sagradas, sino que no se consignaba el nombre, siquiera, de la madre en los libros bautismales, diciendo en el texto de las partidas esta frase: DE PADRES DESCONOCIDOS, y ha sido con el tiempo que se ha venido desterrando esta práctica".

MARTA BUSTILLO contrajo nupcias con JOSÉ ROMÁN VALLEJO SOTO y procreó dos hijos: MATEO VALLEJO BUSTILLO y ANTONIO RAMÓN VALLEJO BUSTILLO.

Según los datos que copio a continuación y que me fueron suministrados por el distinguido educador Prof. Antonio R. Vallejo Armijo, el Presbítero y Licenciado Antonio Ramón Vallejo Bustillo, tuvo la siguiente descendencia:

1.—Agustín Bustillo.
2.—Carlos Cáceres Bustillo.
3.—Emilio Cáceres Bustillo.
4.—Juan José Bustillo.
5.—Alfonso Zúniga Vallejo.
6.—Carlota Zúniga Vallejo.
7.—Trinidad Oquelí Bustillo.
8.—Concepción Echeverría.
9.—María Antonia Echeverría.
10.—Antonio R. Vallejo Armijo. (Único sobreviviente).

En las Repúblicas de El Salvador y Guatemala, se sabe que dejó dos hijos, uno en cada país, pero nunca vinieron a Honduras. Seguramente habrán descendientes del Padre Vallejo que actualmente vivan.

Tenía como hijos de crianza a Trinidad Zepeda Vallejo y a Isabel Pérez, a quien él llamaba cariñosamente "La India".

CARLOS CÁCERES BUSTILLO, se casó con la Señorita Dolores Vijil y tuvo como hijos legítimos a: MANUEL CÁCERES

VIJIL y MARCIAL CÁCERES VIJIL, ambos médicos, habiendo tallecido el segundo. Tuvo además una hija natural: ELENA CÁCERES.

JUAN JOSE BUSTILLO, tuvo como hijos a JOSEFA BUSTILLO, FRANCISCO BUSTILLO y MIGUEL PALMA.

ALFONSO ZUNIGA VALLEJO, dejó como hija a MARTA ZUNIGA VALLEJO.

CARLOTA ZUNIGA VALLEJO, procreó a ALBERTINA ZUNIGA VALLEJO.

EMILIO CÁCERES BUSTILLO, tuvo dos hijos: ROBERTO CÁCERES VIJIL y ARMANDO CÁCERES VIJIL.

TRINIDAD OQUELÍ BUSTILLO, procreó a REINALDO OQUELÍ BUSTILLO.

CONCEPCIÓN y MARÍA ANTONIA ECHEVERRÍA, murieron solteras.

ANTONIO R. VALLEJO ARMIJO, casó con una Señorita de apellido Jereda y ha procreado con ella a: ANTONIO R. VALLEJO JEREDA, PILAR DEL CARMEN VALLEJO, LIGIA VALLEJO DE VALLEJO, CELESTE ONDINA VALLEJO JEREDA y RONALDO E. VALLEJO JEREDA. Tiene además una hija natural de nombre GLADYS CRUZ DE TORRES.

Hasta aquí los datos suministrados por el Profesor Vallejo Armijo. Es lástima que el tiempo relativamente corto para escribir Este trabajo y otras circunstancias que no estuvieron a mi alcance soslayar, hayan obligado al autor a conformarse con tan escuetos datos genealógicos. Si a ello agrego que no soy genealogista, podrá el lector disculparme por la insuficiencia de este capítulo. En verdad no he querido más que esbozar la parentela de tan ilustre hondureño, sin pretensiones de ahondar en la calidad de su estirpe ni en la antigüedad de su linaje.

Queda, no obstante, para los que se dedican a las disciplinas históricas, un rayo de luz sobre el particular que, ojalá, y como arriba lo he dicho, pueda convertirse en un haz de investigaciones substanciosas que despejen la incógnita que yo no pude despejar.

CAPÍTULO II: VALLEJO FUNCIONARIO PÚBLICO

I.—VALLEJO EN EL ÚLTIMO GOBIERNO DEL GENERAL MEDINA.

II.—VALLEJO Y LA BIBLIOTECA Y ARCHIVO NACIONALES.

III.—VALLEJO Y LA ESTADÍSTICA NACIONAL.

IV.—DIVISIÓN MUNICIPAL Y JUDICIAL DE LA REPÚBLICA DE HONDURAS.

V.—EL MOVIMIENTO DE POBLACIÓN CORRESPONDIENTE AL AÑO DE 1888.CUADERNO N° 1.

VI.—ESTADÍSTICA DE LAS ESCUELAS.

VII—EL PRIMER ANUARIO ESTADÍSTICO DE HONDURAS.

Prof. ANTONIO R. VALLEJO ARMIJO: Último hijo del Doctor Antonio Vallejo.

VALLEJO EN EL ULTIMO GOBIERNO DEL GENERAL MEDINA.

Las actividades a que el Presbítero y Licenciado Antonio R. Vallejo se dedicó a lo largo de su vida, ponen en claro que no era político, que no ejercía ese oficio como medio de vida y que bien poco disfrutó de los instantes en que, por su talento, por su ilustración y buen juicio, tuvo que desempeñar funciones públicas de gran responsabilidad aunque no siempre de gran lucimiento.

Desde 1873 Honduras se debatía entre los fragores de la guerra civil y como complemento de la disputa entre los gobiernos de Guatemala y El Salvador, vino la miseria, la devastación del escaso patrimonio familiar, y la caída del Presidente don Céleo Arias, instalándose el General Ponciano Leiva en el poder, respaldado por las bayonetas salvadoreñas y guatemaltecas e inaugurando su mandato el 2 de febrero de 1875. El gobierno de Leiva fue desafortunado y comenzó a zozobrar al poco tiempo, pues el juego político del General Barrios que veía por todos lados enemigos para destruir su hegemonía, le llevó al desastre y arrastró a Honduras al más completo caos.

Todo Centro América se estremecía de temor: Guatemala, soportaba la tiranía de Barrios; El Salvador, luchaba por mantener el constitucionalismo y por aplacar las ambiciones del Mariscal González y del Doctor Zaldívar; Honduras, pasaba vigilante ante la amenaza continua por todas sus fronteras; Nicaragua, estaba lista para repeler la agresión que el Lic. Buenaventura Selva preparaba contra el Presidente Pedro Joaquín Chamorro;y, Costa Rica, que no gustaba de participar en los festines de sangre de sus hermanas, se había metido en la enredada politica de Barrios, por medio del General don Tomás Guardia.

En septiembre de 1875, Guatemala había invitado a los demás gobiernos para una Conferencia o Congreso Centro Americano para trafar de la unión y reconsirucción de la antigua Patria, y en oclubre el General don José María Medina, se entrevistó secretamente con Barrios en Jutiapa y convino con él, en hacerle la guerra al Mariscal González y al Presidente Leiva. Medina cumplió el compromiso y se alzóen Gracias el 16 de diciembre enfrando en Comayagua, capital de la República el 4 de febrero de 1876 declarándose Jefe de Honduras y desconociendo al presidente que se había retirado a otro sitio para reorganizarse.

Pero las cosas no iban a suceder como Medina esperaba. Derrocado González en El Salvador, asumió el poder el Vice— Presidente don Andrés Valle, con quien Barrios celebró un Convenio en el pueblo de El Chingo el 17 del mismo febrero, por el cual se estipuló que el Dr. don Marco A. Soto vendría a Honduras con el carácter de pacificador y al mando de 2.000 hombres guatemaltecos y salvadoreños, con los cuales combatiría a Medina y a Leiva, para luego llamar al pueblo a elecciones. Entre tanto, Medina era derrotado en el combate de El Naranjo viéndose obligado a refugiarse en Gracias, mientras Leiva retornaba a Comayagua para proseguir como legítimo gobernante. Se había iniciado el caos.

La situación era apremiante. Medina necesitaba de nuevos hombres para resolver la situación y salvar su persona, su prestigio político y sus intereses. Llamó entonces al Presbítero y Licenciado Antonio Ramón Vallejo, que contaba apenas con 32 años de edad y con la amistad del Doctor Soto, de Ramón Rosa y de otros prominentes políticos que rodeaban a Barrios en Guatemala, para encomendarle la delicada misión de tratar con los gobernantes centroamericanos el problema hondureño que se veía sin posible solución. Medina al saber del convenio de Chingo, reclamó a Barrios y éste, con inteligencia y sagacidad le dio explicaciones e hizo que se las diera también su Ministro de la Guerra, General Samayoa, las cuales aceptó a reserva de proceder más farde como le conviniera, reserva que significaba un secreto entendimiento con el General Indalecio Miranda quien en fecha oportuna se proclamaría Presidente de El Salvador una vez derrocado el gobierno de don Andrés Valle.

Era urgente pues que el emisario de Medina llegara a Guatemala para conferenciar con Barrios, pero llegado al punto comprendió que el fin de Medina estaba decidido y en firme la venida del Doctor Soto como pacificador. Nada pudo hacer, salvo que se detuviera una fuerza que penetraría a Honduras por el lado de Chiquimula, bajo la seguridad de que, a su regreso a Gracias, trataría de convencer al Presidente Provisional de la realidad de las cosas. Pasó Vallejo a El Salvador y recibido por el Dr. Zaldívar que había sucedido a Valle, supo por éste que Medina le había solicitado apoyo militar y que lo había negado. Propuso Vallejo un arreglo pacífico, y de aquí surgió el envío del señor don Cruz Lozano como mediador entre Leiva y Medina.

Era delicada la posición del Padre Vallejo. A su regreso a Gracias, recibió el nombramiento de Secretario Privado del Presidente Provisional, lo que le dio la oportunidad de influir en su ánimo para que se reuniera con Leiva y el mediador salvadoreño. Así se llegó al Convenio de Cedros, celebrado entre Medina, Leiva y Lozano, por el cual ambos jefes resolvieron que se hiciera cargo del poder Ejecutivo el Licenciado don Marcelino Mejía, que lo asumió en el acto, y pasó luego a Tegucigalpa, pero el 13 del mismo junio, emitió un Decreto resignándolo en el Licenciado don Crescencio Gómez, que se instaló en Comayagua.

Un torbellino de intrigas se desató sobre el señor Gómez, que se sentía respaldado por el caudillo graciano que conociendo los designios de Barrios, aceptó que Soto viniese a Honduras para asumir el Ministerio General del Gobierno, ofreciendo garantizar su elección como futuro Presidente, pero en aquel desbarajuste, Vallejo fuvo que ocuparse en resolver otros problemas de inmediato planteamiento. En Guatemala había sabido que el General don Enrique Gutiérrez como enviado confidencial de Leiva, había dicho al Doctor Soto y al Presidente Barrios, que don Ponciano estaba anuente en depositar el poder en don Marco Aurelio desde antes de suscribir el Convenio de Cedros y sabía también que Medina se obstinaba en que el candidato presidencial fuera el Licenciado don Manuel Colindres, político muy hábil a la sazón Ministro en el Gabinete del Presidente Gómez. Estos hechos que ya no se ocultaban, como tampoco la decisión de Medina de oponer resistencia armada a cualquier otro arreglo, impulsaron a Vallejo a dirigirse al Doctor Soto para que tomase una resolución en vista de que los pueblos como Tegucigalpa, Comayagua, Amapala, Santa Rosa, Juticalpa y otros, se habían pronunciado en favor suyo y le instaban a venir para poner paz en los ánimos y salvar a la República. Las noticias alarmaron a Barrios que decidió en acuerdo con Zaldívar, que viniera a Comayagua don Roderico Toledo como Agente Confidencial, para presionar a Gómez que entregara al Dr. Soto la Presidencia. Pero Gómez se negó rotundamente a ello, y en respuesta, el 12 de agosto dictó un Decreto transfiriendo el poder al General don José María Medina, que se encontraba en Erandique.

Comenzó de nuevo Vallejo su labor de convencimiento cerca del General Presidente. Tenaz fue la lucha, porque había otros consejeros, otros políticos de la vieja estirpe que incitaban al otrora poderoso árbitro de los destinos de Honduras, para que se enfrentara a sus enemigos, para que respondiera al engaño con la resistencia armada, pero Vallejo triunfó, y el 21 de agosto de 1876, el Presidente Medina emitió en Erandique, el siguiente DECRETO: "JOSE MARIA MEDINA, Presidente Provisorio de la República de Honduras.

CONSIDERANDO: Que por Decreto de 12 del corriente, el encargado del Gobierno señor Licenciado D. Crescencio Gómez, me ha conferido el Mando Supremo de la República por los motivos que el mismo decreto expresa.

CONSIDERNDO: Que si bien se me ha considerado como Presidente, en virtud de la revolución, en el manifiesto de 11 de junio expresé de una manera terminante que no volvería a ejercer el mando del Ejecutivo, cuyas protestas no me veo en el caso de quebrantar; y,

CONSIDERANDO: Que la República no puede estar acéfala, porque sería entregarla a los horrores de la anarquía; y para que cese este peligro, es necesario que se haga cargo del Gobierno un ciudadano que por sus luces y patriotismo sea digno de ponerse al frente de los destinos de los hondureños; y que estas cualidades las reúne el señor Licenciado D. Marco Aurelio Soto, quien ha sido proclamado por una parte de la sociedad: DECRETA:

Artículo 1.—Se le encarga el Gobierno Provisorio de la República al ciudadano Licenciado D. Marco Aurelio Soto.

Artículo 2.—Una comisión que se nombrará al efecto pondrá en manos del señor Soto, el presente decreto.

Dado en Erandique a 21 de agosto de 1876. José María Medina. León Gros Burdet".

Entre los comisionados estaba Vallejo, que llevaba el encargo de impedir que el General José María Barahona, acuartelado en Choluteca, opusiera resistencia al desembarco del Dr. Soto y su comitiva, así como el de hacer que se disolviera una tropa organizada por emigrados nicaragüenses que estaba en Nacaome lista para invadir a Nicaragua. Vallejo salió de Erandique el 22 de agosto, llegó a Tegucigalpa en donde conferenció con los amigos de Medina y les explicó la situación, pasó a Nacaome y allí supo que Barahona se había embarcado con un piquete de su tropa para Amapala. Siguió su viaje el emisario hasta llegar a la isla de El Tigre, y allí convenció al General Barahona para que recibiera en paz al nuevo gobernante, quien al asumir el poder el 27 de agosto, le dio garantías para que se trasladara a La Unión, El Salvador, de donde no regresó.

Años después, el Doctor Soto, en carta para Vallejo enviada desde París, le decía: "No creo ser mal patriota, como se dice, por no haber consentido en que se derramara sangre hondureña para llevarme a la Presidencia. Tengo horror por la sangre. Bien recordará que me ayudó eficazmente, cuando trabajó en Amapala porque no se derramara una gota de sangre en 1876".

El Padre Vallejo volvió a terciar en política en 1902 cuando el Doctor Soto fue proclamado por un grupo de hondureños como candidato a la Presidencia de la República, pero el intento fracasó y Vallejo jamás volvió a participar en las contiendas partidistas.

LA BIBLIOTECA Y ARCHIVO NACIONALES

Una de las realizaciones más hermosas del gobierno de Marco Aurelio Soto, fue la fundación de la Biblioteca y el Archivo Nacionales. Ya he dicho en el Preámbulo, cómo el Padre Vallejo colaboró con Soto y con Rosa desde el momento mismo en que ambos inauguraron en Amapala el Gobierno Provisional el 27 de agosto de 1876, y quizá desde antes.

En justicia debo decir que en esta realización aquellos dos estadistas recibieron la inspiración de Vallejo quien, como se ha visto, a esas fechas ya había tomado la determinación de adentrarse en la investigación histórica entusiasmado por la lectura de distintos documentos que había encontrado en la sacristía de sus curatos, cuando recién ordenado sacerdote se dedicara a registrarlos. Fue sin duda idea de Vallejo la de organizar el Archivo así como la sugerencia de arrastrar hasta Tegucigalpa los documentos y papeles que estaban acumulados en las oficinas públicas de Comayagua, antigua capital, idea y sugerencia que fueron atendidas y llevadas a la práctica sin mayor demora.

La Biblioteca y el Archivo vendrían a complementar la fecunda obra cultural de la Reforma que ya contemplaba la reestructuración de la enseñanza primaria, secundaria y universitaria de acuerdo con el Código Fundamental de Instrucción Pública que se pondría en vigencia el 26 de febrero de 1882. Pero es el caso que no podía esperarse hasta aquella fecha para abrir una sala de lectura pública, como tampoco podía esperarse que, los valiosos documentos en que consta la historia nacional siguieran destruyéndose como consecuencia del descuido y desinterés con que se mantenían amontonados como papeles sin importancia.

Así, pues, por Acuerdo de 5 de marzo de 1880, el gobierno dispuso organizar esta importante dependencia nombrando como su Director al Presbítero y Licenciado Antonio Ramón Vallejo. No podía haberse ofrecido mejor oportunidad de probar sus aptitudes de organizador y hombre de trabajo como la que se brindó a Vallejo con aquel nombramiento; ninguna distinción, ningún honor podía satisfacerle más que aquel con que se abrían las puertas del pasado que tanto anhelaba conocer, de tal manera que su mayor deseo, su gran aspiración, se vieron cumplidas y por ello, Vallejo se dedicó con amor y confesión a la realización de empresa tan comprometida y difícil.

¿Pero por dónde y cómo inició su gran obra? Sus propias palabras relatan el suceso en esta forma; "El decreto de 5 de marzo de 1880 nos puso al frente, sin mérito propio, de los trabajos del Archivo Nacional. Desde ese momento nos dedicamos un día con otro día, sin interrupción alguna, a registrar el Archivo Municipal de la ciudad de Tegucigalpa, que no había sido removido nunca. Bastante sufrimos en la salud al hacer el escrutinio. De aquí formamos hoja por hoja más de doscientos volúmenes, que contienen los documentos que, a nuestro juicio, son de mayor interés. Esta fue la primera base del Archivo Nacional. Después pasamos a registrar el de la ciudad de Comayagua, Y para no herir el sentimiento local, tan pronunciado en sus habitantes, pedíamos secretamente la llave al señor Gobernador Político. A las diez de la noche entrábamos en una pieza de la Casa de Gobierno, donde se encontraba la multitud de papeles, recogíamos los principales, los acomodábamos en sacos y matates, los trasladábamos a nuestra casa, y a las cuatro de la mañana los hacíamos cargar en bestias, que estaban listas con tal fin. Esta operación se ejecutó en varias ocasiones, sin que nadie supiera que transportábamos el archivo de la capital a la ciudad de Tegucigalpa".

Pero en Comayagua, se tenían indicios de que el Presidente Soto iba a trasladar la capital a Tegucigalpa y la presencia de una persona tan cercana al mandatario como era Vallejo, despertó recelos. Alguien regó la voz de que se estaban llevando las joyas de la Catedral y que el Padre Vallejo iba a cargar con los mejores cuadros de pinturas y aún con varias imágenes para Tegucigalpa. De nada le sirvió al buen Padre su discreción y su prudencia, porque una madrugada, se presentaron ante la casa del Dean don Pedro Boquín y Aranda los vecinos del Barrio Arriba con gran alboroto y armados de machetes y garrotes gritando que el Padre Vallejo intentaba llevarse los tesoros sagrados. Se levantó el señor Dean y en manifestación hostil le llevaron los quejosos hasta el atrio de la Catedral en donde estaban detenidas las cargas que contenían los valiosos papeles del archivo gubernamental.

Vallejo que esperaba nervioso el destino que le esperaba, salió en busca de los hombres más connotados de la ciudad, que eran sus amigos, y al punto se presentó acompañado de Don Calixto Valenzuela Balderramos, Alcalde Municipal, Doctor Don Julio Mundt, Don Alonso Valenzuela y Valenzuela y Don Jesús Castillo, para explicar a la muchedumbre lo que ocurría. El Dean Boquín era hombre de tantos prestigios entre el pueblo como lo eran los Valenzuela, los Castillo y el Doctor Mundt, y con su palabra reposada sosegó los ánimos, hizo que se abrieran los bultos de las cargas y mostró al pueblo que se trataba de papeles de propiedad del Gobierno, que no tenían importancia para nadie y que los tesoros de la iglesia estaban todos intactos en su sitio y bien guardados.

Todavía incrédulos los barrio arribas que ya habían desplegado mandaderos a los otros barrios de la ciudad para hacer más grande el grupo, se retiraran a sus hogares y los caballeros mencionados se vieron obligados a llegar hasta las afueras de la población para acompañar al Padre Vallejo y evitar cualquier desaguisado. Después de este incidente, el gobierno dispuso trasladar los tercios de documentos que faltaban organizando recuas de mulas debidamente escoltadas, "hasta completar cerca de trescientas cargas que hacían más de mil quinientos montones, que dan más o menos, diez mil volúmenes, entre libros y legajos", según refiere el propio Vallejo.

Con paciencia benedictina el Padre comenzó a catalogar aquellos papeles partiendo del año 1.600, formando cuadernillos y cuadernos cosidos con fuerte cáñamo y rotulándolos debidamente.

Calcúlese el anonadante trabajo de clasificación; la selección de las materias en aquel mar de papeles amontonados en donde la polilla y la humedad amenazaban destruir documentos importantes que había que salvar, tratándolos, remendándolos con primor. Vallejo tuvo que hacer las veces de polígrafo para descifrar de qué materias trataba cada expediente y cada papel, y sólo aquella recia voluntad guiada por la ambición de escrutar el pasado; sólo el amor a la investigación histórica y el pensamiento de servir a Honduras que anidaba el corazón de aquel hombre extraordinario, pudieron vencer tantos valladares que parecían infranqueables; y esa voluntad, ese amor y ese pensamiento, fueron los que le dieron, a no dudarlo, la clave del éxito.

Empero, no sólo tomó con fervor y devoción la tarea de recoger y clasificar los documentos, sino que echó sobre sí la pasada labor de acondicionar el local en que debería instalarse el Archivo y la Biblioteca Nacionales. Ningún edificio ofrecía por entonces en Tegucigalpa la comodidad del viejo Convento de La Merced que casi estaba en ruinas. Este edificio había pasado de manos de la Iglesia, a ser propiedad de la Municipalidad de Tegucigalpa de acuerdo con el Decreto Legislativo de 3 de noviembre de 1829, el cual mandaba que: "Los Conventos quedarán al cuidado de las municipalidades respectivas para que los ocupen en utilidad del lugar donde existan, y los de esta ciudad serán especialmente aplicados a beneficio del cuño, imprenta instrucción pública, en atención a carecer de edificios." El decreto fue expedido en Tegucigalpa. Desde entonces el viejo Convento comenzó a rentar a la Municipalidad el valor del alquiler de sus habitaciones; luego vivió allí el dulce poeta de las Pastorelas José Trinidad Reyes y el 17 de marzo de 1857, siendo Alcalde Primero el Licenciado Don Crescencio Gómez y a proposición del Regidor don Manuel Selva, la Municipalidad cedió el edificio a la Universidad, en obsequio a las gestiones hechas por su Rector el ilustre médico Doctor Don Hipólito Matute, a condición de que "la Universidad, se comprometía de una manera solemne a proporcionarle perpetuamente y en todo tiempo el local o locales que esta misma Corporación necesita para las escuelas de primeras letras y normales", y de que, además de repararlo por su cuenta entrara en un arreglo con el rematante de la cancha de gallos que había en el patio principal, cuyo arriendo aportaba a la comuna seis pesos mensuales.

Así las cosas, el Ministro General del Gobierno Doctor Ramón Rosa, por insinuaciones probables de Vallejo, hizo arreglos con la Dirección de Estudios de la Universidad para el acondicionamiento de la planta baja del edificio e instalar en ella tan importante dependencia cultural. El 27 de Agosto de 1880 por la noche se inauguró la Biblioteca y el Archivo Nacionales. La sociedad y el pueblo de Tegucigalpa se hicieron presentes en aquel acto de grandes relieves que marcó un paso más en el desenvolvimiento de su cultura. ¿Pero a qué hacer comentarios inspirados en mis sentimientos? ¿Para qué he de tratar de darle otros matices a aquel acontecimiento tan solemne, si puedo y debo mejor trascribir lo que escribieron los observadores? del Periódico La Paz, correspondiente al 28 de agosto de 1880, trascribo, entresacándolos, los siguientes párrafos:

"La inauguración de la Biblioteca Nacional tuvo lugar por la noche. Los corredores y los salones de la Universidad estaban decorados con gusto y elegancia. Arcos, flores, cintas, espejos, colgaduras y banderas nacionales, en distribución armónica, daban a aquel local un aspecto simpático y deslumbrador; la perspectiva no podía ser más bella. Las distinguidas señoras doña Raquel Lardizábal de Gutiérrez doña Gertrudis Matute de Rosa y doña Rosa de Bardales, que bondadosamente se habían prestado para invitar a las señoras, a las ocho en punto se encontraban en el local de la reunión, recibiendo a sus invitadas. También estaba allí una comisión de caballeros. El Presbítero don Antonio R. Vallejo, con la actividad y la buena disposición que lo distinguen, todo lo había dispuesto, todo lo tenían listo para la gran fiesta de las letras.

A las 9 llegó el Señor Presidente Soto acompañado de sus Ministros. El salón había sido ya invadido por una numerosa y escogida concurrencia, tanto de damas como de caballeros. Después que la orquesta, que con tanto acierto dirige el profesor Blanco, ejecutó una bellísima cavatina de Hernani, ocupó la tribuna el Señor Ministro don Ramón Rosa y nos obsequió uno de los discursos más bellos que ha producido la tribuna centroamericana. Las dotes que distinguen al orador hondureño son brillantes. Su voz es sonora, limpia, flexible; su palabra, abundante, precisa, deslumbradora.

Cuando él habla toda la concurrencia está pendiente de sus labios. Su elocuencia, hija de un vasto talento y de una sólida instrucción, conmueve y convence siempre de una manera avasalladora. En la noche del 27 estuvo magnífico...".

En efecto, el discurso de Don Ramón Rosa fue una inspirada pieza literaria.

Dijo aquel ilustre estadista entre otras cosas: "Honduras acaba de emanciparse de las últimas instituciones del coloniaje, consuma su absoluta independencia. Se abre la primera Biblioteca pública. Honduras entra de lleno en las espaciosas vías del porvenir, reservado al libro, a la ciencia...

El Archivo es la memoria de las naciones, y forma, por decirlo así, la urdimbre de su historia. Suprimid los archivos, y los pueblos carecerán de la conciencia del pasado. Un pueblo sin archivos, sin historia, sin tradiciones, no puede tener un carácter que lo distinta, que lo haga representar un papel honroso en las magníficas evoluciones del progreso. Esta es una verdad palmaria."

Rosa confirmaba el pensamiento de Vallejo y le daba la razón. Hasta entonces, en Honduras, sólo él, sólo aquel cura extraordinario había proclamado la urgencia de salvar los testimonios escritos del pasado; sólo él había dicho que los pueblos necesitan conocer su historia para cimentar su futuro; sólo Vallejo se había atrevido a denunciar públicamente el delito de ignorancia cometido por los caudillos y por los funcionarios que incendiaban los documentos y los libros encontrados en los cabildos de los pueblos indefensos con alardes de barbarie incalificable; sólo él había denunciado el descuido de los altos funcionarios con estas palabras: "Hemos sido informados por personas fidedignas que un Ministro que ha desempeñado casi siempre la Secretaría de Estado en el Despacho de Hacienda y Crédito Público, con motivo de haberle consultado un archivero estúpido qué debía hacer con los papeles que no cabían en la pieza que se les había destinado, contestó así: "Puede U. quemar los más viejos y dejar los más nuevos".

Asegúrase que esta bárbara orden fue ejecutada al pie de la letra y que fueron quemados algunos preciosos papeles."

Aquel atentado contra el patrimonio histórico y cultural de la Nación, no fue exclusivo, no podía serlo desgraciadamente, de un Ministro del pasado siglo; en el nuestro, en dos ocasiones, personas que se dicen intelectuales y que han pulsado con algún éxito la lira, no mandaron a quemar los "papeles viejos" de nuestro Archivo y las "revistas y libros viejos" de nuestra Biblioteca Nacional; ellos los mandaron al basurero por camionadas; los vendieron por tercios para envolver comestibles en los mercados públicos y las pulperías, y los arrojaron a la calle para que se apropiara de ellos el primer farsante. ¡Qué par de bárbaros!

Y tienen el valor de hacerse llamar "hombres de gran cultura" en las gacetillas y saludos que se hacen publicar en los periódicos!

Pero he de seguir copiando la crónica del periódico "La Paz" para completar la información de cómo eran las fiestas de la cultura en los tiempos de Soto y de Rosa.

"Todavía repercutían en el salón y los corredores los aplausos que aquella sociedad emocionada consagrara al brillante discurso de nuestro amigo el Doctor Rosa —dice el periódico aludido—, cuando el distinguido publicista don Francisco Cruz ocupó la tribuna y leyó un bien meditado discurso.

A continuación del Señor Cruz, ejecutó la orquesta la obertura "La fille du Regiment", por Rossini, y en seguida ocupó su puesto la poesía. El distinguido joven don Manuel Molina Vijil, hijo mimado de la musa hondureña, cantó las siguientes décimas que fueron recibidas con vivos y merecidos aplausos...

Bajo un cielo de colores,
Mísera, inmóvil,
tendida, una virgen desvalida
Yace en su lecho de flores.
Sobre su faz los dolores
Grabaron todas sus huellas;
Ya no se oyen las querellas
Que al cielo elevara un día,
Porque en su cruel agonía
El mundo burlose de ellas.

A vosotros, Albas puras,
Progenitores del bien,
Que convirtiendo en Edén
Vais el desierto de Honduras;

Los sabios, las hermosuras,
Y el pobre artesano ignoto,
Desde el confín más remoto,
Mirando su beneficio
y vuestro gran sacrificio,
Os dan de gracias un voto.

Después de la recitación del señor Molina Vijil, J. J. Palma leyó los siguientes versos:

¡Gran fecha! El cañón que aterra
No rimbomba sordo y fiero,
Ni truena el parche guerrero
Ensordeciendo esta fierra;
Huye espantada la guerra
A su mansión infernal;
Porque hidalga y liberal
Rompe ONDINA, en este día,
La cadena que la unía
A la noche colonial.

¡El libro! genio fecundo
Que perenne, sin sosiego,
Desciende en lenguas de fuego
Para iluminar el mundo;
Germen de numen fecundo
En sus páginas encierra,
Por él el mal se destierra,
Por él con heroico anhelo,
Copérnico ensancha el cielo
Colón agranda la tierra....

Acto continuo, las señoras y caballeros que componían la concurrencia pasaron a visitar la Biblioteca y el Archivo Nacionales, situados en el piso bajo del edificio… No podemos menos al ocuparnos de la Biblioteca y Archivo Nacionales, sino dedicarle una felicitación al Presbítero don Antonio R. Vallejo por el acierto y buen gusto con que ha sabido dirigir los trabajos de uno y otro establecimiento que honran su patriotismo y dan una alta idea de su ilustrada inteligencia. Terminada la visita a la Biblioteca, principió el baile: la juventud que ya anhelaba impaciente la llegada de ese momento supo aprovecharlo avaramente hasta las doce, hora en que pasó la concurrencia al bonito salón donde estaba preparado el bufete. La cena fue servida con el mayor esmero, reinando todo el tiempo que duró, ese buen fono que distingue a la culta sociedad tegucigalpense. Concluida ésta, principió otra vez el baile, que duró hasta las tres de la mañana, hora en que la concurrencia se retiró de aquellos salones.

La Biblioteca y el Archivo Nacionales que fundara Vallejo bajo el gobierno progresista del Doctor Soto, fue trasladada en los tiempos del Presidente General don Manuel Bonilla al edificio que ocupó por largos años antes de ser instalados sus anaqueles en la Casa de Morazán que actualmente ocupa. Solo réstame agregar que aquella obra perdura y que ha venido cumpliendo la misión sagrada de ilustrar a miles de hondureños y de documentar a nacionales y extranjeros, en asuntos que a diario preocupan la mente de quienes constantemente visitan este templo de cultura.

La efigie sonriente del Padre Vallejo estampada en un retrato que pende de las paredes de la Sala de Lectura de la Biblioteca Nacional, es el soldado vigilante que la patria agradecida, tiene ahí para memoria de las generaciones. Y, para completar esta reseña y conocer la esencia del pensamiento del Gobierno de Soto y, en especial, la influencia benéfica que en los aspectos de la educación tuvo el insigne Don Ramón Rosa a quien el pueblo hondureño todavía no ha erigido un monumento de gratitud y de reconocimiento a sus grandes méritos, copio a continuación los Acuerdos que literalmente dicen:

"Instrucción Pública.—Acuerdo en que se manda establecer en esta ciudad una Biblioteca Nacional. SECRETARIA GENERAL DEL GOBIERNO DE LA REPUBLICA. Tegucigalpa, Febrero 11 de 1880.

Considerando: que desde el año próximo pasado, por disposición del Ejecutivo, se están haciendo los trabajos preparatorios para el establecimiento de una Biblioteca Nacional, objeto que merece atención preferente para todo Gobierno que procura el desarrollo de la cultura de la sociedad: i, Considerando: que estando ya listos el local i enseres indispensables para la Biblioteca, es oportuno adoptar las medidas convenientes para su establecimiento i organización: por tanto, el Presidente ACUERDA:

1°—Se establece en el local preparado en el edificio de la Universidad de la República, una Biblioteca Nacional.

2°—Se nombra Bibliotecario al Presbítero Licenciado Don Antonio R. Vallejo, quien desde luego, cumpliendo las instrucciones que se le comuniquen, atenderá a la organización de la Biblioteca, dando oportunamente aviso de estar lista para la concurrencia del público. El Bibliotecario, interinamente, formará i dará a conocer las prescripciones correspondientes al régimen de la Biblioteca.

3°—Todas las obras de pertenencia del Estado que estén en poder de empleados o en oficinas públicas, serán entregadas inmediatamente al Bibliotecario, quien dará los correspondientes recibos que serán puestos por quienes corresponda, en conocimiento de la Secretaría de Instrucción Pública.

4°—Estando muchas obras importantes del Estado en poder de particulares que indebidamente las retienen, se autoriza al Bibliotecario para que las reclame extrajudicialmente, o judicialmente si fuere necesario, a fin de obtener las obras o su valor, en caso de ocultación o de pérdida.

5°—El Bibliotecario procederá en el acto a formar un doble índice de las obras que se le remitan i recoja correspondientes a la Biblioteca.

6°—Se asigna la suma de mil pesos anuales para los gastos que exijan la conservación i ensanche de la Biblioteca.

7°—Un reglamento especial determinará oportunamente la organización i fines de la Biblioteca, las obligaciones de sus empleados i los derechos i deberes del público con relación al Establecimiento; i

8°—La Biblioteca Nacional estará bajo las órdenes e inspección de la Secretaría de Instrucción Pública. Comuníquese i rejístrese. Rubricado por el señor Presidente. ROSA".

"GOBERNACION.—Acuerdo en que se previene el establecimiento en esta ciudad del Archivo Nacional— SECRETARIA JENERAL DEL GOBIERNO DE LA REPUBLICA. Tegucigalpa, Marzo 5 de 1880. Habiéndose dado las oportunas órdenes e instrucciones para la consecución i arreglo de los varios documentos que deben formar el Archivo Nacional: habiendo tenido éstas, en su mayor parte, su debido cumplimiento; i siendo de necesidad incontestable i aun de decoro público, tanto para el Estado como para la sociedad, el establecimiento i completo arreglo del Archivo de la Nación; por tanto, el Presidente, ACUERDA:

1°—Se establece el Archivo Nacional a cargo del Presbítero Licenciado Don Antonio R. Vallejo, quien formará por secciones, según los departamentos del gobierno, un rejistro jeneral de los documentos del Archivo.

2° —El Archivero recibirá por inventario los documentos venidos de Comayagua i los que en lo sucesivo se remitan de aquella ciudad.

3°—Todos los documentos correspondientes a los despachos del Ejecutivo i relativos a asuntos resueltos o terminados, pasarán, a fin de cada año, al Archivo Nacional. Los Jefes de Sección de las Secretarías de Estado harán la entrega que les corresponda percibiendo recibo.

4°—Se autoriza al Archivero Jeneral para que recobre todos los documentos manuscritos o impresos que deban figurar en el Archivo de la Nación, i que estén en oficinas a quienes no corresponda conservarlos, o en poder de particulares. A éstos, cuando sea de justicia, se les indemnizará por el valor de los documentos que entreguen;

5°—Se señalan seiscientos pesos anuales para los gastos de conservación i arreglo del Archivo Nacional.

6°—Reglamento especial determinará la organización del Archivo Nacional, los servicios que debe prestar a los empleados i al público, i las obligaciones i atribuciones de los funcionarios del Establecimiento; i

7°—El Archivo Nacional estará bajo las órdenes e inmediata inspección de la Secretaría de Gobernación, Justicia i Negocios Eclesiásticos. Comuníquese i rejistrese. Rubricado por el señor Presidente. ROSA".

VALLLEJO Y LA ESTADISTICA NACIONAL

Por Decreto de 28 de Junio de 1880, el Consejo de Ministros en ejercicio del Poder Ejecutivo, creó el Departamento de Estadística Nacional bajo la inspección inmediata del Ministro de Gobernación, El Decreto dice: "El Consejo de Ministros en ejercicio del Poder Ejecutivo. DECRETA:

1°—Crear un Departamento de Estadística Nacional bajo la inspección inmediata del Ministro de Gobernación.

2°—Este Departamento constará de una Oficina Central y de las sucursales que un Reglamento especial determine.

3°—La Oficina Central será acompañada por un Director General de Estadística Nacional, un Secretario y los demás empleados auxiliares que sean necesarios.

Las Sucursales quedarán anexas transitoriamente a las Gobernaciones Políticas Departamentales, llevando sus jefes respectivos la denominación de jefes de Estadísticas Departamentales.

4°—Todos los empleados de orden ejecutivo y judicial, lo mismo que los municipios, quedan en la obligación de suministrar datos estadísticos a los empleados del ramo, de la manera que les sea prescrita.

5°—Un Reglamento especial determinará las atribuciones de los empleados del Departamento de Estadística Nacional, y les señalará los ramos a que por hoy deben limitarse sus trabajos.

Dado en Tegucigalpa, en la Casa de Gobierno a los 28 días del mes de junio de 1880. El Secretario de Estado en los Despachos de Relaciones, Instrucción Pública y Guerra. RAMÓN ROSA.

El Secretario de Estado en los Despachos de Gobernación, Justicia, Negocios Eclesiásticos y Fomento. E. GUTIERREZ.

El Secretario de Estado en los Despachos de Hacienda y Crédito Público. ABELARDO ZELAYA".

En la misma fecha, se publicó en LA GACETA el Reglamento que comprendió IX Títulos en los cuales se detallan los ramos a que debería referirse la estadística: El Censo, el Catastro, la industria y el Gobierno, etc. El 19 de Julio, fue nombrado Director General del Departamento de Estadística Nacional, el Señor don Francisco Cruz, a quien tocó iniciar tan importantes trabajos, que culminaron con el Censo General de Población de 1881, cuyos datos no se conocieron hasta el 31 de diciembre de 1882.

Por razones que desconozco el Departamento de Estadística Nacional fue suprimido y luego restablecido el 29 de marzo de 1887, nombrándose como Director General al Presbítero y Licenciado Antonio R Vallejo. El Gobierno del General Bográn dispuso por Acuerdo de 16 de Abril que se levantara un nuevo Censo el 1° de

Junio de aquel año, pero causas justificadas decidieron al Director General, hacer el empadronamiento hasta el día 15 de Junio.

Corto fue el tiempo de que dispuso Vallejo para levantar el Censo; corto, porque no sólo iba a indagarse cuál era el número de habitantes con que contaba el país, sino que "sobre raza, religión nacionalidad e imposibilidad física o moral de los habitantes", y como decía Vallejo, esto tenía que hacerse "para que la ciencia, avanzada en otras partes, tenga más extensos horizontes en Honduras de los que hasta ahora ha tenido".

Con la colaboración de los Gobernadores Políticos Departamentales y de los Alcaldes Municipales a quienes se remitieron "Cuadros para llenar" con instrucciones claras y minuciosas, el Censo se levantó en la fecha prevista y días después, la Dirección General comenzó a recibirlos para iniciar los recuentos, hacer las rectificaciones y la clasificación correspondiente. En el informe que sobre el particular remitió Vallejo, al Ministro de Gobernación, le dice: "El número de habitantes inscritos fue de 331.917. El aumento de población obtenido de junio a diciembre, ascendió a 3.341: así es que, unidas estas dos cifras, se ve que en 31 de diciembre de 1887, la población absoluta era de 335.258. Como la cantidad obtenida de 331.917, aunque es exacta por haberse tomado de los documentos originales, no es completa, por razones que se expusieron en otra parte, me he creído autorizado para calcular en un 6, 10, 15, 20 y hasta 50% el defecto aludido, especialmente en las poblaciones indígenas, que se escondieron el día del empadronamiento. La población calculada en todos los departamentos, da 46,680, haciendo un total de 381.928 habitantes".

De este total, 128.938 eran hombres y 134.107 mujeres ladinos; 34.137 hombres y 34.735 mujeres indígenas. Es interesante consignar que en 1887, ya convivían con nosotros 2,000 salvadoreños, 2,060 guatemaltecos, 610 nicaragüenses, 14 costarricenses, 15 colombianos, 29 mexicanos, 185 norteamericanos, 77 españoles, 72 franceses, 1,033 ingleses, 43 alemanes, 13 italianos, 4 belgas, 2 suizos, 2 daneses, 1 holandés, 1 portugués, 1 chino, 1 brasileño, y asómbrese el lector: 4 rusos. Sabían leer 38.583, leer y escribir, 19.042 y sin instrucción 274.292.Vallejo dice: "Clasificada la población según la capacidad política y empleo público de los habitantes, se obtuvo: 228.350 electores, 17.706 electores y elegibles; y 1.425 empleados públicos".

Los datos anteriores sugieren algunas consideraciones: 1°—Si bien es cierto que la palabra Estadística comenzó a usarse en el Siglo XVIII "para indicar la disposición política de los estados modernos" y que luego se extendió al recuento de población, de la riqueza y aún a la clasificación de hechos morales y físicos sujetos a recuento y comparación, en un país desorganizado y pobre como Honduras, esta ciencia era poco menos que desconocida, pero la erudición de Vallejo, no cabe duda, le llevó a estudiar a los tratadistas ingleses de que años atrás, en la década del 860 había hablado vagamente León Alvarado, a la sazón residente en Londres. El estudioso Vallejo conoció los trabajos del belga Quetelef que culminaron en 1870, cuando aquí nos devorábamos unos con otros por cuestiones políticas. Esta afirmación se prueba porque Vallejo aplicó en 1887 las leyes estadísticas, el cálculo estadístico, o sea "la ley de los grandes números, que en Estadística es más conocida por la ley de estabilidad de las frecuencias estadísticas". 2° —Se queja Vallejo de que el día del empadronamiento, los indígenas se escondieron. ¡Pobres Indios! ¿Cómo no iban a esconderse si cuando la autoridad iba a buscarles era para exigirles el diezmo y otras cargas públicas onerosas, o para sacarles préstamos forzosos, o para reclutarlos en las falanges de infelices que tenían que defender a sangre y fuego a Gobiernos desprestigiados y a caudillos ambiciosos y corrompidos? Cómo no iba a esconderse el indio si siempre se le humillaba, se fe ultrajaba y se le despojaba por gobiernistas y revolucionarios? ¡Qué sabían ellos lo que era un censo! La palabra empadronamiento les sonaba a lista de futuros contribuyentes o a lista de futuros soldados, y para ellos, eso equivalía al peor de los castigos y a la más grande de las desgracias. 3°—Hubo en el censo de 1887, 17.706 electores y elegibles, que en potencia eran 17.706 aspirantes a puestos públicos, y como solo había en el Presupuesto 1.425 casillas, pues había que ir a "la guerra", había que ir a pelear por el partido o por el caudillo, para poder ser Diputado, o Gobernador, o Alcalde, o escribiente, o finalmente, barrendero. Así andaban las cosas que no difieren mucho de nuestros días. 4°—Era desconsolador el índice de analfabetismo. En una población de 381.938 habitantes, 274.292 carecían de toda instrucción, pero es más triste aún que de aquel tiempo a esta parte, todavía tengamos más de 50% de analfabetos. 5°—Según el censo que comento, Honduras tenía entonces 3.985 agricultores, 1.139 comerciantes, 453 ganaderos, 23.253 jornaleros, 30.369 labradores y 410 maestros. Naturalmente que estas cifras son pequeñas, pero proporcionales al total de habitantes, pero aparte de esto, el censo nos da a conocer que en aquella época había más medios honestos de ganarse la vida con cierta independencia que ahora. Para el caso, había fundidores, fabricantes de ladrillo, de jarcia, 1.611 hilanderas, 3.104 panaderas, 2.094 sombrereros, 16.561 costureras, y 3.761 cigarreras; hoy hay más personas con estos oficios, pero no trabajan para sí; trabajan para unos pocos que les pagan sueldos de hambre, de tal suerte que, el patrimonio familiar se ha destruido y el obrero que luchaba con libertad y alegría para mantener su casa, se ha convertido por la magia del progreso en un peón de fábrica que obedece y que lucha también, para no morirse de hambre.

Bien decía Vallejo: "Si ha de darse crédito a los datos que la historia presenta, puede asegurarse que la población de Honduras ha ido en progresión; a pesar de que nuestras antiguas guerras civiles y las malas administraciones, secaban no solo las fuentes de riqueza, sino que también las de reproducción de la especie humana. Un pueblo pobre es un pueblo que no se reproduce". Pero Vallejo escribía en tiempos de Bográn que heredó la paz y la concordia que Marco Aurelio Soto había forjado a fuerza de talento y de buena administración, sin sospechar que el Presidente iba a desviarse de aquel camino al imponer a Leiva como su sucesor.

De aquel entonces datan nuestros grandes desastres: la imposición de Leiva hizo surgir a Vásquez y a la sangrienta lucha que encabezó Policarpo Bonilla, para derrocarlo; más farde, Terencio Sierra, siguió el ejemplo de Bográn para imponer a don Juan Ángel Arias y el triunfador burlado en los comicios General Manuel Bonilla, armó otra tremenda revolución que costó muchas vidas; a Manuel Bonilla lo derrocaron los liberales para poner al General don Miguel R. Dávila, que cayó con otra revuelta; Bertrand, que era querido y respetado, quiso imponer al Doctor Soriano y lo derrocó don Rafael López Gutiérrez y a éste lo derrumbaron los Generales Tiburcio Carías Andino, Gregorio Ferrera y Vicente Tosta.

Nos hemos debatido entre la metralla y charcos de sangre; lo hemos destruido casi todo, y queremos resurgir de un plumazo. La lección es dura, y debemos aprovecharla. ¡Ya no más guerras fratricidas!

DIVISIÓN MUNICIPAL Y JUDICIAL DE LA REPÚBLICA DE HONDURAS

Según este interesante folleto publicado por el Presbítero y Licenciado Antonio R. Vallejo Director General de Estadística en 1889, el país estaba dividido en 13 departamentos a saber: Tegucigalpa, El Paraíso, Choluteca, Comayagua. La Paz, Intibucá, Gracias, Copán, Santa Bárbara, Yoro, Islas de la Bahía, Colón y Olancho. Para el régimen municipal, estos estaban divididos en 56 Distritos y a su vez en 212 Municipios, comprendiendo en ellos 22 ciudades, 56 Distritos, 9 villas y 179 pueblos.

El folleto tiene para los estudiosos interesantes datos, como el de que la ciudad de Nacaome pertenecía al distrito de su nombre con los pueblos de San Francisco de Coray y Amapala; que al Distrito de Goascorán pertenecían el pueblo del mismo nombre como Cabecera, y los de Langue, Aramecina y La Alianza como municipios, y todos a la vez integraban el departamento de Choluteca.

Al departamento de Copán pertenecían las ciudades de Santa Rosa y Ocotepeque que, dividido en cinco Distritos, tenía además, 18 pueblos, entre ellos Corquín, no mencionándose entonces, quizá por carecer de importancia, los de Copán Ruinas, La Unión, Dulce Nombre y San Jerónimo.

Las ciudades de San Pedro Sula, Puerto Cortés y Omoa, correspondían al departamento de Santa Bárbara, figurando en el Distrito de San Pedro Sula, el pueblo de Teuma como municipio, y en el de Santa Cruz de Yojoa, el municipio de Talpetate, no habiendo surgido los pueblos de Choloma, San Manuel, ni La Pimienta.

El actual puerto de Tela, era entonces un pueblo cabecera de Distrito del departamento de Yoro, y el antiguo pueblo de Cataguana, que había sido municipio y cabecera de Distrito, estaba reducido a aldea por disposición del Ministerio de Gobernación, desde el 13 de octubre de 1888. También en el Distrito de Yoro figura como municipio el pueblo de "Rosa o Sriano", hoy desaparecido o existente con otro nombre.

La misma condición de pueblo tenía el puerto de La Ceiba, que con Balfate, formaba el Distrito de La Ceiba, en el departamento de Colón. La Comarca de la Mosquitia fue creada por Decreto del Congreso Nacional de 8 de marzo de 1889 separándola de este mismo departamento, dejándole independiente y gobernada por un Superintendente con funciones políticas, militares, económicas y judiciales, disposición que entró en vigencia el 1° de agosto de 1889.

Es fácil deducir que la creación de los departamentos de Cortés y Atlántida no obedeció tan solo a la necesidad de regularizar el gobierno y la administración del Estado para lograr un mejor servicio público y promover el desarrollo de las actividades ciudadanas, sino que se hizo sentir la urgencia de subdividir vastos territorios debido a la prosperidad que ofrecía en aquella zona el cultivo del banano.

En cambio, no comprendo cómo, en un país como Honduras sujeto al régimen municipal como base funcional del principio democrático, pudo crearse una Superintendencia para La Mosquitia al estilo de los ingleses que habían constituido esta clase de gobierno para el territorio de Belice.

Los Superintendentes con autoridad tan amplia (civil, militar, judicial y de hacienda), se preocuparon más de la explotación de maderas que de la incorporación de aquellas pobres gentes a la civilización, y esa independencia dentro del gobierno general del país, es a estas horas, la causante del atraso, del abandono que padecen todavía los desventurados indios que habitan aquella rica región. Hacer patria no es tarea difícil; es por el contrario una labor honrosa, pero para desarrollarla se necesita más que la autonomía y el abandono de los intereses populares al particular de los que se hacen depositarios de la autoridad.

En aquella región tan alejada de nuestra cultura, de nuestro comercio, de nuestro sentido de la justicia social, no se puso durante la superintendencia ni un adobe para levantar una sola escuela; no se dieron ni siquiera unos cien golpes de barra para abrir un camino de herradura y menos pudo pensarse en instalar un hospital, pero sí se derribaron miles de árboles de caoba y de cedro; sí se explotó al habitante comprándole su producción por solo la comida y un mísero albergue, para provecho de quienes desafortunadamente se enviaron por el gobierno central para "cuidar" de sus intereses y "proteger" sus haberes.

Tales son los comentarios que me han inspirado los datos que Vallejo estampó en este folleto tan importante como desconocido por nuestros hombres de letras y aún por muchos estadistas. La lectura de tales datos y el recuento de lo que es el actual departamento de Gracias a Dios, debe hacernos meditar sobre la urgencia de dedicarle a nuestros compatriotas de La Mosquitia, el más grande interés, porque ya no pueden seguirse teniendo como "zonas de reserva" territorios de gran riqueza forestal, minera y zoológica; más aún, deben hacernos pensar que Honduras no sólo son Tegucigalpa y San Pedro Sula y que la mano y la mirada del gobierno deben extenderse, precisamente a las regiones más necesitadas, menos atendidas y más pobres, no por falta de recursos naturales explotables ni de hombres que hagan producir patrimonio, sino porque se les ha negado todo auxilio y se les ha mantenido en el más censurable aislamiento.

El relato hecho por la Televisión en días pasados por una valerosa Profesora de las Escuelas de Gracias a Dios, debería habernos convencido de que aquellos habitantes eran más atendidos por Nicaragua durante el tiempo que detentó nuestras tierras, que lo son actualmente por nosotros. Cualquiera podrá decir:

¿Qué andan haciendo estas consideraciones en un estudio biográfico? Y yo les contestaría: en los tiempos que corren, un estudio biográfico ya no debe ser, ya no puede ser el relato de fechas de nacimiento y muerte del biografiado, o la relación de anécdotas o el panegírico de las virtudes que tuvo el personaje. Ahora debe encaminarse a sacar conclusiones útiles, más humanas, más a fono con la necesidad de establecer comparaciones de nuestro avance como nación en todos los aspectos de la diaria actividad.

El pasado es una enseñanza y un jalón para el futuro siempre que se estudien las condiciones que la historia descubre y por tanto, caben todas las consideraciones que se dirijan a este fin.

Pero bien, Vallejo finaliza su estudio de la división municipal y geográfica de Honduras con el siguiente CUADRO:

Departamentos	Ciudades	Distritos	Villas	Pueblos	Capitales
Tegucigalpa	2	6	4	19	Tegucigalpa
El Paraíso	2	3		14	Yuscarán
Choluteca	2	7	1	19	Choluteca
Comayagua	2	6	1	13	Comayagua
La Paz	1	4	1	16	La Paz
Intibucá	1	3		13	La Esperanza
Gracias	1	4	2	16	Gracias
Copán	2	5		19	Santa Rosa
Santa Bárbara	4	6		20	Santa Bárbara
Yoro	2	4		7	Yoro
Islas de la Bahía	1	1		2	Roatán
Colón	1	3		5	Trujillo
Olancho	1	4		16	Juticalpa
TOTALES	22	56	9	179	

La DIVISIÓN JUDICIAL, segunda parte del folleto, comienza por señalar las Secciones Judiciales de Tegucigalpa que comprende su Departamento el de El Paraíso, con sede en Yuscarán, la de Danlí, que abarca Danlí, Teupasenti, El Paraíso, Jacaleapa y Alauca. La Sección de Choluteca y la de Nacaome; la de Comayagua, La Paz, Intibucá, Gracias y las de Copán y Ocotepeque en el departamento de Copán. La de Santa Bárbara y San Pedro Sula, esta última con jurisdicción en Puerto Cortés, Teuma, Omoa y Villanueva. Las de Yoro, Islas de la Bahía, Colón y Olancho, correspondientes a sus departamentos.

A la Corte de Apelaciones de la Sección de Tegucigalpa correspondían las Secciones Judiciales de los Departamentos de Tegucigalpa, Olancho, El Paraíso y Choluteca; a la de Comayagua, las Secciones de los Departamentos de su nombre, La Paz, Yoro, Colón e Islas de la Bahía. Y a la Corte de Apelaciones de la Sección de Santa Bárbara, las Secciones del Departamento de su nombre, Copán, Gracias e Intibucá.

La Corte Suprema de Justicia extendía su jurisdicción a todos los Departamentos y tenía su asiento en Tegucigalpa, Capital de la República.

El folleto consta de 45 páginas, impreso en la Tipografía del Gobierno en esta capital en 1889 y debe haber circulado a principios de 1890 por los datos que consigna en algunas llamadas al texto del mismo y que se refieren a disposiciones emanadas del Gobierno a fines de 1889. No tiene comentarios de Vallejo, pero sí, en su portada, un curioso Escudo que consiste en el triángulo, el mar, el volcán y el gorro de la libertad decretados por la primera Asamblea del Estado en 1825, colocados en un óvalo en que se lee: "República de Honduras Proclamada el 15 de Septiembre de 1821". El óvalo está coronado por los cuernos de la abundancia y el todo, sobrepuesto en 8 banderas, que se suponen las de Honduras, cuadro a cada lado, saliendo en la superior, las lanzas y en la inferior las astas. Dichos cuernos de la abundancia carecen de un lazo de unión y el Escudo pareciera por ello que está truncado.

EL MOVIMIENTO DE POBLACIÓN CORRESPONDIENTE AL AÑO 1888. CUADERNO N° 1.

No son pocos los que han confundido este folleto con el que corresponde a la "División Municipal y Judicial de la República de Honduras" que he comentado en el capítulo anterior, y no me explico el porqué de esta confusión, puesto que al solo hojearlos se comprende su diferencia. Pero no me extraña el hecho, porque gran parte de quienes intentan escribir historia, lo hacen basados en lo que han afirmado otros que, como ellos, no investigaron tampoco, personalmente, en las fuentes apropiadas, y no lograron, por ello, encontrar la diferencia apuntada.

El folleto que se intitula CUADERNO N° 1 QUE CONTIENE EL MOVIMIENTO DE POBLACION CORRESPONDIENTE AL AÑO DE 1888 por el Presbítero Antonio R. Vallejo en su condición de Director General de Estadística, fue impreso en la Tipografía del Gobierno en Tegucigalpa y vio la luz pública en 1890 constando de 31 páginas y numerosos cuadros explicativos muy bien impresos. Se inicia la publicación con las INSCRIPCIONES practicadas en los registros de Estado Civil de la República en el año de 1888 con base en los estados que mensualmente remitieron a la Dirección General de Estadística, los Gobernadores Políticos departamentales.

Vallejo hace importantes consideraciones sobre el trabajo realizado, consideraciones que es necesario que se conozcan, especialmente los párrafos más destacados así: "Es hecho constante y general—dice Vallejo—observado por la ciencia estadística, que el número de varones supera siempre, en los nacimientos, al de mujeres, y lo demuestra de una manera clara e innegable, las cifras que anteceden; pero de los diez y ocho años de edad en adelante, en que comienzan las luchas por la vida se nota el fenómeno del desequilibrio entre los dos sexos, superando entonces el femenino.

El número de matrimonios celebrados subió a 215. Respecto a los 430 cónyuges, nada sabemos, sobre si todos fueron nacionales, si todos fueron extranjeros, o si algunos de los contrayentes fueron extranjeros y los demás nacionales, porque estos datos no se encuentran constatados en los documentos que han acostumbrado remitir las oficinas sucursales de la Oficina General de Estadística. Otro tanto debe decirse de la edad, estado e instrucción de los contrayentes; por lo mismo, no hemos podido estudiar y descomponer las cifras de los matrimonios contraídos en el Departamento (se refiere a Tegucigalpa) de que nos ocupamos, ni podremos hacerlo en los demás, porque ha ocurrido igual omisión.

Los datos que se han remitido hasta fines del año próximo pasado por las otras reparticiones son tan diminutos, tan rutinarios, que no se prestan a ningún estudio. Esto nos servirá por ahora de disculpa. Sin embargo, en los cuadros modelos que se han formado en esta oficina, se mandan recoger todos los daños indispensables para que la ciencia estadística tenga más ancho campo en que girar".

Se comprende al primer golpe de vista que los funcionarios encargados de recabar los datos en los departamentos y pueblos, no eran duchos, ni siquiera eran gentes de mediana instrucción, y que contra esta ignorancia tuvo que batallar Vallejo a brazo partido. En las observaciones que hace respecto al Departamento de Choluteca, de Comayagua, de Intibucá, etc., se entiende bien lo que ocurría. Vallejo, refiriéndose a Choluteca, se duele de que los nacimientos de los hijos naturales sobrepasaran a los de los legítimos, "lo cual revela, dice o acusa inmoralidad indisculpable, porque los matrimonios civiles son enteramente gratis", y sólo se explica el que por ser los matrimonios canónicos pagados, la costumbre de la gente, no se haya conformado con la unión civil, única válida para el Estado. Más adelante trata de las legitimaciones en el Departamento de Comayagua que fueron solo 3, agregando luego: "Ya hemos dicho en otras ocasiones, no recordamos dónde ni cuándo, pero ya hemos dicho, que los trabajos estadísticos han contado y aún cuentan con dos enemigos capitales: la incuria de algunas autoridades departamentales y la ignorancia y desidia de las Municipalidades de nuestros pueblos. Comprobante de este aserto son los cuadros anteriores, en los que solamente aparecen constatados la vida, la muerte y el estado de las personas, de una manera vaga y general, sin comprender que estas fres faces principales de la vida no son suficientes para que una sociedad se conozca a sí misma, y se dé a conocer a las naciones con quienes vive en comunicación. Como el Señor Gobernador nos envió originales los cuadros que le remitieran las respectivas municipalidades de los pueblos de su mando, llega aquí la oportunidad de decir que hemos notado, con extrañeza, que los estados formados por la Municipalidad de la Capital del Departamento, los encontramos más imperfectos que los formados por Lejamaní, Ajuterique y otros pueblos que no tienen hombres competentes. Es ésta y no es otra la razón porque no hemos estudiado, como los hemos hecho con los demás Departamentos, los cuadros del movimiento de población de que nos ocupamos, pues no se prestan a ninguna clasificación. Con todo, debemos manifestar que estas omisiones se han llenado ya en los cuadros modelos que se remitieron por esta Dirección para remediar tamaño mal, contando para esto con la inteligente cooperación que nos presta el actual Gobernador Político, que no se dispensa, como otros, ninguna clase de trabajo".

Del estudio realizado en los cuadros estadísticos que Vallejo consigna en el folleto que se comenta, resulta que los nacimientos de varones fue de 6.803 y el de mujeres, 6.245, siendo las defunciones en un porcentaje de aproximadamente de 25% entre labradores y jornaleros dando las siguientes cifras de decesos: 3.335 varones y 3.133 mujeres.

Debo anotar que la mortalidad infantil era pavorosa, más o menos un 30% de los fallecimientos y que esta mortalidad se debió en su mayoría a "Fiebres intermitentes y Fiebres no determinadas", concepto muy vagos pero no despreciables. Para quien se dedique a historiar el estado de salubridad de nuestro pueblo arrancado desde la Independencia, estos datos serán de seguro de gran importancia.

Entre las enfermedades que en nuestros días ya no se mencionan por habérseles dado otra denominación, voy a nombrar las más frecuentes entonces: Inflamación, fluxión, apoplejía, fiebre helada, alferecía, esquinencia, descontando un caso de cáncer reportado en el Departamento de Gracias (Lempira) y unos de fisis (tuberculosis) que llegaron a 14 en Intibucá y 11 en Gracias y probablemente otros que se reportaron como vómitos de sangre, tos, etc. En los cuadros de Intibucá me llama la atención 3 muertes por erisipela y 2 por viruela, especialmente esta última dolencia, pues en el año 88, en toda Honduras, y más aún, en Guatemala, El Salvador y Nicaragua, no se reportaron casos de viruela, enfermedad que, como es sabido, tiene carácter de epidémica, y el Censo de Vallejo, no consigna ningún otro caso en el país, por lo que me inclino a creer que más bien se trataba de una mala información y que las pústulas que se tomaron como viruelas, bien pudieron ser de origen sifilítico.

Hay un caso en Gracias de "Lazarinos". Es curioso el dato porque la lepra, que yo sepa, sólo se ha localizado en Honduras, en un pequeño sector del Sur junto a la frontera con El Salvador que se extiende hacia el inferior de ese país y, en el Departamento de Choluteca al que entonces pertenecía el hoy Departamento de Valle, no se reportó esa dolencia. De todos modos valdría la pena hacer una investigación para determinar si el mal de Lázaro se había diseminado del Sur al Occidente de Honduras junto a la frontera salvadoreña, en donde a la fecha (Departamentos de Valle y La Paz) se han localizado focos leprósicos que pueden ser alarmantes en un futuro no muy lejano. Hago estas observaciones para que las consideren nuestros "técnicos" en saneamiento ambiental.

Finalmente, voy a copiar la última página del trabajo de Vallejo que dice: "POBLACION DE LA REPUBLICA DE HONDURAS.

Según el Censo levantado en 1881, la población de Honduras ascendió a 307.289 habitantes como a continuación se ve:

Tegucigalpa	58.652
El Paraíso	15.900
Choluteca	41.250
Comayagua	16.600
La Paz	19.645
Intibucá	17.550
Gracias	27.479
Copán	30.050
Santa Bárbara	30.210
Yoro	12.043
Islas de la Bahía	3.100
Colón	6.210
Olancho	28.600
Total...............	307.289

La cifra anterior, que representa la población de la República en el año ya citado, descompuesta por sexos, da el resultado siguiente:

Varones..........................150.679
Mujeres..........................156.610

Como el Censo a que nos referimos no fue levantado simultáneamente sino de una manera sucesiva, Departamento por Departamento, los resultados de tal procedimiento tuvieron que ser, forzosamente, inexactos. En el empadronamiento que se hizo por segunda vez, en un solo día, en toda la República, se contaron 331.917 habitantes, que, repartidos por Departamentos resulta:

Tegucigalpa	60.170
El Paraíso	18.057
Choluteca	43.588
Comayagua	16.739
La Paz	18.800
Intibucá	17.942
Gracias	27.816
Copán	36.744
Santa Bárbara	32.634

Yoro	13.996
Colón	11.474
Islas de la Bahía	2.825
Olancho	31.132

Total...............................331.917

El aumento de población obtenido de Junio a Diciembre, ascendió a 3.341, así es que, unidas estas dos cifras, se ve que al 31 de Diciembre de 1887, la población absoluta era de 335.252 habitantes. Como la cantidad obtenida de 331.917, aunque es exacta por haberse tomado de los documentos originales, no es completa, por razones que se expusieron en lugar oportuno, nos creímos autorizados, por tal motivo, para calcular en un 6,10.15.20 y hasta 50% el defecto aludido, especialmente en las poblaciones indígenas que se escondieron el día del empadronamiento. La Población calculada, en todos los Departamentos, de 46.680, haciendo un total de 381.938 habitantes. El movimiento de población ocurrido en el año próximo pasado, dio a favor de la República, 6.580 habitantes. De los datos que anteceden resulta lo siguiente:

Población en 15 de Junio de 1887, 331.917
Aumento de población del 15 de Junio al 31 de Diciembre 3.341
Aumento de población en 1888, 6.580
Población en 31 de Diciembre de 1888, 341.838
Población calculada según se dijo arriba, 46.680
Población actual de la República, 388.518
(f) Antonio R. Vallejo. Director General de Estadística."

Como puede notarse, la publicación estadística de Vallejo nos revela muchas cosas interesantes: el número de artesanos con que Honduras contaba en 1888; el número de carpinteros, albañiles, zapateros, etc., que podrán explicarnos nuestro lento y laborioso desarrollo. No había industrias, ni pequeñas ni grandes apuntadas; pero es seguro que en aquel entonces ya existía el inicio de lo que posteriormente fueron establecimientos industriales. Para el caso, deben haber existido panaderos, jaboneros, destazadores de cerdos que, beneficiando la rica carne de puerco, o del "chancho" como decimos en Honduras, después de obtener el "chicharrón", hayan beneficiado la "Manteca" y al mismo tiempo el "jabón de pelota" envuelto en la conocida "tusa" del maíz; es seguro que había ya el fabricante de almidón de yuca y de sagú; la pequeña industria del "dulce" o panela, que a mi entender debe haber sido lucrativa, más que ahora y muy extendida en todo nuestro territorio; deben haber habido buenos beneficios de café y de cacao, así como la elaboración de buenos quesos y ricas mantequillas; deben haber habido buenas y excelentes dulcerías caseras, suficientes para complacer el paladar exigente de nuestros abuelos, y deben también haber existido magníficos destiladores, que hacían el aguardiente de primera, y no como el de ahora que a fuerza de "cardenillo" y de contener los "furfurales" de la primera y la última destilación, son venenos agradables, pero mortales, autorizados por el Estado que tiene el deber de proteger a quienes le pagan los impuestos.

Aquí tienen nuestros "técnicos" material suficiente para hacer un estudio exhaustivo de nuestra evolución económica, de nuestro potencial productivo, y quizá, también, la explicación de nuestra realidad frente al Mercado Común Centroamericano, porque, aniquilada la iniciativa industrial casera por falta de protección estatal, se la quiso reemplazar por pésimas plantas industriales, que no son, en esencia, más que medios disimulados de explotación del trabajo y habilidad hogareños.

ESTADÍSTICA DE LAS ESCUELAS

Entre las publicaciones que hizo Vallejo como Director General de Estadística se encuentra un cuaderno de 86 páginas en cuarto intitulado "Estadística de las Escuelas según el Censo levantado en 15 de Junio de 1887, impreso en la Tipografía del Gobierno en 1889."

Contiene los Capítulos del I al VI del Código Fundamental de Instrucción Pública redactado por Ramón Rosa y Adolfo Zúñiga y en los cuales se regula lo concerniente a la Instrucción Pública en el ramo de Primaria.

En las páginas 23 y 24 se publica la "Ley de las Municipalidades y Gobernadores" de la República, Título III que se refiere al modo como estos organismos deben proceder en cuanto a la fundación, organización y sostenimiento de las Escuelas Primarias del país.

Aparte del dato puramente estadístico de la población escolar en 1887, encuentro nombres en pueblos y aldeas que hoy han desaparecido en su mayor parte, como consecuencia de ese prurito nuestro por modernizarnos a costa de la tradición y de la esencia de la Nacionalidad.

Es sensible que con harta ligereza y con la impavidez de las autoridades se haya borrado el antiguo testimonio nominativo de pueblos de antiquísima existencia, que no pueden identificarse sino a costa de dilatados esfuerzos y penosas investigaciones.

Señalaré algunos de esos nombres: Jogropala, Cancincamón, Guaquíncora, Teuma, Cataguana, Apansupu, etc.

En la página 82, se encuentra el "Resumen General" en la forma siguiente:

Resumen General.

Tegucigalpa	5.493	5.412	10.905
El Paraíso	3.173	2.980	6.153
Choluteca	5.382	4.833	10.215
Comayagua	1.944	1.826	3.770
La Paz	2.288	2.042	4.330
Intibucá	2.114	1.946	4.060
Gracias	3.500	3.116	6.616
Copán	4.144	3.906	8.050
Santa Bárbara	3.621	3.656	7.277
Yoro	1.514	1.575	3.089
Islas de la Bahía	237	262	499
Colón	1.131	1.054	2.185
Olancho	3.530	3.180	6.710
TOTAL	**38.071**	**35.788**	**73.859**

Finaliza el cuaderno, publicando las "Reformas al Código de Instrucción Pública" contenidas en el acuerdo del Gobierno de 12 de Enero de 1889, por el cual se aprueba el emitido por el Consejo Supremo de Instrucción Pública, en la misma fecha.

Substancialmente, las reformas se refieren a encomendar la Dirección Suprema de la enseñanza al Ministerio de Instrucción Pública, quien la ejercía por medio de una Dirección General, de

Direcciones Departamentales, de Distrito y Locales y de los respectivos inspectores.

En lo relativo a la enseñanza Primaria, se advierte la gran preocupación de aquellos funcionarios por llevar la instrucción a la niñez en forma metódica, práctica y sencilla. Tal hace comprender lo siguiente: "Enseñanza Primaria 6ª.—Debe comprender dos grados: enseñanza primaria, elemental; y enseñanza primaria, superior; dividiéndose en dos secciones; para varones, y para niñas. 7º— En las escuelas primarias elementales se estudiará lectura, dividida en secciones; escritura; y por el método de observación llamado objetivo, no como se entiende éste generalmente, o sea por medio de libros con dicho título, sino rodeando al niño de cartones, piedras, agua, animales, etc., deberán aprender Aritmética, Gramática elemental, Mineralogía, Zoología y Botánica elementales, nociones de Historia, y derivándose de éstas, nociones de Geografía; ideas generales de Higiene, en lo que se refiere al aseo y las buenas costumbres; Moral y Urbanidad. Alternando dichas enseñanzas con ejercicios gimnásticos, canto, paseos campestres, distinción de colores y de sonidos, etc. 8—En las superiores se estudiarán las mismas enseñanzas, ampliadas en textos apropiados y con la conveniente extensión; alternadas estas materias con el aprendizaje de un arte liberal o mecánico o de un oficio. 9—En las escuelas elementales y superiores para niñas; se observarán las mismas reglas, verificándose idénticos estudios, con más las labores y ocupaciones propias de su sexo. 10.—Los maestros deberán ser nombrados por oposición. En tanto que todas las escuelas no puedan proveerse por este medio o para aquellas que no haya aspirantes, harán su nombramiento: Para las primarias, elementales, nombra el Consejo Supremo a propuesta en terna de los de distrito y departamentales. Para las primarias, superiores, nombra el Gobierno a propuesta en terna del Consejo Supremo. 11.—Se darán programas y métodos precisos para regla de los maestros en los que se marque con claridad el régimen que debe observarse en las escuelas, distribución del tiempo, ocupaciones, extensión de las materias y medios de hacerlas fáciles. 12.—Se mantienen en todo su vigor la sanción penal para los padres, maestros y autoridades subalternas".

Los párrafos precedentes no necesitan comentarios si se considera que fueron hechos ley en las postrimerías del Siglo XIX, cuando en

Honduras faltaban fuentes de información, obras de texto adecuadas, y, especialmente, faltaban los "Técnicos" que tanto daño nos han hecho con sus interminables planificaciones y proyectos utópicos que cuestan al pueblo millones de lempiras.

PRIMER ANUARIO ESTADÍSTICO DE HONDURAS.

En 1892 estaba listo el original del "Primer Anuario Estadístico de Honduras", obra en la que Vallejo puso todo su corazón y su sentimiento de patriota. En ese año, la tormenta de la revolución policarpista amenazaba la estabilidad del gobierno del General Vásquez y, sin embargo, el Padre Vallejo trabajó incansablemente en el libro que merecería los más elogiosos conceptos de la crítica, y al cual, el contendor más destacado y eminente que tuvo Vallejo, el Doctor don Santiago I. Barberena, califica de monumento literario que honra a Honduras.

No es el Anuario un volumen que contiene los fríos números y los interminables cálculos de la ciencia Estadística, a como se entendía en aquel tiempo; es algo más que la serie de cuadros y de datos acerca de población hondureña, de la demografía y de la educación popular, porque en sus páginas se registra desde el primer Censo levantado para el cobro de las Penas de Cámara en el año de 1664; el que elaboró el Obispo Fray Fernando de Cadiñanos en 1798; el que hizo Don Ramón de Anguiano, Gobernador Intendente de la Provincia de Honduras en 1801; y el del Director General de Estadística don Francisco Cruz, que corresponde al año de 1881.

Todos ellos y, especialmente los del período colonial son un monumento histórico y comprueban el verdadero espíritu de investigación de su autor, que no los encontró debidamente legajados, sino que tuvo que buscarlos en los revueltos y desordenados archivos, para insertarlos en su libro. Contiene el Anuario datos geográficos de sumo interés: la descripción del territorio nacional, con sus límites, sus montañas, sus ríos, sus lagos, golfos, cabos, puntas e islas; contiene datos hidrográficos de importancia, período de lluvias, humedad ambiente y división de las corrientes que van al Atlántico y al Golfo de Fonseca en el Pacífico; hace acopio de datos geológicos y lleva cuadros de denuncios de zonas mineras consignando la fecha en que se hicieron, la ubicación, la calidad del beneficio y el nombre y domicilio del denunciante; trata de la fauna, señalando las especies por sus nombres vulgares y científicos, así como las zonas en que se les encuentra; describe la flora hondureña con bastante precisión con las denominaciones científicas de cada especie según la clasificación de Linneo, haciendo referencia de las plantas industriales, medicinales, maderables, tintóreas, etc.

Para hacer este trabajo, Vallejo requirió tiempo y paciencia; requirió también ilustración literaria y un bagaje científico de sólidas bases, pues de otra manera, le habría sido casi imposible darle culminación a su gigantesco esfuerzo. Verdad es que había ya algunas referencias acerca de la gea, la fauna y la flora hondureñas, en las descripciones del Obispo Pedraza, en las obras de Fuentes y Guzmán, en los apuntes del Barón de Humboldt, en los estudios del Sabio don José Cecilio del Valle y en el libro de Mr. E. Geo Squier, y posiblemente en otros libros de la época, pero estos son datos dispersos, sin ubicación precisa y con descripciones defectuosas que no existen en la obra de Vallejo. De tal manera, que el estudio de nuestros recursos naturales, los inició aquel grande hombre que no fue sabio porque no pasó de recibir el cariñoso apelativo de Padre Vallejo, pero que tuvo madera de sabio y de investigador, y que, de haber vivido en otra latitud, sus méritos se habrían reconocido sin gran trabajo y quizá, es casi seguro, habría rendido mucho más para la patria, porque no habría padecido del incurable mal de la pobreza y del deprimente y terrible indiferentismo con que los hondureños vemos a nuestros grandes valores humanos.

Pero el Anuario, no soló nos habla también de la criminalidad y del analfabetismo de nuestras masas: nos habla de la Universidad Nacional como epicentro de la difusión cultural; nos habla de la organización gubernativa, como encargada de propulsar el progreso y el bienestar del pueblo; nos habla de otras cosas que denotan la estatura cultural que había alcanzado Honduras a los finales del siglo XIX y nos refiere cosas espirituales también, como la calidad y organización de la Iglesia hondureña, de nuestros símbolos sagrados: la Bandera y el Escudo nacionales.

¿Qué es lo que busca el investigador histórico o geográfico que no esté siquiera ligeramente reseñado en el Anuario Estadístico del Padre Vallejo? Para los que quieran saber con qué clase de hombres gobernó Bográn, o Soto, o Vásquez, en el Anuario encontrará las listas de los altos funcionarios y sus sueldos; de los maestros, de los diputados, de los telegrafistas, de los Gobernadores y Comandantes de Armas, de los médicos, farmacéuticos, abogados, ingenieros y dentistas de la época y hasta de los conserjes. Todes estos datos están en la paciente y espléndida obra del Presbítero y Licenciado Antonio Ramón Vallejo.

Hay más: al describir los departamentos fronterizos de Honduras, consigna los informes relativos al trazo de las líneas divisorias que el país tiene como suyas, respaldadas por una vastísima documentación que data del Siglo XVI. Fija linderos y amojonamientos, el curso de los ríos y quebradas, las cumbres de las montañas y las cañadas y valles por donde esta línea, en cada caso, deberá pasar, para constituir la fisonomía física de la República.

En nuestros días la obra de Vallejo, no ha sido superada, posiblemente, escasamente igualada, y lo dudo mucho. Nuestra bibliografía actual no pasa de lo rutinario, de lo superficial, y si se revisan los informes oficiales, los informes de los tantos organismos técnicos que ayudamos a sostener, sólo encontraremos datos escuetos solo entendibles por los especializados, datos muy importantes e interesantes, es verdad, pero que el pueblo, o al menos la gente culta, no puede descifrar, tanto por la abundancia de tecnicismos y de palabras difíciles aún para pronunciarse, como por el laberinto de cifras y de gráficas con que suelen elaborarse.

Vallejo, si bien escribió su Anuario usando de todos los tecnicismos científicos de su tiempo, lo hizo con llaneza, con claridad, para que todos le entendieran, porque las cosas y problemas que atañen a Honduras, deben publicarse, si es del caso, para que los conozcan y analicen los hondureños; para que los lean y estudien los hondureños, cuyo nivel de cultura, deben conocer tanto los funcionarios públicos como los escritores que abordan los diferentes temas de interés nacional. Vallejo hizo eso: escribió para los hondureños, aún tratándose de asuntos tan delicados como los de límites, como los de estadística, como los de historia, y sólo fue elevadamente técnico en las palabras y en la redacción, cuando trató de la Gramática Latina y de los Apuntes sobre la Historia de la Lengua Española publicada por el Doctor Barberena, porque estaban destinados a medios intelectuales más preparados.

En el INFORME que Vallejo hizo al Ministro de Gobernación el 28de marzo de 1893, dice: "En la preparación de este trabajo, lo mismo que en su ejecución, no encontré dificultades insuperables, porque todas las oficinas Sucursales que había organizado convenientemente, correspondieron a los propósitos de esta Dirección si se exceptúan dos, a cuyo frente se encontraban personas tan ineptas y desidiosas, que más de una vez se me ocurrió el pensamiento de que merecían archivarse". Se ve por el párrafo trascrito que en Honduras el mal de los funcionarios ineptos y desidiosos viene desde muy atrás; lo penoso es que a las alturas del Siglo XX, cuando el ritmo de la vida se acelera cada día más y los conocimientos modernos exigen más preparación en los hombres que se dedican a cualquier actividad, sigamos padeciendo de la ineptitud de ciertos empleados y no se haya llegado a establecer la selección de valores para optar a los cargos públicos.

Más adelante, expresa lo siguiente: "Satisfacción grande es para mi haber abierto aquí un camino que antes era intransitable y desconocido en absoluto y echado las bases de la ciencia en el sentido más amplio, que ha sido mi objeto principal, para que se hagan en este sentido nuevas tentativas, nuevos esfuerzos, nuevas exploraciones, que no dudo serán más felices porque contarán con menos resistencias, con menos preocupaciones, que tanto me han embarazado; con más colaboradores ilustrados y con un Gobierno que teniendo nociones claras y formales de la ciencia administrativa, sabrá dar todo el apoyo que necesitan trabajos tan interesantes". Es de justicia decir que el anhelo del Padre Vallejo ha sido satisfecho, porque Honduras cuenta con una Dirección General de Estadística eficiente, bien organizada, con personal especializado y laborioso, que cuenta, creo yo, con el suficiente apoyo gubernamental para desarrollar sus importantes labores.

Agrega Vallejo: "Mi anhelo más ardiente era que este Anuario se diera a la estampa con el menor retardo posible, penetrado de que los trabajos estadísticos para que sean útiles, para que produzcan los frutos apetecidos deben publicarse con oportunidad, para que se formen ideas cabales sobre la marcha y múltiples progresos de un país en época dada; pero este propósito contó con nuevo linaje de inconvenientes, y sin un esfuerzo perseverante de mi parte puedo asegurar sin faltar a la verdad que este Primer Anuario Estadístico habría quedado inédito, perdido el tiempo y las alfas sumas invertidas en él".

Ese "linaje" de que se lamenta Vallejo, es el mismo en todas las épocas en Honduras. La bibliografía nacional de mérito, las obras de algún interés general, son postergadas para dar paso en las prensas oficiales a folletines insulsos, a libracos de alabanzas y mentiras, como si el prestigio de un gobierno se midiera por el número de "maestros cantores" que le alaban, olvidando que es superior a esto, la crítica sana y constructiva, no la crítica de partido de "oposición" como suele apellidarse cualquier fulano, sino a la crítica que favorezca los intereses de Honduras. Obras de mérito se han quedado en originales cuartillas, y en cambio, han visto la luz pública paparruchas que avergüenzan a quien las lee.

Vallejo se lamenta de que no pudiera rematar su propósito de publicar otras materias que no contiene el Anuario y que comenzó a escribir afanosamente, y dice "...pero para llenar tal designio se necesita tranquilidad, de que ahora no se disfruta, pues en el momento en que escribo este informe tenemos a los anarquistas a las puertas de la ciudad, y porque además necesitarían *mens sana in corpore sano*, y de esto último carezco desgraciadamente". El calificativo de anarquistas que dio a los revolucionarios de don Policarpo, le valió a Vallejo un doloroso destierro. Al caer Vásquez, emigró violentamente hacia Guatemala.

Cierra el informe este párrafo: "Abrigo la esperanza de que comprendiendo el ilustrado Gobierno de que forma parte V. E. el importante papel que desempeña la estadística en todas las naciones cultas y civilizadas, dictará todas las providencias que tiendan a favorecer de una manera eficaz trabajos que, por su índole, están llamados a ejercer un influjo benéfico y decisivo en la marcha de nuestra sociedad".

Siento de verdad no tener más luces para proseguir en esta reseña. Como ya dije arriba, el Anuario Estadístico merece el estudio de hombres de gran bagaje intelectual, y los míos son tan escasos que apenas he alcanzado a copiar los medulares conceptos de Vallejo. Habrá que disculpárseme el atrevimiento.

CAPÍTULO III: LABOR BIOGRÁFICA DEL PADRE VALLEJO

LAS PRIMERAS PUBLICACIONES COLECCIÓN DE LAS CONSTITUCIONES POLÍTICAS DE HONDURAS.

La bibliografía hondureña hasta la década del 1870 fue muy escasa. Aparte de La Gaceta del Gobierno y de las obligadas proclamas patrioteras, esporádicamente se imprimían algunos discursos, tratados internacionales, leyes y Decretos gubernativos, muy a pesar de que, tanto en la capital, como en Tegucigalpa, existían imprentas del Estado, y en esta última ciudad, funcionaba la Imprenta de la Universidad y la Imprenta "La Esperanza" de propiedad particular.

En cuanto a las librerías, puede decirse que no existían. Nuestros intelectuales tenían que procurarse libros en el extranjero ingeniándose la manera de situar los fondos necesarios bien en Guatemala, Belice o México, pues Honduras carecía por entonces de instituciones bancarias. Sin embargo, las compras eran frecuentes y se hacían en la mayoría de las veces "encargando" las obras requeridas a los comerciantes que periódicamente viajaban a dichos países llevando ganado, cueros, semilla de higuerilla, vainilla, zarzaparrilla, i pecacuana y miel de colmenas, productos que gozaban de gran fama y tenían buen precio, especialmente en el mercado de Belice.

La publicación de folletos y de libros entró en auge después de 1880 con el impulso que dieron a las letras Ramón Rosa y Marco

Aurelio Soto. Pero bien vale la pena hacer mención de algunas publicaciones que por su importancia y significado deben aparecer en una breve reseña como ésta, porque ellas darán al lector una idea más completa del estado bibliográfico de la época. En 1875 circularon en el país tres folletos interesantes: dos impresos en Comayagua, "Alocución del Presidente Don Ponciano Leiva dirigida al Congreso el 1° de Febrero de 1875", y "Carta dirigida al Señor Rector de la Universidad" por el Presbítero Don Antonio R. Vallejo el 28 de agosto del mismo año. El tercero, es un folleto intitulado "Celebración del Primer Centenario Fúnebre del Presbítero José Simón de Zelaya" editado en la Imprenta de la Universidad en Tegucigalpa. También circuló entre el reducido círculo de intelectuales hondureños el libro en idioma inglés "Journey in Honduras" escrito por R. G. Huston, impreso en Cincinnati, Ohio, Estados Unidos de América, en el mismo año, y el cual se refiere a problemas de nuestro ferrocarril interoceánico. Casi al mismo tiempo entró en circulación un opúsculo del hondureño Julio Buezo B., bajo el nombre "El honor y el Porvenir de Honduras, comprometidos" editado en la Imprenta Minerva de San Miguel, El Salvador y que se refiere a distintos temas políticos.

En 1876 la publicación más importante fue la "Cartilla Forense" el Señor Licenciado don Vicente Ariza Padilla, editada en la Imprenta La Esperanza de Tegucigalpa y destinada al uso de los litigantes y estudiantes de la Escuela de Derecho de la Universidad, en la cual el Señor Ariza Padilla era Catedrático.

En 1877, apareció el "Álbum Nacional" impreso en Comayagua en la Imprenta del Estado y cuyo material fue seleccionado por el Licenciado don Teodoro Aguiluz, escritor pulcro e inspirado poeta. La edición fue hecha por el Gobierno con motivo de las celebraciones de la Independencia patria y contiene los discursos pronunciados el 15 de septiembre de aquel año, una reseña sobre Honduras y un bello poema intitulado "Canto Lírico", original del señor Aguiluz. El 25 de abril del mismo año, el Gobierno publicó impreso en Comayagua un folleto intitulado "Acuerdos del Poder Ejecutivo denunciando los Tratados Internacionales existentes con Honduras", en el cual el Gobierno del Presidente Soto dejaba inexistentes todos los convenios de alianza defensiva y ofensiva celebrados desde los tiempos del General Francisco Ferrera, los del Presidente Coronado Chávez, los de don Juan Lindo, Cabañas, Guardiola y Medina, con excepción del

Tratado Cruz—Lenox Wyke por el cual como se ha dicho, Honduras recuperó las Islas de la Bahía y el territorio de La Mosquitia.

En 1878 circularon algunos ejemplares del folleto impreso en la Imprenta "La Prueba" de La Habana, Cuba, intitulado "Exposición dirigida al Presidente Constitucional de Honduras sobre el monopolio del ganado", original de José Daniel Bousquet, y en el cual critica el procedimiento del mandatario hondureño sobre este asunto que parece haber sido entonces uno de los renglones más importantes del comercio con Cuba. También apareció el folleto "Discurso pronunciado en la apertura de clases de la Universidad" el 7 de enero por el Presbítero don Yanuario Jirón. Es fácil advertir que todas las publicaciones aparecían en forma de folletos, lo que no solamente demuestra que nuestros hombres tenían poca inclinación a escribir, sino que nuestras imprentas carecían de la capacidad para editar un libro.

En tal condición, cuando a mediados del año 1879 se hizo circular la "Colección de las Constituciones Políticas que la República de Honduras se ha decretado", original de la pluma del Presbítero y Licenciado don Antonio R. Vallejo, hubo en todos los hombres de pensamiento gran regocijo, porque la obra no solo era una primicia con la cual iniciaría su vastísima labor el connotado escritor, sino que, nítidamente impresa por Chamberlin, Whitmore & Cía. de Nueva York, en papel satín y con 203 páginas en cuarto, constituía un jalón de prestigio para Honduras por trafarse de un tema hasta entonces de importancia insospechada, a lo cual se agregaba la oportunidad de la publicación pues se sabía ya que el Presidente Soto había resuelto la convocatoria para elegir diputados a una Asamblea Nacional Constituyente.

Como portada del libro se inserta una carta que el Presbítero Vallejo dirigiera al Presidente de la República el día 15 de enero de 1878, en la cual le dedica devotamente la compilación de nuestras Constituciones, agregando: "Cada constitución representa las épocas remarcables de las legítimas aspiraciones que el pueblo hondureño ha tenido en su vida política. Si ha habido progreso o decadencia en la facultad de legislar, Vos lo veréis, Excmo. Señor. Os la dedico, pues, lleno de agradecimiento, por los bienes, por los grandísimos bienes que le hacéis a Honduras, y en la confianza de que la recibiréis con la benevolencia que os caracteriza. Vuestro amigo y Capellán. Anto. R. Vallejo".

Según las propias palabras de Vallejo, deseaba que la Asamblea Constituyente que el Doctor Soto iba a convocar, emitiera un código capaz de garantizar y definir los derechos ciudadanos y por ende, que pudiera llenar a cabalidad las exigencias de la "civilización". El Prólogo se intitula CUATRO PALABRAS, que seguidamente voy a copiar, porque en ellas define su autor el propósito que le llevó a realizar el trabajo, señala las dificultades que hubo de vencer, la fatigosa búsqueda de documentos en los desordenados archivos y la vehemente censura que hace de las llamadas revoluciones hondureñas. El Padre Vallejo dice lo siguiente:

"Cumpliendo con el sagrado deber que me impone el patriotismo, de dar a conocer las nobles y justas aspiraciones que la República de Honduras ha tenido, desde que logró su verdadera y gloriosa emancipación de España y de Méjico, no he vacilado en emprender la penosa y difícil tarea de compilar todos los documentos con que más farde, o más temprano, debe formarse la historia de nuestros errores y de nuestras dolorosas contiendas; pero mientras estos documentos se publican, he resuelto dar a luz todas las constituciones que se ha decretado en los cincuenta y seis años que lleva de independencia. Esta tarea la creí al principio demasiado pesada para mis hombros, porque no se conocen aquí trabajos de este género, a pesar de ser un estudio importante y necesario para la juventud, tanto por esto, como por dos razones que debía sigilar por vergüenza de la patria, y que estoy en el caso de declarar: 1° y esta es la capital: porque las llamas de las diferentes y continuas revoluciones en que ha vivido envuelto este desgraciado país, han consumido y devorado la mayor parte de nuestros archivos públicos; y 2°, porque los que existen se encuentran muy deteriorados, y no solo deteriorados, sí que también en completo desorden y abandono; pero la perseverancia, que lo consigue todo, también ha conseguido que mis propósitos lleguen a su término feliz. Este pequeño y humilde trabajo contiene en orden cronológico (sic) todas las Constituciones de la República de Honduras, comenzando por la federal decretada el 22 de noviembre de 1824. El 11 de Diciembre de 1825 fue decretada la primera Constitución de Honduras, encontrándose al frente de sus destinos el ilustre ciudadano y avanzado liberal Don Dionisio de Herrera; la segunda el 11 de Enero de 1839, firmada por el Consejero de Estado Don Juan Francisco Molina; la tercera el 4 de Febrero de 1848, en tiempo de la Presidencia del Señor Don Juan Lindo, que el 29 de Septiembre del año de 1821 se firmaba Juan Fernández Lindo, y que se distinguió por su ardiente adhesión al imperio mejicano; la cuarta el 29 de Septiembre de 1865,cuando gobernaba como Presidente de la República el Señor General Don José María Medina—Lindo y Medina—he aquí dos tipos esencialmente iguales, porque fueron igualmente dobles, igualmente volubles: dobles en la política y dobles en la amistad, y que no fueron ni suficientemente conservadores ni suficientemente liberales. Que Medina es un Lindo y que ha jugado con todos los partidos, es tan cierto como que fue creado por Lindo. Y por último, la quinta el 23 de Diciembre de 1873, que quedó inédita, que nadie conoce, que todos desean conocer, que no rigió, porque la violenta situación en que se encontraba la República precipitó los acontecimientos que dieron por resultado el segundo sitio que Comayagua tuvo a sus puertas, por las fuerzas aliadas de Guatemala y El Salvador, y la capitulación de Don Céleo Arias verificada el 13 de Enero de 1874. En nombre, pues, de la civilización, excito a los demás Estados hermanos y vecinos a que coleccionen sus respectivas Cartas Constitutivas, para que se conozca entonces el génesis y el crecimiento del Derecho Constitucional Centro Americano, y pueda formarse en consecuencia el estudio comparativo que demuestre el progreso sucesivo de las ideas, la transformación de las doctrinas y los principios y experiencias que se han mantenido estables, sirviendo como de base al desarrollo de los pueblos del Bello Central de América. Anto. R. Vallejo.—Tegucigalpa, Enero 15de 1878".

Tal como deseaba Vallejo, esta obra es el arranque del Derecho Constitucional hondureño, pues teniéndola como ejemplo nuestros legisladores han venido, a través de los tiempos mejorando la formación jurídica del Estado, estableciendo los órganos fundamentales para su progresivo desarrollo y definiendo los derechos y obligaciones esenciales de los poderes públicos frente a los ciudadanos y los de éstos con respecto a la Nación. Lástima grande que tenga que censurar yo al eminente Padre Vallejo por su juicio despectivo sobre el Capitán General don José María Medina. Comprendo que Vallejo debe haber tenido razones poderosas para expresarse en tal forma del desdichado ex—Presidente de Honduras, pero resulta extraño, al menos para mí, que el Padre olvidara tan pronto la confianza que Medina depositara en él cuando lo envió a una misión confidencial de gran importancia para la estabilidad de su gobierno, cerca de los demás de Centro—América; eran aquellos días difíciles, momentos amargos para Honduras que era la víctima del negro destino que le trazaron sus políticos; era la víctima de la hegemonía militar de los vecinos poderosos cegados por la ambición; eran momentos en que iba a repetirse por enésima vez al bochornoso espectáculo de imponerle al pueblo el presidente que debía gobernarlo según la voluntad de los guatemaltecos o de los salvadoreños con la complacencia cómplice de nuestros malos políticos; Vallejo bien sabía que el gobierno del Doctor Soto era de este tipo pues había surgido de un convenio entre salvadoreños y chapines y no de la voluntad del pueblo hondureño libremente expresada. Cierto es que Soto se hizo merecedor al cariño y respeto de sus conciudadanos y que impulsó el progreso del país; cierto es también que Medina ya no podía tener vigencia como gobernante y que, además, era dócil instrumento de Justo Rufino Barrios, pero también es verdad que cuando el Padre Vallejo escribió sus "Cuatro Palabras" para prologar la Colección de Constituciones de Honduras, el General Medina estaba a punto de ser fusilado por Soto acusado de rebelión. Era un árbol caído bajo cuya sombra se había cobijado, era una víctima de su ambición y en estas condiciones, creo yo, Vallejo no debió sumarse a la vocinglería del sotismo que desde el inicio de su gobierno en Amapala el 27 de agosto de 1876, había desatado una campaña de difamación y oprobio contra el ex—presidente que culminó con su muerte frente al paredón del cementerio de Santa Rosa de Copán el 23 de enero de 1878. Nueve días antes de este triste acontecimiento, Vallejo había dirigido su carta devota al Presidente Soto. Para mí resulta extraño, repito, que el Padre Vallejo, habiendo sido hombre de confianza de Medina que le tuvo como Secretario Privado, haya retribuido aquella confianza con el comentario hiriente que consignó en el Prólogo de su primera obra impresa. Fue quizá, una de esas debilidades humanas tan corrientes, que procuran hacer leña del árbol caído y del político desafortunado, cuando ha dejado la cumbre del poder, citados todos los escritos de todos los partidos que han estado en el poder, en contraposición a ciertos HISTORIALES, que sólo han publicado los documentos que pertenecen a su devoción o que honorifican el partido en que están afiliados". A renglón seguido del Prólogo del Compendio de la Historia Social y Política de Honduras", Vallejo dice: "Esto, además de ser una insigne muchachada o niñería, en la que a sabiendas no incurriré nunca, ni por pasión de bandera, ni por odios personales, ni por miedo, tampoco por negligencia, menos por debilidad, — es faltar a la misión imparcial de la Historia y mentir, sin razón ninguna y respeto alguno, al siglo presente y a los futuros siglos."

"Una historia que no estudia, que no ha querido estudiar los acontecimientos en su verdadero punto de vista, que los altera, que los desfigura, que los omite, o que cita únicamente los que convienen y cómo convienen, apenas creo que pueda llevar el nombre de tal."

Estas ideas han presidido todos mis trabajos históricos, porque quiero que la juventud sepa que hay un tribunal severo, que se llama "Historia", que tarde o temprano la llamará a juicio, le tomará estrechas cuentas de todos los destinos e intereses públicos que maneje en nombre de la comunidad que le confiera sus poderes: que sus acciones buenas, patrióticas y heroicas merecerán justas bendiciones y alabanzas de la patria y un lugar distinguido en sus anales; y que las malas serán condenadas al desprecio público, que será perdurable, porque quedará escrito con caracteres indelebles."

En carta dirigida al Señor Presidente de la República Doctor Soto el 27 de agosto de 1882, cuando el trabajo estaba concluido, Vallejo dice al mandatario: "En este libro encontraréis todos los sucesos felices o desgraciados que han ocurrido en Centroamérica y en esta querida patria de los Valle, de los Herrera, de los Morazán, de los Márquez y de cien más, desde el año 1811 hasta 1838.

Vos sabéis, y yo también sé, que la Historia es MAESTRA DE LA VIDA Y LUZ DE LA VERDAD; AUXILIAR DE LA PROVIDENCIA Y MADRE DE LA FILOSOFIA; EMULA DEL TIEMPO, DEPOSITO DE LAS ACCIONES, TESTIGO DE LO PASADO, EJEMPLO Y AVISO DE LO PRESENTE Y ADVERTENCIA DE LO PORVENIR: por lo mismo, en el trabajo que os dedico encontraréis una cosa buena, la única talvez que contenga este Compendio, y es la sinceridad con que he narrado todos los hechos, todos los errores y todos los infortunios que el pueblo hondureño ha sufrido con heroica resignación, para llegar a conquistar su verdadera independencia y libertad.

Las palabras de Vallejo revelan su propósito y su voluntad de apegarse a la verdad, por dura que esta fuera, porque solo así podría el pueblo hondureño conocer la realidad de su pasado, meditando en el cual, podría también intentar las fundamentales rectificaciones que le llevarán algún día, a encontrar el camino de su felicidad y de su progreso. Parece, sin embargo, que las enseñanzas de la historia no han logrado penetrar en la mente ni en el corazón de nuestros políticos y mucho menos han logrado modificar su concepto de cómo debe gobernarse un pueblo, porque los errores se repiten, los fracasos se multiplican y la defraudación de las esperanzas de nuestros ciudadanos, se ha convertido en descarado sistema de proselitismo infecundo. No ha aprendido todavía el pueblo hondureño las duras lecciones que la injerencia y supremacía de nuestros vecinos nos han dado; no han querido rectificar nuestros políticos la táctica de trato desigual que nos han venido dando los que nos llaman hermanos, sólo cuando conviene a sus propios intereses, aunque a Honduras se la lleve el diablo.

En el Compendio histórico de Vallejo cuya segunda edición se hizo en 1926, puede encontrar el ciudadano interesado en el bienestar de la República, las causas irrecusables de nuestro estado político, social, religioso, cultural y económico, y en él también puede encontrar la clave para eliminar fan funestas causas, acondicionando su conducta a las exigencias de un bien entendido patriotismo y a los superiores intereses de Honduras.

La pluma de Ramón Rosa que trazaba magistralmente el brillo de su pensamiento, escribió la Introducción de la obra, declarando que la feliz iniciativa del gobierno había culminado venturosamente gracias "al desempeño de trabajo tan ímprobo del señor Presbítero Licenciado don Antonio R. Vallejo, quien superando dificultades sin número ha reunido y ordenado los materiales dispersos de la Historia de Honduras y se ha aprovechado de ellos para hacer, en la obra que hoy ve la luz pública, una exposición histórica, por orden cronológico, de los sucesos prósperos o adversos que, en lo social y político, marcan, por decirlo así, la fisonomía moral de la nación hondureña. Mérito, y no escaso, corresponde al señor Vallejo por sus trabajos y por sus juicios históricos. Aquí, en donde el espíritu de la discordia ha formado tal levadura de odios que no sólo toca la actualidad, sino que trasciende a las tumbas sagradas del pasado, y contamina hasta la inocencia de lo porvenir, aquí, decimos, requiérase gran suma de desprendimiento y de imparcialidad para dar a cada uno lo que le corresponde, y explayar la exposición histórica, en la serena región de las ideas".

¡Qué actuales parecen los conceptos de Ramón Rosa! ¡Qué dignos de meditarse son sus pensamientos! Ojalá que, quienes lean alguna vez la obra de Vallejo, se inspiren en los dolores de la patria, para en un acto de constricción, afanarse en lograr su grandeza y su felicidad.

En 1883, Vallejo dio a la publicidad el "Apéndice. Documentos Justificativos del Tomo Primero de la Historia Social y Política de Honduras". Contiene 61 documentos que respaldan el texto de la obra publicada el 27 de agosto de 1882 y desde luego forma el complemento de la misma.

Nadie puede discutir al Presbítero Licenciado don Antonio R. Vallejo el mérito de haber sido el primer hondureño que escribió la historia de su patria; nadie puede discutirle tampoco el valor moral de rebatir los sofismas de los "consagrados" historiadores centroamericanos, rectificándolos y demostrando con documentos fehacientes la verdad de los hechos. La Patria y la misma Historia, que no olvida ningún detalle, están comenzando la tarea de reconocer los méritos de aquel ilustre compatriota, de aquel esforzado paladín de la verdad histórica que echó las bases de la investigación en este vasto campo de la cultura, y cuyo ejemplo han seguido ilustres y honestos ciudadanos.

NECROLOGíA DEL PRESBÍTERO D. MIGUEL A. BUSTILLO

Impreso en la Tipografía Nacional de Tegucigalpa, apareció el 15de Enero de 1893, la "Necrología del Presbítero D. Miguel A. Bustillo", distinguido Sacerdote, y río por la línea materna del Padre Vallejo. Es un pequeño libro de 194 páginas, muy raro en nuestro medio, pues desapareció de la circulación con rapidez, ya que se afirma fue comprado en casi la totalidad de la edición, por las personas a quienes se acusa como responsables del asesinato del presidente general Santos Guardiola, hermano materno del biografiado, y río por tanto, del biógrafo.

Las primeras páginas comprenden en su casi totalidad los rasgos más importantes de la vida Sacerdotal y pública del Señor Bustillo, narrados con soltura y amenidad, pero todo el libre constituye la evidencia de que en Vallejo alentó el humanista de grandes méritos y el Sociólogo de buen empaque. Ninguno de los libros de Vallejo tiene como éste, una estampa fan real de cómo era, allá por la sexta década del 800, la vida social, cultural, política, religiosa, y económica del pueblo hondureño; en ninguno de ellos se encuentra una explicación más clara de la pugna entre los partidos tradicionales, ni refleja la mentalidad y los procedimientos de nuestros políticos, que por miedo y por perversidad, cometieron tremendos errores que todavía está pagando el pueblo hondureño.

Se refiere Vallejo con gran extensión al conflicto entre el vicario del Cid, y el Presidente Guardiola, pero no en la forma típica del relato cansado y la mención de fechas y de los hechos, sino en forma analítica, estableciendo causas y consecuencias de aquella pugna, y publicando copiosos testimonios documentales, que declaran lo sucedido. Quienes han intentado desviar la verdad; quienes se han dedicado a echar un velo de mentiras y de falacias sobre los hechos que desembocaron en el asesinato del Presidente, seguramente sólo conocen "de oídos" la Necrología del Presbítero Bustillo e ignoran los juicios serenos de Vallejo.

Este, dice: "Del Cid se olvidaba que la libertad no es muerte, que la libertad es vida, igualdad, derecho común para todos los creyentes y para todas las creencias..."; y esta verdad será siempre de actualidad para los hondureños y no debe ser olvidada ni ignorada por gobernantes y gobernados. En el caso de Del Cid; Vallejo explica su actitud en esta forma: "Este extravío se explica. El Vicario Del Cid no era hombre de grandes estudios, de inteligencia sólida, de instrucción variada y abundante, ni un teólogo firme, ni un canonista distinguido, ni un escritor hábil ni un pensador adiestrado en la meditación de los grandes problemas de la religión y de la vida eterna. Nada de esto era. Él no había llegado a la creencia religiosa por la duda, como Descartes en Filosofía, y por lo tanto, no entendía como la libertad podía hermanarse con la creencia".

El autor atribuye la muerte trágica de Guardiola a factores externos, a intereses foráneos que supieron estimular con sutil habilidad; la ambición de algunos malos hondureños, entre ellos, desafortunadamente, al Vicario Del Cid, que tenía consejeros torpes y de escasas luces como él, pues de lo contrario, no habría procedido en forma fan anti—patriótica.

A este respecto, Vallejo dice: "La eterna rivalidad que siempre ha reinado entre El Salvador y Guatemala, la preponderancia que ésta ha ejercido, la que pretendía ejercer en Centro—América, el Gobierno reinante entonces en El Salvador, y el deseo de derrocar el gobierno que se llamó de los 30 años, hizo sin duda alguna, concebir el designio innoble de asesinar al gobernante hondureño, pues la alianza ofensiva o defensiva que se obtuvo inmediatamente después con el Gobierno de Castellanos, era del todo imposible, y el Gobernante salvadoreño en las futuras emergencias con Guatemala no quería ni le convenía tener a retaguardia un Gobierno conservador como el del General Guardiola, contra quien había maquinado de mil maneras, a tal punto que el General Guardiola dio una vez orden a su Ministro de la Guerra para que colectase dos mil hombres, con los cuales pensaba derrocar la Administración del General Barrios, que habría llevado a cabo, a no haberse opuesto el Gabinete guatemalteco".

El antagonismo entre Guatemala y El Salvador mató al General Guardiola.

Pero en la Necrología, hay una página que pudiera llamarse folklórica. Es una narración de hechos al modo en que solía hacerlo el gran folklorista hondureño Jeremías Cisneros, que dejó brillantes escritos que injustamente han relegado al olvido algunos amantes de esta rama fan rica de las tradiciones hondureñas, y aunque lo de Vallejo fue cosa real, por la forma y el modo que usó para referirlo, bien pudiera, como digo, figurar como acervo de nuestro folklore, Vallejo dice así: "Con el respeto, con la veneración que tenemos por la verdad histórica que debe conservarse y venerarse sobre todas las cosas, procuraremos narrar los hechos que se verificaron en el memorable siete de octubre y que tan grande y profunda indignación causó al Presbítero Bustillo y a los demás individuos que lo acompañaban, por la notoria injusticia con que se procedió, pues todas eran personas fan honradas como incapaces de un atentado criminal.

Los pocos años que contábamos, la vaguedad que siempre hay en los recuerdos lejanos nos hará tal vez incurrir, sin voluntad nuestra, en algún error en el detalle de los hechos, nunca en lo principal y en el fondo, porque el escándalo ocurrido en aquel ingrato día nos impresionó tanto y tan hondamente que tenemos vivos los recuerdos de todo lo acaecido".

Doña Ana Arbizú esposa del General Guardiola y cuñada del Presbítero Bustillo con el objeto de encontrar en la soledad y en el retiro un ligero calmante a los acerbos dolores y pesares que tenían entristecida y acongojada su alma y resentido su organismo, dispuso en el mes de agosto, si mal no recordamos, trasladarse a la aldea de Río Grande, que dista tres leguas de esta ciudad, acompañada de su pequeña hija Guadalupe y de otras bellas jóvenes.

Después de corta permanencia en la referida aldea, Doña Ana determinó regresar al seno de sus numerosos y tiernos hijos.

El Presbítero Bustillo y varios amigos suyos que también lo eran de la distinguida viuda, quisieron darle a su regreso una pequeña muestra de cariño y de las subidísimas consideraciones que le tributaban, saliendo a su encuentro. Así lo hicieron. En el histórico llano del Potrero, donde el Gobierno de la Federación hizo uno de sus últimos esfuerzos para reconquistar el poder perdido en Honduras, hizo alto la comitiva que ya se había incorporado a la Señora Arbizú, para discutir por qué calle deberían hacer su entrada, si debían darse o no vivas y mueras y a qué personas. No faltó quien mal aconsejado por la pasión de partido fuera de sentir que el ingreso a la ciudad se hiciese por la calle del comercio y pasando frente a la mansión del Gobierno de Castellanos, que estaba recién llegado, a quien debía darse mueras, y vivas a las cenizas del General Guardiola. Otros que formaban la mayoría fueron de parecer que debería tomarse la calle de La Merced, a seguidas la de Camilo Díaz y continuar por la Calle Real hasta llegar a la morada de la Señora Arbizú.

La viuda, con claro y recto juicio y deseando evitar futuras desgracias, improbó los propósitos que hemos relacionado y aconsejó que por ninguna de las dos vías se verificase su entrada, porque había que excusar la pasada por el cuartel que indudablemente echaría atrás al grupo, que en consecuencia, terminado el puente, debían irse por la cuesta del río, por el barrio de la Hoya después, para subir a continuación a su casa. Las mayorías que siempre triunfan, resolvieron que la entrada se hiciera por el segundo itinerario marcado, suprimiéndose los mueras y dándole vivas a las cenizas del General Guardiola I a la libertad bien entendida, para demostrar con esto que si bien era verdad que había muerto el Jefe del Partido conservador, éste vivía más resuelto que nunca. Discutido esto emprendió la marcha.

Como el Presbítero Bustillo era, como ya hemos dicho, el blanco de los odios del partido triunfante que, obedeciendo a las tradiciones de la política liberal se mostraba implacable, rudo con los vencidos, y trataba de perderlos a todo trance y para lo cual en aquella ocasión prepararon una emboscada que dio los resultados que apetecían. A tiempo que la numerosa comitiva pasaba frente al cuartel, que estaba calle de por medio de la casa del General Guardiola, el Coronel don José María Fiallos, conocido con el sobrenombre de El Excomulgado a causa de haber puesto manos violentas en un sacerdote, gritó diciendo al centinela "mueran estos bandidos" "se toman el cuartel". Este mandó hacer alfo; pero el séquito entusiasmado siguió su marcha, y los soldados trataron de estorbarla. Este hecho irritó a los transeúntes, y entonces el Presbítero Bustillo, con su carácter altivo que no se avasalló nunca, ni se rindió jamás, se quitó un guante de la mano y se lo arrojó al Coronel Fiallos, diciéndole: "Tú eres el bandido, recoge ese guante".

Estos hechos produjeron una gran alarma en el cuartel que trataba de impedir el tránsito a la comitiva y produjo una pelotera fan grande que de todas partes de la ciudad ocurrieron, unos a la casa del Presidente y otros al cuartel, porque se hizo correr el rumor que el partido guardiolista trataba de formarse el cuartel y de asesinar al Presidente de la República, a quien se hizo comprender que éste y no otro había sido el objeto del encuentro que se le hacía a la viuda del mencionado General Guardiola. La guardia fue impotente para contener el empuje de los transeúntes, que tuvieron tiempo de desmotarse y entrar a la casa de Doña Ana Arbizú. De allí fueron sacados todos los individuos que habían ido a su encuentro y puestos en la cárcel pública. Dejemos aquí a los reos y ocupémonos del descaro e imprudencia con que el Ministro del Interior y de las Relaciones Exteriores se dirigió a los Gobernadores políticos de los departamentos y a los Gobiernos de la América Central dando cuenta del hecho.

Luego de hacer un tremendo comentario sobre la actitud del Gobierno de Castellanos, Vallejo agrega: "La farsa revolucionaria y de cuartel de que nos hemos ocupado, ofreció excelente ocasión a la prensa oficial y a los partidarios del nuevo orden de cosas establecido para conjurarse en daño del Presbítero Bustillo y de los demás individuos que lo acompañaban en el paseo que se dio en Ilama entonces: "Asonada del 7 de Octubre," y por los contemporáneos "batalla de las crinolinas" para desatarse en injurias, denuestos y calumnias contra el gran partido guardiolista que suponían que no volvería al poder público del país, porque había muerto para siempre".

Termina el libro señalando los errores del Gobierno de Don Céleo Arias, de los decretos de extrañamientos que firmó y de las arbitrariedades de sus funcionarios. Podía pensarse que el libro de Vallejo fue escrito por un cachureco para ensalzar a los cachurecos y censurar a los liberales; pero en verdad, es la estampa de la realidad; es la denuncia del odio, de la violencia y del poco patriotismo de quienes, en la cumbre del poder, no volvieron sus miradas hacia sus conciudadanos, porque ellos, engrandecidos por el mando, cegados por el servilismo de los palaciegos y aduladores, solo veían como hondureños, como gentes dignas y honradas a los que eran de su partido.

¡Coquimbos y calandracas, cometieron los mismos yerros!

ÍNDICE ALFABÉTICO Y CRONOLÓGICO

Es un cuaderno de 64 páginas en folio, impreso en la Tipografía del Gobierno en 1884 y publicado por Vallejo en su condición de "Bibliotecario y Archivero Nacional", y contiene "los títulos, escrituras de amparo y demás documentos relativos a los terrenos de la República de Honduras".

Quizá, intencionalmente, Vallejo dejó para publicar como Prólogo de esta importante recopilación, la "Noticia Histórica del Archivo Nacional", muchos de cuyos párrafos ya he trascrito en el capítulo que se refiere a la fundación de la Biblioteca y de esta importante dependencia gubernamental. En esta "Noticia", explica los móviles que impulsaron al gobierno del Doctor Soto para fundar el Archivo Nacional, afirmando que uno de ellos fue el deseo de "dejar a la juventud los materiales, que han de servirle de base para que forme más farde o más temprano nuestras futuras historias, y porque estaba convencido, por otra, que una nación sin Archivo pierde completamente la memoria de sus trabajos, de sus humillaciones, de sus esfuerzos, de sus desgracias, de sus luchas por lo grande y por lo bueno, y hasta el recuerdo de sus compromisos más sagrados."

¡Qué grande inspiración de patriotismo la de este Padre Vallejo! ¡Qué presentimiento fan grande el de que las generaciones actuales por desconocer la historia no sabrían responder a los reclamos del patriotismo! El deseo de Vallejo como intérprete del gobierno, de que conociendo la juventud las humillaciones, los esfuerzos, las desgracias y las luchas del pueblo hondureño para alcanzar su grandeza y felicidad, no se ha cumplido, porque esa juventud no se ha aplicado con fe a labrar esa felicidad, ni a edificar esa grandeza; no se ha realizado aquel deseo porque cada generación que pasa, se muestra más fría, más indiferente ante los problemas vitales de Honduras, y lejos de trabajar por resolverlos o siquiera por plantearlos, se conforman con hablar y hablar de las cosas sin llegar al fondo, se conforman con simular un patriotismo inexistente, o bien se adaptan y se dejan arrastrar hacia la mala política, la política del odio, la política hábilmente fomentada por algunos vecinos que se dicen nuestros hermanos y a quienes fascina la posición geográfica de Honduras, porque esos vecinos esperan el caos, esperan pescar en río revuelto y repartirse los despojos que habrán de quedar de la constante lucha partidista, de la injusticia y el desbarajuste que los mismos hondureños acostumbramos a poner en práctica fan pronto como un partido político se hace gobierno.

¿Qué estamos haciendo, hondureños? ¿Qué estamos pensando? Vallejo previó hace ochenta y dos años, que íbamos a descuidar nuestra riqueza territorial y dijo: "a estos documentos (los de tierras), le hemos dedicado todo el cuidado y toda la atención que merecen, porque tienen un interés grande, tanto para el Gobierno, que por ellos sabe la fierra que ha vendido y la que aún le queda, como también para sus respectivos dueños."

He sabido que muchos títulos de tierras se han extraviado, porque así está escrito en el Catálogo publicado por quien fuera Director del Archivo y Biblioteca Nacionales allá por el gobierno del Doctor Paz Baraona, y esto es censurable, porque quienes estuvieron al frente de tales dependencias del Estado, descuidaron su deber y pusieron poco celo en guardar fan valiosa documentación.

Por otra parte, el trabajo fue ímprobo y representa una labor paciente y consciente y una acuciosa catalogación de títulos que han servido y siguen sirviendo para el deslinde de la propiedad particular, municipal y nacional. De los párrafos del Prólogo de la obra, son estos interesantes renglones: "Vamos ahora a ocuparnos de los títulos de tierras, que desde el año 1635 hasta el de 1883, los respectivos Gobiernos han dado en venta a los particulares... Me parece digno de que se mencione, especialmente, que algunos terrenos de Gracias se midieron a pedimento de sus caciques. Cuenta el Archivo Nacional de Tegucigalpa con 2.158 expedientes de fierras y 33 fragmentos, y con 300 colecciones de periódicos del país, de las Repúblicas vecinas y de algunas naciones de Europa y de América. Las colecciones de manuscritos comprenden 4.419 volúmenes, que contienen 162.164 documentos útiles. Se han gastado en el arreglo del indicado Archivo desde su establecimiento hasta la fecha, la suma de $11.270."

Más adelante, y como para hacer una advertencia a los hondureños sobre la necesidad de conservar los archivos, trafa del descuido de los funcionarios públicos del pasado que permitieron la destrucción del tesoro documental de la nación. A este respecto dice: "Los que sepan del desarreglo completo en que estaba el Archivo de Comayagua; los que no ignoren los incendios que ha sufrido esta ciudad desde el memorable año de 1827 y el último ocurrido en 1873, ejecutados por fuerzas de Guatemala primero, por fuerzas de Guatemala y el Salvador después; los que conozcan los frecuentes saqueos que se han hecho a nuestros archivos, y sobre todo al de la antigua capital; los que estén al corriente de nuestros desgobiernos pasados; los que no sean excesivamente injustos ni excesivamente parciales, sabrán apreciar debidamente la creación y el arreglo del Archivo de esta nuestra querida patria, cuyos preciosos documentos ha querido el genio siniestro de la guerra destruir una y mil veces".

No se necesita tener inclinación por los estudios históricos para comprender las verdades que Vallejo expresa en los renglones precedentes; antes de él, nadie pensaba en que un montón de papeles viejos pudiera servir para algo más que anidar cucarachas o alimentar a los ratones. Lo sensible es que en nuestros días, cuando se sabe de sobra la gran importancia de los archivos, se esquiven responsabilidades, se omitan esfuerzos, se escatimen dineros para poner en orden nuestro tesoro documental. Bastaría recordar que fue de los archivos de Honduras y de Guatemala de donde se sacaron los documentos que ayudaron a resolver nuestros problemas limítrofes con los guatemaltecos y nicaragüenses. Bastará que se tenga presente que todavía no hemos resuelto nuestro asunto de límites con El

Salvador, para darnos cuenta de que todavía necesitamos registrar, como decía Vallejo, los viejos infolios, que necesitamos investigar y estudiar los títulos de fierras municipales, estatales y de particulares colindantes con nuestra frontera Sur—Occidental. Pero si bien no nos traían hombres capaces de realizar esta empresa, nos falta la voluntad, nos falta el espíritu de trabajo que requiere una labor de esta naturaleza, y nos falta el estímulo necesario para que, quienes puedan trabajar en este importante asunto, lo hagan con holgura económica, pues sólo así los resultados podrán ser exitosos, ya que otro Vallejo que trabajó en la miseria, no será posible encontrar.

Vallejo termina su Prólogo con estos párrafos: "Si estos trabajos fueran ejecutados en un país avanzado y culto como Chile, la República Argentina, ellos solos bastarían para hacer memorables a sus autores; pero aun así, y todo, continuamos en el puesto por corresponder en cuanto nos sea posible al interés vivo que ha demostrado y muestra por este establecimiento el ilustrado Gobierno del Señor General Don Luis Bográn, y porque queremos que cuando estemos viejos y achacosos, cuando nuestros huesos quieran caer rendidos en la tierra; cuando nuestros días estén contados, merecer de nuestros conciudadanos y de la generación que se levanta, algunas PEQUENAS CONSIDERACIONES. Antonio R. Vallejo. Tegucigalpa, 31 de Marzo de 1884".

¡Qué poco deseaba Vallejo! Pedía a las nuevas generaciones "algunas PEQUENAS CONSIDERACIONES". Es tan fácil hacer honor a los grandes valores de la patria cuando se piensa en la patria; es fan fácil honrar a los hombres que dieron lustre y gloria a la nación, cuando se piensa en la nación, qué bien poco hubieran tenido que hacer nuestros hombres de gobierno para cumplir con tan humano deseo de aquel gran hondureño. Pero, en esta Honduras nuestra, en donde nadie cree en nada ni en nadie, ¿cómo sería posible realizar tamaño despropósito? Aquí nos deslumbramos ante la audacia de las falsas personalidades; aquí rendimos culto sólo a nuestros personales intereses, pero somos mezquinos para reconocer el talento, las virtudes y los esfuerzos de otros ciudadanos, cuando éstos se orientaron a dignificar a Honduras. ¿En qué cree nuestra juventud? ¿En quién cree nuestra juventud? ¿A quién le han enseñado a respetar, a amar y a honrar?

Parece, doloroso es decirlo, que solo cree en sí misma; en sus disipaciones, en sus intereses económicos, en la mediocridad de los que se sirven de ella para empujarla al abismo de pasiones bastardas, sin darle tiempo ni oportunidad para reparar en el tremendo daño que se le hace al país cuando se pervierten las mentes juveniles, para tornarlas en descreídos sujetos que no podrán ser jamás, mejores ciudadanos, mejores hondureños, más patriotas y menos culpables de la situación de nuestra patria.

La humilde petición de Vallejo viene a ser como el temor al olvido; viene a ser el reclamo de un hombre que consagró su vida a servir a Honduras formulando a las generaciones que deberían seguirle; a nuestra generación madura ya, a la generación que se levanta, como si presintiera la desorientación que norma los actos de los hondureños, desorientación de la que son responsables educadores y educandos: responsables los primeros, porque no enseñan lo que es Honduras en la realidad, porque han soslayado la enseñanza de nuestra historia, de nuestra geografía y de las reglas elementales del civismo; responsables los segundos, porque no pueden amar, no pueden respetar ni pueden honrar a un país que no conocen en su esencia, que ignoran, aunque hayan nacido en él y vivan bajo su sagrada bandera.

Pero puede haber una esperanza... y quizá entonces vengan las rectificaciones.

Siguiendo el estudio del "Índice Alfabético y Cronológico de los títulos, escrituras de amparo y demás documentos relativos a los terrenos de la República de Honduras", encuentro que el más antiguo de los sitios medidos en el país, data de 1585 y fue registrado en el Departamento de Choluteca bajo el nombre de "GUALALA. Sitio de ese nombre, dos leguas de Guacirope a favor de Esteban de Amaya". En el Departamento de Comayagua el expediente más antiguo es el de un pleito entre doña Isabel Alvarado, que supongo esposa del Gobernador Don Jorge de Alvarado, nieto de don Jorge el hermano del Adelantado don Pedro de Alvarado, y los naturales de Guajiquiro. El registro corresponde al año de 1592 y dice: "GUAJIQUIRO. Litis entre los naturales de este pueblo y Doña Isabel Alvarado". En el Departamento de Gracias, el título más viejo data de 1.600 y corresponde a lo siguiente: "SAN NICOLAS. Medida de 4 caballerías 11 cuerdas 27 varas en el sitio de San Nicolás de Cusmacara, distrito de Gracias. En este expediente hay otra medida del Sitio de San Isidro, año de 1.600, compuesta de 3 caballerías. Los dos títulos son nacionales". En Tegucigalpa el expediente más antiguo corresponde a 1.606, y dice su inscripción: TEQUENGUA. Sitio nacional a favor de Juan Vásquez".

De un análisis más a fondo de esta obra puede determinarse quienes fueron hasta 1884 los principales latifundistas, así como la extensión de algunos sitios ejidales y de las fierras nacionales.

LA GUÍA DE AGRIMENSORES O SEA RECOPILACIÓN DE LEYES AGRARIAS

"Hace algún Tiempo observé que, en la Recopilación de leyes de Hacienda que se ha publicado, se echan de menos las leyes que han reglamentado y reglamentan el importante ramo de venta de tierras nacionales, la incrementará en días no lejanos los ingresos de la Hacienda Pública, y desde entonces determiné coleccionarlas, para lo cual he tenido que rebuscar pacientemente, por archivos y bibliotecas, que son las más puras fuentes de información por la autoridad que revisten dicho se está el tiempo y la paciencia que he necesitado consumir, por la dificultad de dar con las piezas verdaderamente útiles, y por otros motivos diferentes." Con esas palabras hace la presentación de su libro indicado al rubro, que vio la luz pública el 4 de Noviembre de 1911, impreso en la Tipografía Nacional de Tegucigalpa.

Este "LIBRITO", como modestamente lo llama Vallejo, fue el resultado de su espíritu investigador, y en él sigue manifestándose la fibra del historiador que busca en el pasado la base del porvenir, que cree en las enseñanzas de la Historia cuando ésta se escribe con rectitud y apego a la verdad, pues de otra manera no sería enseñanza, no sería ejemplo ni estímulo para venideras generaciones. De no haber tenido el Padre Vallejo ese gusanillo que le acicateaba el pensamiento y le llevaba a la búsqueda de la realidad histórica de nuestro pueblo, resultaría menos que incomprensible el que hubiese iniciado su recopilación consignando la Carta que el conquistador Hernán Cortés dirigió al Consejo de Indias en 1538, informándole cómo estaba repartida la fierra entre los indios mexicanos al momento de la conquista de Anáhuac.

Es importante esta descripción porque se trataba de la distribución de tierras; era necesario referirse a todas las naciones que habitaban lo que fuera el vasto dominio de La Nueva España: nahoas, mayas, etc., porque estos pueblos dependían primordialmente de la agricultura, de lo cual son testimonio los objetos que los indios tenían en uso al momento de la invasión hispana para labrar la fierra, así como los que posteriormente han sido encontrados en los túmulos: azadas, palas, picos, raspadores y gubias, azuelas y cuchillas de arado, lo que hace suponer que con estos utensilios realizaban las labores del campo, desde arar o abrir la fierra, sembrar y aporcar hasta recoger y almacenar la cosecha. Cada familia, o cada grupo de familias poseía la parcela necesaria para el cultivo de sus mantenimientos, y solo los señores y los guerreros, estaban exentos de ir a las labranzas, por razones de su elevada categoría.

Al momento de la conquista, Cortés notició a los soberanos el eficaz sistema de reparto de tierras que regía entre los indígenas y quizá en este sistema se inspiraron los monarcas castellanos para emitir las disposiciones que en un principio prohibían las encomiendas y repartimientos, una de las cuales fue "la instrucción real para que no se encomendaran ni repartiesen los indios, dejándoles libres vasallos como los de Castilla". Es ampliamente sabido hoy que si tales ordenanzas no fueron respetadas en América, culpa fue de los conquistadores ambiciosos y no de la Corona, porque los tales, siguieron el camino que les dejó expedito el Gran Almirante don Cristóbal Colón, a quien América debe, sin que esto demerite su gloria inmarcesible, el origen de los repartimientos, y a cuya conducta hay que acreditar el sistema de encomiendas.

En tales repartimientos los encomenderos disfrutaban no sólo del servicio personal de los indios laboríos, sino que de los beneficios propios al cultivo de la fierra, representados por el tributo, odiosa imposición que, a la fecha, reclaman con severa exigencia algunos terratenientes bajo el nombre de CORRETAJE. Consigna el Padre Vallejo en su trabajo, las reseñas de las fundaciones de Gracias a Dios, San Pedro Sula y Puerto Caballos hechas por el Adelantado don Pedro de Alvarado, tanto por el interés histórico—geográfico que ellas encierran, como por los repartimientos que hiciera entre sus subalternos fijándoles límites y regalando sitios cuyos nombres, un tanto alterados, llevan todavía algunos de los pueblos hondureños.

Le interesaba al Padre Vallejo que las generaciones por venir, conocieran que muchos pueblos que nuestros vecinos disputaban a Honduras, habían sido propiedad hondureña desde "abinitio" como él dice en su obra, preparando así la base documental que en su oportunidad los juristas hondureños podían presentar para defender la soberanía nacional y para preservar la integridad del territorio que constituye la propiedad de la Nación. Tal interés lo declara el autor en la presentación de su trabajo con estos párrafos de capital importancia: "Este librito que doy a la estampa, que puede llevarlo el ingeniero en el bolsillo al ir al campo a practicar cualquier clase de trabajo, le facilitará poder realizar en el momento preciso toda clase de consultas respecto a la demarcación de propiedades territoriales por el orden cronológico en que están dispuestas las materias y por su abundancia de datos, pues en él se encuentran no solamente las leyes de la República emitidas desde el año de 1829 hasta éste de 1911, sino también aquellas antiguas españolas, que pueden tener aún en nuestros días alguna aplicación en la práctica, pues SON LAS QUE DEFINEN CON PRECISIÓN ENTERA LAS CONDICIONES JURÍDICAS EN QUE SE ENCUENTRAN COLOCADAS LAS PROPIEDADES TERRITORIALES CREADAS O ADQUIRIDAS BAJ0 EL IMPERIO DE LAS LEYES DICTADAS POR LOS REYES DE ESPAÑA".

Previendo cualquier olvido, cualquier ignorancia que pudiera alegarse, el Padre Vallejo explica que "para que no se eche de menos ningún dato de interés conocido, he consignado en este trabajo todas las reales cédulas dictadas por el Gobierno español desde 1513, que es la ley 19.

Título 12, Libro IV de la Recopilación de Leyes de Indias, hasta el decreto No 214 que expidieron las Cortes Generales y Extraordinarias de Cádiz, sobre la reducción de baldíos y "terrenos comunes de propiedad particular, lo mismo que las instrucciones que de tiempo, se dieron por el Gobierno central a los comisionados para la medida, remedida, venta y composición de las fierras realengas".

Con el autor debe reconocerse que esta labor fue lenta, perseverante y difícil, pues desde que él inició sus investigaciones no era fácil encontrar colecciones completas de los periódicos oficiales publicados por nuestros Gobiernos bajo diferentes nombres, en los CX años que Honduras lleva de vida independiente lo cual era esencial para Vallejo, porque deseaba incluir en su libro todas las disposiciones legales emitidas por el Gobierno de la República. A este respecto, el Padre Vallejo hace una narración interesantísima del origen y desarrollo de la prensa en Honduras, cuyos párrafos fielmente copió a continuación: "Para que se juzgue de esta dificultad, recordaré que el Jefe del Estado General don Francisco Morazán estableció la primera imprenta en Tegucigalpa, que hizo venir de la ciudad de Guatemala, en 1830, y el 25 de mayo del mismo año empezó la publicación del periódico oficial con el nombre de Gaceta del Gobierno, que llegó hasta su número 13 únicamente, por haberse suspendido en Julio de 1831, a consecuencia de la revolución que estalló en la Costa Norte, encabezada por el General Vicente Domínguez, quien enarboló la bandera española en el castillo de San Fernando de Omoa, apareciendo de nuevo el periódico oficial en diciembre del mismo año y publicándose hasta marzo de 1832, bajo el nombre de Conocimiento Político. En el mismo mes de marzo de 1832 se fundó el Boletín Oficial, en el que constan los desastres ocurridos en la campaña, las marchas y contramarchas de Domínguez, sus derrotas en el valle de El Espino y en el pueblo de Opoteca, la persecución que se le hizo, su captura, juicio en consejo de guerra y ejecución, verificada el 12 de septiembre de 1832. En junio de 1835 se restableció la Gaceta del Gobierno, que alternó con el Semanario Oficial de Honduras, en mayo de 1838, y con el Termómetro Político Oficial, en junio de 1839, y que se publicó hasta el mes de agosto de 1840, fecha en que apareció el célebre Redactor Oficial de Honduras, el cual se editó hasta el 15 de octubre de 1848, en que fue sustituido por la Gaceta Oficial del Gobierno de la República de Honduras, en 1864, Gaceta Oficial y El Nacional, en 1874; para desde 1876 hasta hoy, llamarse simplemente "La Gaceta".

Lo que antecede es una página brillante de Historia del periodismo en Honduras; el Padre Vallejo pone los hijos necesarios para que algún paciente y patriota ciudadano como él, emprenda la investigación sistemada y exhaustiva del origen, desarrollo, visitudes y evolución del periodismo hondureño, tarea tanto más urgente, cuanto que hoy por hoy cualquier "cagatinta", cualquier gritón, cualquier imprudente e impulsivo "don Fulano", la emprende a puñaladas contra el divino lenguaje que enalteció Cervantes, y ultraja los maravillosos vehículos de cultura como lo son el periódico, la radio y la televisión, y si no llegan al libro es porque son escasos los patrocinadores.

Tesonera labor, inmensa labor la del Padre Vallejo que a las alturas de 1911, cuando frisaba ya en los 67 años de edad, padeciendo la indispensable estrechez económica que suele rodear al intelectual de verdaderos quilates, pudo dar a luz una publicación fan interesante. Digna de todo elogio, merecedora de toda gratitud es la obra que él intituló "Guía de Agrimensores o sea Recopilación de Leyes Agrarias", seguramente desconocida por nuestros ingenieros, por los inefables y evolucionadísimos técnicos en distribución y utilización de fierras calcados en las disciplinas de la agrimensura contemporánea, pero desafortunadamente, desconocedores de la realidad agraria del pasado. Valdría la pena que la Facultad de Ingeniería de nuestra Universidad, por vía de ilustración, pusiera al alcance de la juventud esta obra del Padre Vallejo que a mi juicio bien puede ser la almohada sobre la cual puedan meditar algunos cabezas calientes de nuestra reforma agraria.

Finaliza el Padre Vallejo su introducción con estas palabras: "Satisfacción grande será para mí, si la Recopilación de Leyes Agrarias que he terminado, sin pretensiones de ninguna clase, como no sean las de ser útil a mi país, y que presento al Gobierno de él para su publicación, preste a los centros administrativos; a los ingenieros y abogados; a los particulares, servicios verdaderamente útiles. Labor improbus omnia vincit. Tegucigalpa, 4 de noviembre de 1911. Antonio R. Vallej0.

Cuando se imprimió esta Guía en los falleres Tipográficos Nacionales estaba por terminar su primer interinato el Doctor don Francisco Bertrand, Presidente Provisional surgido de los Pactos del Tacoma, barco norteamericano fondeado en aguas de Puerto Cortés.

VALLEJO Y LOS TRATADOS INTERNACIONALES.

Como todas las obras del Presbítero y Licenciado Antonio Ramón Vallejo, la que se refiere a la recopilación de los Tratados, Convenciones, Capitulaciones, y otros actos diplomáticos suscritos y realizados por representantes hondureños, contiene valiosa información. Desdichadamente, la obra quedó inédita en casi su totalidad, y solamente he logrado obtener el "Prólogo" y el folleto que contiene el "Indice Cronológico".

El "Prólogo" no necesita comentarios; ofrece el génesis de aquella ímproba labor y va dando con oportunidad, los temas que se desarrollan en la obra. Por tal motivo, a continuación, lo trascribo literalmente, copiado del que, originalmente, Vallejo envió al Gobierno de la República en Noviembre de 1884. Dice así: "Prólogo observando por una parte, que ninguno de nuestros compatriotas, a pesar de haberlos inteligentes y capacísimos, se ha dedicado, hasta ahora, a recopilar todos los tratados internacionales que Honduras ha celebrado con naciones extranjeras y con los Estados de la América Central, y viendo por otra, que tanto en los Colegios de Segunda Enseñanza, como en las Universidades de la República, se necesitan, con urgencia, estos tratados para la carrera de Perito Mercantil, para completar los estudios de Derecho Internacional, de que forma parte el patrio, nos determinamos hace algún tiempo, a emprender este laborioso trabajo, y porque comprendemos, además, que una Obra de este género nunca debe faltar en la mesa de todo gobernante celoso de su honra y de sus derechos, como sucede en Chile, Paraguay, la República Argentina, Perú, Colombia y aún en San Salvador y Costa Rica que tienen sus pequeñas colecciones.

En Honduras, donde las pasiones han andado sueltas, casi siempre, donde sus hijos no habían aspirado a fundar algo benéfico y duradero, sino de un tiempo a esta parte: donde ha sido preciso crearlo todo porque la Colonia nada, absolutamente nada nos llegó al independizarnos, más que sus resabios; donde de antiguo se ha luchado con las angustias del tesoro nacional y sobre todo con las ambiciones vulgares y de mala ley: donde la Administración Pública había carecido de completo arreglo, donde en fin, nunca se había pensado en trabajos de la índole del presente, fácil es pensar que, cuando ocurría desgraciadamente, una cuestión de límites que, más de una vez, fue origen de encuentros armados, se ocurría con premura, y tal vez en vano a nuestros desordenados archivos, de donde ha resultado que Honduras ha recibido la ley en este interesante y delicado punto. Otro tanto le ha sucedido con las reclamaciones extranjeras.

Decimos esto para que se vea que no hemos contado con ninguna base; que el camino que hemos abierto no había sido antes transitado, y para que se comprenda al tiempo mismo, que han sido muchas las dificultades que hemos tenido que vencer a fuerza de paciencia y de un lento trabajo.

Tres años hace que comenzamos la obra que hoy se da a la estampa, y declaramos con llaneza que han sido tantos y tan grandes los obstáculos con que hemos tropezado, que más de una vez nos sentimos desalentados y con tentaciones de desistir de la empresa; pero estimulados por el deseo de ser útil, de algún modo a nuestra patria, continuamos los trabajos hasta llegar a feliz remate.

Para probar la importancia de este libro nos bastará repetir las notables palabras de un publicista europeo "Los tratados son el archivo de las naciones, donde se encierran los títulos de todos los pueblos, las obligaciones mutuas que los ligan, las leyes que ellas mismas sé han impuesto los derechos que ganaron o perdieron. Pocos conocimientos son tan importantes como éste para los hombres de estado y aún para los simples ciudadanos, si saben pensar, y pocos hay no obstante que estén fan descuidados".

Mientras más meditamos más nos convencemos que ésta es una gran verdad, especialmente para Honduras, donde el estudio de las ciencias políticas y sociales y de nuestras relaciones internacionales han estado en completo abandono. La obra que publicamos que si no es perfecta es completa, hará que la juventud hondureña que está llamada a regenerar la patria de Valle y de Morazán, se dedique con empeño, al estudio de este importante ramo. Para facilitar la inteligencia de los trabajos, para dar mayor importancia a esta obra y para hacerla más útil hemos creído conveniente y oportuno, al comenzar la época tercera, colocar un vocabulario, por orden alfabético, de las palabras más usadas en la diplomacia. El plan que hemos seguido nos parece claro y expedito. Hemos dividido la presente obra en tres períodos. El primero comienza desde el año de 1783, en que nuestra madre España celebró un tratado definitivo de paz con la Gran Bretaña hasta 1821, que se logró nuestra emancipación política. Hemos arrancado desde el siglo pasado el tratado mencionado se refiere a territorios de la que se llamó Honduras Española que formaba parte integrante del antiguo reino de Guatemala. Hoy se conoce ese interesante territorio con el nombre de "Honduras Británica". El segundo comprende todos los tratados, convenciones, armisticios, capitulaciones, contratas del ferrocarril interoceánico con todas sus peripecias, es decir, con todos sus contratiempos, sus fracasos, las prestidigitaciones de la bolsa, las convenciones leoninas celebradas con Mr. Charles Lefevre, las investigaciones del selecto Comité del Parlamento Inglés, las declaraciones constatadas en el Libre Azul, que ponen de manifiesto que Mr. Lefevre fue hombre que en el asunto del ferrocarril anduvo a caza de gangas, que no se paró en medios con tal de llegar a buenos fines, que conocedor de las flaquezas del espíritu humano supo tocar las fibras más delicadas; y lo justifican el haber ocurrido al expediente de regalar a Madama Gutiérrez pendientes y brazaletes con valor de L 4.000 Libras penetrado de que dádivas quebrantan peñas; y que por éste camino conseguiría que el Ministro Gutiérrez fuera muy condescendiente con él, como lo fue en efecto. En este mismo lugar se hallan la Relación histórica, varias comunicaciones fechadas desde el 24 de Febrero hasta el 27 de Octe. de 1875dirigidas por el Ministro Plenipotenciario de la República de Honduras en Londres a su Excelencia el Conde de Derby, los Documentos históricos escritos en 1880 por el Ministro Gutiérrez e igualmente se encontraran las contratas de canalización y navegación de ríos, cuestiones de límites, reclamaciones extranjeras hechas injustamente e indebidamente pagadas, contratas de colonización, Congresos de Plenipotenciarios, protocolos y algunas piezas diplomáticas relativas a esa época que comienza desde el año de 1821 hasta el de 1877. La mayor parte de estos documentos están inéditos y los hemos encontrado de un modo milagroso en el Archivo Nacional donde estaban muy escondidos. El tercero abraza los tratados y convenciones celebradas desde el año de 1877 que se hizo la denuncia de los tratados anteriores por la Secretaría General de la República por razones que expresamos en su lugar, hasta el día presente. Muchas de estas convenciones están escritas en idioma francés inglés, italiano y latín, según los textos originales; pero dominando siempre el español. Los tratados de mayor importancia van precedidos de noticias o reseñas históricas. En ellas hablamos por extenso de las intervenciones, que no llamamos ni buenas ni malas, porque tienen una bondad enteramente relativa. De la intervención puede decirse lo mismo que se dice de la pólvora, que su bondad depende en un todo del uso que se haga de ella. Honduras, como el Estado más débil, y tal vez por su posición geográfica ha sido víctima de las intervenciones que pueden aceptarse sólo porque donde acaban éstas, comienzan las conquistas, terribles unas, sangrientas otras, odiosas siempre. Para hacer más fácil la investigación hemos emprendido, además, un trabajo importantísimo, como es el sumario al margen de todos y cada uno de los tratados. La obra se compondrá de tres o cuatro grandes volúmenes, porque hemos procurado enriquecerla con la mayor suma de documentos que a nuestro juicio, deben conservarse con el mayor cuidado, por su importancia y rareza y porque transcurridos diez o veinte años de estos documentos se habían deteriorado y tal vez perdido, porque aquí da pena decirlo, pero es la verdad, no se conoce todavía y pasará algún tiempo para que se conozca la importancia del Archivo Nacional y el arreglo que se le ha dado. Podemos asegurar que en esta colección no se echará de menos ningún documento de interés conocido. Si el gobernante que rige dignamente los destinos de Honduras da a este humilde, pero interesante trabajo toda la protección que necesita, habremos contraído con él una inmensa deuda de gratitud que será durable, porque pensamos, que el que da lo hace siempre por bondad y el que recibe debe recibir con agradecimiento, y buscar la paga. Tegucigalpa, Novre. 17 1884. Antonio R. Vallejo".

Cuando Vallejo presentó este trabajo en la fecha arriba dicha, tenía un año de gobernar el país, el General don Luis Bográn a quien se suponía continuador de la reforma iniciada por el Doctor Soto. Pero ya no estaba en Honduras el Genio tutelar de Ramón Rosa y, aunque rodeaban al Gobernante hombres de talento y patriotismo que habían colaborado con el régimen anterior, no pudieron continuar el impulso de la revolución porque el Presidente comenzó a jugar a la política que fatalmente le condujo hasta el afrentoso tratado de paz de Namasigüe, en que el Gobierno perdió la dignidad, pero Bográn salvó la presidencia.

Si el General Bográn, rodeado de los hombres de "la reforma" hubiera continuado trabajando con patriótico interés, seguramente no habríamos llegado al desastroso gobierno de Don Ponciano Leiva, ni al férreo mandato del General Domingo Vásquez, y es casi seguro que se habría evitado la sangrienta lucha de 1893 encabezada por el Lic. Policarpo Bonilla con el apoyo del gobierno de Nicaragua. Pero para continuar la reforma se necesitaba del talento, del valor, del patriotismo y de la inspiración de Ramón Rosa y Marco Aurelio Soto. ¡Y punto! Estas y otras razones no permitieron que la colección de tratados que con patriótica dedicación había reunido Vallejo para que el Gobierno los publicara en tres o cuatro volúmenes, fuera impreso, habiendo logrado, gracias a su empeño que cinco años después, en 1889, la "Tipografía del Gobierno", imprimiera un cuadernillo de 16 páginas intitulado: "Índice Cronológico de los Tratados, Convenciones, Capitulaciones, Armisticios, Dietas, etc" de la República de Honduras desde 1783 hasta 1889.

Debo consignar aquí que durante el Gobierno progresista del Doctor Juan Manuel Gálvez, la Secretaría de Relaciones Exteriores hábilmente desempeñada por el Doctor J. Edgardo Valenzuela, publicó el primer tomo de los tratados Internacionales recopilados por el Padre Vallejo. Este trabajo que honra al Ex—Presidente Gálvez y su canciller Doctor Valenzuela, tuvo la valiosa colaboración de los Licenciados Armando Cerrato Valenzuela y Ernesto Alvarado García, quienes, según tengo entendido dejaron listo para entrar en las prensas impresoras el Tomo Segundo.

El Índice Cronológico inicia el Primer Periodo con una "Noticia Histórica" y con los "Artículos preliminares de paz entre España y Gran Bretaña" suscrito en 20 de Enero de 1783. El Segundo período, comienza con el "Plan de Iguala" de 24 de febrero de 1821 y registra una serie de tratados y Convenciones de Alianza y Amistad que se iniciaron con el suscrito entre Honduras y Nicaragua el 18 de Enero de 1839. Figuran también el primer "Concordato concluido entre la República de Honduras y la Santa Sede" el 9 de Julio de 1861; el Cruz—Lenox—Wyke, las Convenciones de límites con los vecinos centroamericanos y todo lo relacionado con los empréstitos del ferrocarril Nacional

En la tercera parte, se encuentra el "Acuerdo en que se denuncian los tratados Internacionales existentes en la República de Honduras", dado por el Presidente Soto el 25 de Abril de 1877; la "Convención preliminar para el arreglo dela cuestión de límites, entre los pueblos de Opatoro y Poloros" suscrita el 18 de diciembre de 1880; el tratado de Namasigüe de 11 de Abril de 1885, etc. terminando con el "Protocolo de las Conferencias celebradas entre el Representante de Guatemala y el Ministro de Relaciones Exteriores de la República de El Salvador" en 1889.

Contiene el Índice Cronológico 237 tratados, Convenciones, Protocolos, etc., a los que Honduras sujetó su accidentada política internacional, sin más beneficios aparentes que los resultantes del tratado Cruz—Lenox Wyke por el cual Honduras recuperó La Mosquitia y las Islas de la Bahía y los que se refieren a las Convenciones telegráficas y Postales, suscritas en tiempos del Dr. Marco Aurelio Soto.

NOTICIA BIBLIOGRAFICA DEL PADRE VALLEJO

Aunque en el texto de este estudio se comentan algunas de las obras que publicó el Presbítero y Licenciado Antonio Ramón Vallejo, creo del caso hacer aquí una reseña de su1 trabajo bibliográfico, aunque quizá con algunas deficiencias que pueden explicarse sin gran esfuerzo.

OBRAS PUBLICADAS.

1.— Carta dirigida al Señor Rector de la Universidad. Imprenta del Estado. Comayagua, 28 de agosto de 1875.

2. — Colección de las Constituciones Políticas que la República de Honduras se ha decretado. Chamberlain, Whitmore & Cía. Nueva York.1879.

3.— Apuntes de Gramática Latina. Tipografía Nacional. Tegucigalpa 1881.

4.— Compendio de la Historia Social y Política de Honduras. La 1° Edición. Imprenta Nacional. Tegucigalpa 1883. La Segunda Edición fue editada en 1926 en la Tipografía Nacional de Tegucigalpa, por el Gobierno de Honduras.

5.—Apéndice a la Historia Social y Política de Honduras que contiene los documentos mencionados en la referida obra. Tipografía Nacional.1883.

6.—Índice Alfabético y Cronológico de los Títulos de Tierras, etc. Imprenta Nacional. Tegucigalpa. 1885.

7.—Censo General de la República de Honduras. Tegucigalpa. Imprenta Nacional. (Levantado el 15 de junio de 1887). 1888.

8.—Pacto de Unión Provisional Celebrado en San Salvador. Imprenta Nacional. Tegucigalpa. 1889.

9. Estadística de las Escuelas Según el Censo de 1887. Imprenta Nacional. Tegucigalpa. 1889.

10.—División Municipal y Judicial de la República de Honduras. Imprenta Nacional. Tegucigalpa. 1889.

11.—Necrología del Presbítero D. Miguel A. Bustillo. Imp. Nac. Tegucigalpa 1892.

12.—Primer Anuario Estadístico de la República de Honduras. Imprenta Nacional. Tegucigalpa. 1893.

13.—Discursos y Escritos Políticos y Científicos de José Cecilio del Valle. Imprenta Nacional. Tegucigalpa. 1893.

14.—Ligeras Observaciones al Curso de Historia de la Lengua Española. Imprenta Nacional. Tegucigalpa. 1906.

15.—Historia Documentada de los Límites de Honduras con Nicaragua. Imprenta Nacional. Tegucigalpa. 1905.

16. —Imprenta Nacional, Tegucigalpa, 1911.

17.—Limites de Honduras con El Salvador (Historia Documentada). Publicada en la Tipografía Nacional en 1926 a instancias del Profesor don Gustavo A. Castañeda S.

18.—Réplica al Doctor don Santiago I. Barberena sobre la propiedad que se atribuye a El Salvador, de las islas del Golfo de Fonseca. Se publicó en 1926 a instancias del mismo Profesor Castañeda S.

19.—Minas de Honduras. Publicado por la Sociedad de Geografía e Historia de Honduras en su propia Revista.

De los trabajos inéditos que dejó el Padre Vallejo conozco fragmentos de los "Documentos Justificados" al Tomo II de la Historia Social y Política de Honduras; "Cartas Abiertas dirigidas al Obispo Fray Juan de Jesús Zepeda"; "Carta al Ilustrísimo Obispo don Manuel Francisco Vélez y el "Prólogo" a la "Colección completa de Tratados, convenciones, capitulaciones, dietas, protocolos de conferencias, contratos del ferrocarril y otros actos diplomáticos de la República de Honduras desde 1783 hasta nuestros días".

No obstante, varios escritores afirman que el eminente hombre de letras dejó inéditos solamente once trabajos. La verdad sobre la enorme labor bibliográfica del Padre Vallejo, nos la dice él mismo en la solicitud que elevó al Congreso Nacional de 1910, en los párrafos uno, seis, ocho, nueve y diez, que vienen a completar aquella memorable petición y cuyos párrafos restantes he publicado en el Capítulo IV numeral II de este estudio, y los cuales dicen así:

"SOLICITO SE MANDEN PUBLICAR VARIAS OBRAS. Soberano Congreso Nacional. Con todo respeto vengo a pediros y os pido que mandéis publicar varias obras de verdadera utilidad e importancia para nacionales y extranjeros, llenando así una necesidad premiosa sentida de largo tiempo, pues Magistrados, Abogados y particulares concurren con frecuencia a consultarlas. Pero antes, se me permitirá que os refiera algunas páginas del libro de mí vida, que os ruego escuchéis con benevolencia, pues me propongo acreditar que cuento con pequeños títulos, con pequeñas ejecutorias, para obtener la gracia que solicito, pues he abierto en los campos de la Historia caminos que antes no eran transitados y de cada sombra, de cada obscuridad, que encontré al paso dejé una luz, que servirá de guía, para que otros vengan a continuar la misma senda en sentido más amplio y más perfecto...

"Entre las obras que he dado a la estampa se encuentran el "Compendio de la Historia Social y Política de Honduras", los "Documentos Justificativos de la misma Historia", la "Colección de Constituciones Políticas de la República de Honduras", el "Pacto de Unión Provisional celebrado en San Salvador", la "División Municipal y Judicial de la República de Honduras" el "Censo General de Población de 1887", los "Escritos Políticos y Científicos de don José Cecilio del Valle", el "Primer Anuario Estadístico", la "Necrología del Presbítero don Miguel Ángel Bustillo", los "Estudios mensuales sobre el movimiento de población de la República", el "Índice alfabético y Cronológico de todos los Títulos de fierras", "Apuntamientos de Gramática Latina", "Ligeras observaciones al Curso Elemental de Historia de la Lengua Castellana, escrito en San Salvador por el Doctor don Santiago I. Barberena" y la "Historia Documentada de los límites de Honduras con Nicaragua".

Aquí llega la oportunidad de cifrar lo que el Doctor don Alberto Membreño, me dice en carta escrita en México, el 6 de julio de 1908: "supongo que habrán remunerado a U. bien su Memoria sobre los límites de Nicaragua, pues fue la que verdaderamente me sirvió para los alegatos al Rey de España. En cinco das leí su obra y veinte gasté en redactar el primer alegato, que planteó definitivamente la cuestión. En esta larga y delicada litis no ha tenido la República más abogados que Ud, y yo. El brillante triunfo obtenido en España se debe sólo a Abogados hondureños y ésta es la mayor gloria de la República".

"Pero no pido esto, solicito mucho menos. Os pido que mandéis a poner a mi disposición los talleres de la Tipografía Nacional para publicar las obras que a continuación nomino: "Colección completa de tratados, convenciones, capitulaciones, dietas, protocolos de conferencias, contratos del ferrocarril y otros actos diplomáticos de la República de Honduras, desde 1783 hasta nuestros días". Acompaño un índice de la obra. "Recopilación de leyes patrias por orden de materias y cronológico", a la vez, con expresión de las que están vigentes. "Guía de Agrimensores" o sea recopilación de leyes agrarias, desde la carta que Hernán Cortés dirigió al Rey de España, informándole cómo estaba dividida la tierra en aquella época hasta la última que se emitió en el año próximo pasado. "Capellanías. Noticia Histórica"; "Cartas Abiertas dirigidas al Obispo Fray Juan de Jesús Zepeda, pidiéndole la reforma moral e intelectual del clero". "Estadística Bibliográfica de la literatura hondureña", desde el establecimiento de la Imprenta en Honduras, en 1830. "Colón no descubrió la América", sin que esto amengüe su grandeza ni su celebridad. "Ruinas de Copán. Noticia Histórica", en la cual he pretendido averiguar de dónde vinieron sus primeros pobladores. El empeño no ha sido arduo, ni difícil, sino imposible, porque lo cubren las negras oscuridades de los tiempos; pero sin lisonjearme de mi atrevimiento, creo que puedo abrir ligera brecha para que se emprendan después trabajos con mayor fruto. Nada pondré de mi parte sino los datos que he recogido en pacientes estudios. "Historia Documentada de los límites entre la República de Honduras y la de El Salvador". "Historia Documentada de los límites de Honduras y la República de Guatemala". Hoy los hombres de gobierno, los hombres públicos y los que sean designados para estas delicadas misiones, tendrán un derrotero seguro, para que no incurran en los desaciertos pasados, que comprometieron grandes intereses.

"Deuda Federal. Noticia Histórica". Los datos de que me he valido para este estudio los he tomado de libros de historia, de folletos, de periódicos y de algunos documentos inéditos que me han autorizado a sacar de ellos estas conclusiones: lo que dice el Selecto Comité del Parlamento Inglés sobre esta deuda, es mentira. Lo que dice el Ministro Plenipotenciario de Honduras en Londres, en su Relación histórica, también es mentira. Lo que dicen los titulados acreedores de Bonos de la Deuda Federal, es otra mentira más grande todavía. Este estudio lo redacté en septiembre de 1885, es decir, hace veinticinco años y hasta entonces, según las cuentas que hice, debían a Honduras los Tenedores de Bonos de la Deuda Federal cerca de cuatrocientos mil pesos oro, por capital e intereses procedentes de pago indebido; es posible que hoy deban más de un millón de pesos oro.

"Estoy preparando para las Escuelas Normales y Colegios unas Etimologías Latinas, una Descripción histórico—geográfica de los límites de las Repúblicas de Centro América entre sí y con México y Colombia, y una Gramática Latina, dividida en tres cursos con ejemplos de los anteclásicos, clásicos y postclásicos, y en la cual introduciré algunas novedades porque los autores latinos a los verbos facio, facis, fio, fero fers, los llaman irregulares y los filólogos modernos dicen que tienen formas enfermas, patológicas, y comprobaré que esta afirmación se hace por ignorancia de otras reglas, pues son regulares, como lo es también el verbo sum, es, fui.

"En tal concepto, yo, Antonio R. Vallejo, mayor de edad, soltero, Abogado, pido a Vos, Soberano Congreso Nacional, Os dignéis mandar publicar las obras que dejo mencionadas si las creéis de verdadera utilidad, cediendo a favor del Gobierno la mitad, y acordéis una pensión para ocuparme exclusivamente de dar a luz a mis pobres hijos intelectuales, pues carezco de recursos y como he vivido de las letras, ahora estoy asfixiándome, pues mi modesta competencia no tiene papel en estos tiempos. Tegucigalpa, 26 de enero de 1910. Soberano Congreso Nacional. Anto. R. Vallejo."

El Soberano Congreso Nacional como he dicho en páginas anteriores, ni siquiera pasó a estudio esta solicitud. ¿Qué le importaba a los señores diputados que tenían la sartén por el mango, que Vallejo se asfixiara? ¿Qué provecho iban a tener ellos, siendo tan patriotas y competentes, con que se publicaran obras sobre límites, sobre la Deuda Federal o sobre Gramática Latina? Siguiendo la vieja rutina del MIEDO, calcularon que publicar asuntos de límites sería hurgar un hormiguero en Guatemala y El Salvador. ¡Honduras bien podía esperar!

Posteriormente, Vallejo completó el Segundo Tomo de la Historia Social y Política de Honduras y el correspondiente a los Documentos Justificativos del mismo Tomo; el estudio intitulado Minas de Honduras; un Mapa sobre Lenguas Indígenas de Honduras y probablemente otros trabajos que son ignorados.

Cuando la prensa local anunció que el Banco Central de Honduras ponía a la orden de los investigadores históricos una valiosa documentación inédita del Padre Vallejo que había comprado a sus herederos, ocurrí al despacho del Señor Gerente de aquella institución con la esperanza de poder consultar fan interesantes papeles, pero me manifestó el Señor Gerente, que todo lo adquirido del Padre Vallejo, lo había entregado al Señor Licenciado don Juan Bautista Valladares Rodríguez, para que éste escogiera lo que a su parecer, convenía publicar. No dudo de la competencia y honorabilidad del Licenciado Valladares Rodríguez ni de la buena intención del Señor Gerente del Banco Central de Honduras, pero creo que lo mejor hubiera sido que el propio Banco Central conservara esta documentación para permitir que los interesados en materias históricas pudieran consultarlos. Como están las cosas, con mil perdones, esos documentos no le sirven ni a Dios ni al Diablo, por lo que es de esperarse que pronto se publiquen las obras que Vallejo dejó inéditas y que ha comprado dicho Banco, a riesgo de continuar con la torpe política que siguió el Congreso Nacional de 1910, cuando no quiso atender la solicitud que el gran hondureño le hiciera para dar a luz sus valiosos escritos.

Y, como en Honduras, todos o casi todos son hipersensibles y no se puede decir las verdades sin que se sientan heridos de muerte, insultados y vejados en sus personas quienes tienen el deber de aclarar ciertos asuntos, pido de nuevo mil perdones, pues al escribir esta verdad, no he querido ofender a nadie ni dudar de la honorabilidad de nadie.

CAPÍTULO IV: VALLEJO Y EL CLERO DE SU TIEMPO

VALLEJO Y EL CLERO DE SU TIEMPO

He dicho en capítulos anteriores que el Presbítero y Licenciado Antonio Ramón Vallejo jamás expresó de manera clara y concluyente cuales fueron las causas que lo indujeron al abandono de su ministerio sacerdotal, porque no se encuentra en sus escritos esa declaración categórica, pero como yo mismo lo explico, puede tomarse como una de las causas, quizá la más decisiva, la desmoralización del clero nacional en el último tercio del Siglo XIX.

En la Historia Social y Política de Honduras a la cual ya me referí, en el Capítulo II, Vallejo se refiere al Decreto de la Asamblea de 30 de marzo de 1829 que reformó los derechos parroquiales y a la Ley del Matrimonio Civil decretada el 10 de abril del mismo año. Duros son los conceptos del historiador; tremendos los cargos que hace al clero por su conducta poco edificante, y si he resuelto trascribirlos en este trabajo, es con el objeto de que sirvan a modo de espejo para las generaciones actuales y futuras de nuestros eclesiásticos, y no porque crea que éstos sigan observando aquella conducta torcida de antaño; por el contrario, creo que el lector debe comparar entre la honestidad, la piedad y la caridad de nuestros sacerdotes, con la de quienes ha fustigado la historia.

Nuestro clero es ejemplar, es respetuoso y respetado y por eso conviene conocer aquí los caminos vedados que transitaron los malos predicadores del Evangelio porque conociéndolos, saltan en relieve las virtudes y los méritos de nuestros actuales pastores.

Es preciso que nuestros hombres cuando el destino los llame al desempeño de funciones que requieren responsabilidad, sean éstas de tipo espiritual o temporal; cuando alcancen las cumbres de los empleos públicos, no incurran en la debilidad de sentirse omnipotentes e iluminados, porque entonces se olvidarán de la historia que es implacable en sus juicios, que no perdona categorías ni condiciones y que denuncia los hechos, buenos o malos, sin pasiones, con estricta honradez y equidad, porque el historiador analiza los papeles públicos, los juicios tradicionales y todos los testimonios encontrados en su investigación y los coloca en la balanza de la imparcialidad, así las loas, los ditirambos y las apologías como los denuestos, las acusaciones y las censuras para sacar la verdad y decir sin reservas cuales fueron las calumnias y oprobios y cuales las realidades de una época o las verdaderas actitudes y responsabilidades de un hombre público. Debe ser muy acongojante para un hombre y vergonzoso para sus descendientes pasar a las páginas de la historia con el estigma en la frente, por más que los zalameros y panegiristas cuando los miran en la cumbre hayan pretendido endulzarles la vida justificando sus malos pasos y aplaudiendo sus desaciertos; al final de cuentas, la Historia dirá lo justo, lo equitativo, lo verdadero.

Imagino que Vallejo al escribir las acres censuras que aquí se reproducen, lo hizo con cierta pesadumbre, con cierta amargura, porque, él era también un clérigo, había sido un párroco y llevaba aún en el corazón la simiente regeneradora del Evangelio; pero no escribió entonces como sacerdote ni pensó como místico; escribía como historiador relatando hechos comentados en corrillos y ampliamente comprobados y tenía que ser frío y recto. De no haber actuado así, habría perdido su condición de historiógrafo y su prestigio de hombre ilustrado, honorable y justo. Vallejo dice así:

"Con motivo de ser demasiado frecuentes las quejas que se elevaban a la Asamblea de que los curas párrocos se mostraban inexorables en la exacción de los derechos aun con los feligreses enteramente pobres, que carecían de lo indispensable para su conservación, la Asamblea pensó que estaba en el derecho y en el deber de reformar y reformó la Ley Arancelaria. Con sentimientos de lástima hemos observado que de ANTIGUO los curas de nuestras desgraciadas parroquias no han sido desprendidos, generosos, ni caritativos; que han olvidado que el sacerdote recibió la altísima misión de destruir en el mundo el dominio de la materia, de arrancar de los corazones la ambición desordenada de las riquezas, de combatir la vil pasión que hace adorar al oro más que a Dios; que han olvidado también que debe darse graciosamente lo que graciosamente se recibió; que se han dejado dominar por la vergonzosa y soez pasión de la codicia, hasta cometer, no pocas veces, el delito de concusión; que arrastrados por el infame móvil de atesorar riquezas, se han visto, muchas ocasiones, litigios, reyertas y regateos entre cura y feligrés, y, lo que todavía es peor, que han cometido la iniquidad de dejar de administrar el sacramento del bautismo, cuando los padres o los padrinos de la tierna e inocente criatura no han podido ofrecer la erogación del arancel; que además, han permitido que algunos de sus feligreses vivan en público concubinato, porque su pobreza no les ha permitido o les permite satisfacer los crecidos derechos del matrimonio, sin comprender que esta conducta avara perjudica notablemente los intereses religiosos y los intereses de la comunidad, porque en verdad, la pasión que más aborrecen los seglares en los curas, después de la escandalosa incontinencia, es la desenfrenada avaricia, que convierte a los ministros de la augusta religión de Jesucristo en viles traficantes.

Los abusos que tenemos hasta aquí apuntados explican suficientemente porqué muchos curas que, sin el hábito, sin las órdenes sagradas, se habrían dedicado forzosamente a hacer milpas, por su ignorancia, por su torpeza, porque no saben leer ni escribir, porque de religión no entienden ni una palabra, ni procuran entenderla, se ven hoy rodeados de las mayores comodidades y dueños de grandes capitales. Más no se piense, por lo que acabamos de decir, que nosotros creemos que los cristianos no están obligados, por justicia y por religión, a proveer a la decente subsistencia de los párrocos o ministros del altar, no; nosotros estamos enteramente de acuerdo con las justas prescripciones canónicas, que imponen a los fieles la obligación de contribuir al sostenimiento de los sagrados ministros que se ocupan de dispensarles los auxilios espirituales; pues LOS QUE SIRVEN AL ALTAR ES JUSTO QUE PARTICIPEN DE LAS OBLACIONES VOLUNTARIAS DEL ALTAR, como dice el Apóstol. Lo que se ha condenado siempre, lo que nosotros condenamos de todo corazón y con todas nuestras fuerzas, es esa degradante pasión de la codicia, esa sed insaciable de acumular riquezas, que hace que el sacerdote se aparte de los deberes más santos, de las conveniencias más simples que le imponen el ministerio a que se ha consagrado. Curas hay que viven en la miseria más bochornosa, que se someten a todas las privaciones de la indigencia, que rehúsan las comodidades y la decencia que les exige su posición en la sociedad, no por virtud, sino por amor del oro.

Les vence con demasiada frecuencia presentarse en público, y a ejercer las funciones más encumbradas del ministerio sacerdotal, sin el aseo que prescribe la urbanidad. Aunque retratar, con exactitud, a los curas de nuestras parroquias es una tarea muy difícil, sin embargo, los describiremos a grandes rasgos, para que el lector complete las ideas que tenga de estos notables personajes. Los tomaremos en la cama y al rayar el día. Al abandonar la cama, al levantarse, aseándose solamente las manos, sin hacer otro tanto con la cara, los ojos y la cabeza, que la llevan en el mayor desgreño, como si no fuera propia, diríjanse a la iglesia matriz a celebrar los divinos oficios, sin observar el ayuno natural, sin preparación ninguna, fríos, indevotos, sin limpieza de alma sin contrición encendida, inmundos por consiguiente, trasnochados en orgías y bacanales horrorosas y no pocas veces después de haber cortado o pretendido cortar alguna trenza por celos, o de haber escandalizado al vecindario con riñas, que sigilamos, por una parte, porque al trazar estos renglones nos ha salido el temor de que se crea que exageramos, o que somos enemigos de la iglesia de Jesucristo, lo que Dios no permita, y por otra, porque no hemos tenido el propósito, por no ser de este lugar, de seguir paso a paso la conducta del clero y escribir un capítulo de culpas; y porque, además, tememos, con fundamento sobrado, que si lo declaramos todo, podemos descristianizar a las personas más creyentes, honradas y devotas.

Continuemos el retrato. Debajo del rostro, que unas veces está demacrado por excesivas incontinencias y otras rubicundo por las bebidas fuertes, llevan un cuello de mostacilla en que figuran todos los colores del arco iris, desteñido por el uso y un hábito abrochado en toda su extensión o sin abrocharse. Esta sotana, siempre o casi siempre es oscura, porque el tiempo, que todo lo devora, ha consumido su verdadero color. Por debajo del hábito se ven caer dos piernas de pantalones blancos de algodón, que caen como dos campanas sobre dos malas botas o cutarras de suelas, sin aseo ninguno. El contraste que forma el encuentro de unos pantalones blancos y de un hábito oscuro es horrible. Así se han vestido y se visten aún los que han llevado el pomposo título de *Provisor.* El público ha dicho más de una vez, al verlos pasar por la calle, cruelmente vestidos: el hábito que lleva ese cura o ese Provisor, más parece hábito filosófico que hábito clerical. Estamos en la iglesia.

Concluida la misa que celebran precipitadamente y en jerigonza, porque no conocen los preceptos triviales de Gramática latina, regresan al convento o casa cural, toman un frugal almuerzo y después ocúpense unos en la caza, otros se entretienen en cosas inútiles, pocos en cosas decentes y de provecho para la feligresía y muchos montan a caballo, amarran la soga a la cola, se dirigen al campo a lazar sus ganados en mangas de camisa y tapados con grandes sombreros de llama o Macholoa, que por los largos servicios prestados se les han desmayado las alas. La persona que los encuentra, al punto dice para sí: este hombre más parece un campesino que un sacerdote. Si al regresar del campo encuentra el cura a un feligrés que le aguarda para suplicarle la rebaja de los derechos matrimoniales, sin preámbulo entablase una reyerta, en la que el pobre solicitante lleva la peor parte, porque el señor cura, ante todo, quiere dinero. Para combatir, para matar fan funesta y trascendental codicia, que ha perjudicado y perjudica las sociedades, la Legislatura emitió la Ley de Matrimonio Civil...".

Este es el duro relato del historiador; la fotografía que ante los ojos juiciosos de la historia reveló la verdad de hechos tremendos realizados a vista y paciencia de los humildes y de los encopetados ciudadanos. Para Vallejo, pulcro en el vestir, moderado en las costumbres, ilustrado, elocuente, sin más patrimonio que su inteligencia, aquellas costumbres de algunos sacerdotes de su tiempo no debían ser toleradas y menos encubiertas. Cuando esto escribía (1878—1882) estaba en el pleno ejercicio de su ministerio, oficiaba en el ara sagrada, predicaba y escuchaba en confesión a cientos de feligreses. Aún no había entrado decididamente por el campo de la incontinencia que él tanto fustigaba; quizá era todavía un poco casto, y si alguna vez el hervor de la sangre y el apetito de la carne le acercaron a la tentación, pronto hubo de rectificar el error tratando de huir del pecado.

He dicho que los hechos denunciados en la Historia Social y Política de Honduras eran comentados en corrillos y ampliamente comprobados, porque por todas partes de Honduras quedaron retoños de aquellas incontinencias que censuraba Vallejo con ardor cuando se sentía todavía puro y casto sacerdote, sin influir que él mismo, poseído por diabólicas pasiones caería algún día en brazos del pecado original. Cuando esto último ocurrió, la sotana de Vallejo estaba colgada hacía tiempos en el más recóndito rincón de su aposento.

Entre tanto, el Ilustrísimo Obispo Fray Juan de Jesús Zepeda, había dado un Edicto prohibiendo a los sacerdotes el uso de pantalones blancos y recomendándoles para estas prendas colores discretos. ¿Cómo llegó a conocimiento del Señor Obispo la acerva crítica del Padre Vallejo? No podría decirlo. Pero es el caso que, al mismo tiempo que daba la anterior prohibición, exhortaba al clero a observar la mejor compostura, a cumplir con fidelidad sus obligaciones y a proceder con la mayor decencia en todos sus actos ya en la iglesia como en sus relaciones con la feligresía.

Pero los sacerdotes no sólo necesitaban lecciones de moral y urbanidad; urgían más preparación; necesitaban más ardor en sus corazones para hacerse cargo de las grandes responsabilidades que les imponía su sagrado ministerio, y Vallejo iba a empeñarse para ello. Iba a hacerlo quizá de buena fe, pero tardarían algunos años para que su deseo se cumpliera.

PRIMERA CARTA DIRIGIDA AL OBISPO ZEPEDA

Consecuente con las ideas de la Reforma, Vallejo que era uno de sus principales impulsores, intentó llevar hasta el clero la revolución educativa que Soto y Rosa tenían planeada para Honduras. No era suficiente que en el antiguo Colegio Tridentino, la formación sacerdotal estuviese reducida al aprendizaje de la Teología, la Filosofía y los rudimentos del Derecho Canónico pues como lo había expresado en la Historia Social y Política de Honduras, la inmoralidad del clero corría el riesgo de desprestigiar a la iglesia tornando esquivos a los fieles que eran, como son ahora, católico—romanos.

Creyó que era preciso que el Pastor que ocupaba la Silla Episcopal de Comayagua, se interesara por resolver tan calamitosa situación, Y hacia él encaminó sus gestiones en forma de Cartas Abiertas. El Obispo, Dr. don Fray Juan Félix de Jesús Zepeda, de la Orden Franciscana era en 1878 un hombre entrado en avanzada edad. De él escribió Monseñor Ernesto Fiallos "El Lirio de Honduras" lo siguiente:

"Cambiada la situación y serenados los ánimos, el Señor Zepeda dio principio a sus grandes y muchas ocupaciones, organizando el Cabildo Eclesiástico; dando disposiciones disciplinarias de carácter general, y formando providencias muy oportunas, para practicar la visita canónica de su obispado; habiendo tenido la satisfacción de hacerla no una, sino muchas veces, no obstante su delicada salud, la inclemencia de las estaciones, las dificultades del tránsito y lo insalubre de no pocos lugares. Siempre celoso del bien de sus ovejas, no cesaba de exhortarlas en luminosas pastorales en elocuentes sermones y aún en pláticas doctrinales, sobre la observancia de la virtud y el aborrecimiento del vicio.

¿Quién no recuerda la sencillez apostólica con que el Ilustrísimo Señor Zepeda explicaba las grandes máximas del evangelio? ¿Quién al saber que predicaba el virtuoso Obispo no concurría gustoso a escuchar al Crisóstomo hondureño? Y téngase en cuenta que la predicación del Señor Zepeda, si llenaba su divina misión, no era por la belleza de sus palabras, ni por lo elevado de sus conceptos, sino por la fuerza irresistible que le daba con su buen ejemplo. Si enseñaba la humildad, él era el primero entre los humildes. Si reprobaba la avaricia, él despreciaba las riquezas, viviendo en santa pobreza. En fin, si condenaba el vicio en sus semejantes, jamás su hálito inmundo mancilló su conducta inmaculada".

En verdad, nadie discute ni ha puesto en tela de juicio las virtudes y la santidad de aquel ilustre Pastor de la hondureña grey, pero el Señor Zepeda tenía en 1878, como he dicho, setenta años de edad; si bien su santidad había crecido y su ejemplo de castidad y recogimiento eran constantes, su salud fue haciéndose precaria y su energía fue disminuyendo al peso de los años y de las grandes preocupaciones que le acarreó su apostolado. Por otra parte, cuando Vallejo le envió sus cartas públicas, el virtuoso Obispo, ya decadente en el ánimo, estaba rodeado de colaboradores poco inteligentes, poco escrupulosos y calcados en el retrato de la avaricia y el vicio que Vallejo había denunciado, lo cual no les permitía cumplir con eficiencia y llevar con dignidad los altos cargos del Cabildo Metropolitano; casi todos tenían hijos, haciendas y patrimonios; casi todos gustaban de la disipación que produce el elixir de Baco, y no pocos de ellos, pasada la santa misa, montaban a caballo para ir a echarle un vistazo a sus magníficas haciendas cercanas a la ciudad de Comayagua.

¿Qué podía esperarse del cura pueblerino si los más altos exponentes de la iglesia eran inmorales, codiciosos y malos clérigos? Ellos, los colaboradores en quienes el Obispo había depositado la dirección espiritual de su grey deberían haberse empeñado en hacer honor a la confianza de aquel santo varón, pero, al contrario, eran los primeros en violar los mandatos de la iglesia escondiendo sus graves fallas con argucias que lograban mantener al Prelado, ignorante de sus malos pasos.

A continuación, veremos en que forma Vallejo enfocó el problema. He aquí la primera Carta Abierta:

Tegucigalpa, Agosto 5 de 1878.

Señor Dr. don Fr. Juan de Jesús Zepeda. Comayagua.
Ylmo. Señor:
Hay en nuestra sociedad hondureña un orden de intereses que está llamando fuertemente la atención de los hombres pensadores y creyentes: los intereses religiosos.

Cuando todo se mueve; cuando todo se agita a la voz poderosa de adelante; cuando todos los resortes de la sociedad se vigorizan para abrir paso al progreso —a la realización de la Providencia en la historia— sorprende, con profunda tristeza, que el cristianismo bajo su forma católica, las costumbres y la moral pública vayan en decadencia y rezagadas entre nosotros.

Hay por fales cosas, por fan grandes cosas, una indiferencia que estremece. Esta observación nos trae preocupados desde hace algún tiempo porque consideramos como una calamidad, como una verdadera calamidad todo desequilibrio en la armonía del progreso.

Tended la vista, Ylmo. Señor, por nuestras grandes ciudades, por nuestros pueblos, por nuestros caseríos, y hallareis que el campo de vuestra grey es, en cierto sentido, un verdadero campo de Agramante. Los Ministros del Alfar que, con la palabra y el ejemplo debían procurar el perfeccionamiento del individuo por la inculcación de las sanas doctrinas y de las grandes virtudes, viven distraídos de su misión; y nuevos sibaritas, entregados a los deleites del mundo, al lujo, a....cosas nefandas. ¡La iglesia es para ellos un mercado!

Ved el libre pensamiento tomando formas palpables, creciendo en fuerza y en vigor, para luchar después, y luchar como atleta. Ved, de otra parte, el indiferentismo religioso y del deber echarse en brazos de la pereza, dormirse al calor de las más vergonzosas bacanales. Ved también la decadencia moral, cerrando las puertas a las severas inspiraciones de la virtud.

La grey, Ylmo. Señor, se acaba, y se dispersa, y se remonta a los riscos. Ya no obedece al cayado. ¿Y a qué atribuir un mal tan grave y tan profundo? Ah, Ylmo. ¡Señor! ¿Acaso lo ignoráis? Un día ocurrió que las ovejas se unieron, se agruparon e hicieron resistencia al lobo que tal se había hecho su pastor: éste huyó y buscó donde ocultarse: llegó azorado a vuestro palacio, como si fuera su guarida. Allí cobró aliento y volvió al campo. Entonces todo fue ruido y desorden, las ovejas se dispersaron. Así están. ¡Qué dolor!

Luego nada ignoráis, y por tanto, perdonadnos que os atribuyamos la mayor responsabilidad de los males que nos aquejan por todas partes. Vos sóis el Jefe del Clero, el Pastor de la Iglesia; y en lugar de condenaros a un silencio imperdonable y fatigoso, debíais mantener vigilante vuestra mirada sobre el campo casi desierto de vuestra grey, y suspensa la vara de la justicia sobre la cabeza de tantos prevaricadores. La dispersión de la grey, las enfermedades que la acometen y muchos lobos que corren por los campos, (salvas honrosísimas excepciones, demandan de parte vuestra, no la inercia, no el silencio, no la tolerancia y sí más bien mucha actividad, grande energía, trabajo incansable. Sabed que tolerar el vicio, transigir con el crimen, es ser doblemente criminal.

Nosotros sabemos que, individualmente, Vos sois muy justificado, que no os apartáis un punto de la línea recta, que os adorna la luz, la virtud y el talento. Pero no vemos en Vos al individuo, vemos solamente al Pastor. Vuestras prendas son la garantía del buen éxito, con que una iniciativa enérgica e inteligente de Vuestra parte, conduciría nuestros intereses morales y religiosos a un alto grado de esplendor. Nosotros Os excitamos a que emprendáis fan magna obra, para que la Iglesia de Honduras rompa los harapos, disipe las tinieblas que la cubren, y que se engalane mañana con las vestiduras blancas de la gloria, de la santidad y de la luz. No más inercia, Ylmo. Señor, no más indisciplina, no más ignorancia en vuestro Clero, no más rodearse Je hombres que sin instrucción son Vuestra deshonra. Dad un paso firme en este sendero y os conducirá al pináculo de la inmortalidad.

Como este pensamiento incluye una reforma, harto ingrata, contad con que todos os prestaremos nuestros esfuerzos cooperativos. Lo primero que, en nuestra opinión, debe hacerse, es despejar el campo, matar los lobos, especialmente los cebados, o encadenarlos. Los buenos pastores son como los buenos soldados: abundan donde el jefe es hábil, audaz y enérgico. Nosotros nos proponemos, Ylmo. Señor, abrir hoy una serie de cartas en las cuales denunciaremos a Vos y al mundo las calamidades.

Hasta aquí el original manuscrito. Es posible que la carta haya sido más larga, pero las otras cuartillas de Vallejo, aún no se han encontrado.

SEGUNDA CARTA DIRIGIDA AL OBISPO ZEPEDA

Sr. Dr. don Fr. Juan de Jesús Zepeda. Comayagua.

Creímos y esperamos, Ylustrísimno Señor, que la carta de excitación que Os dirigimos el 5 del mes próximo pasado, rompería por completo el silencio largo que habéis guardado durante el transcurso de diez y seis años que hace gobernáis este Obispado; pero nuestras esperanzas han sido tristemente defraudadas. Seguís en vuestro obstinado mutismo, o en vuestra estudiada mudez.

Nosotros tomamos la palabra y la tomamos porque en nuestra primera carta contrajimos con Vos un deber y un compromiso, que son tan sagrados, como sagrados son todos nuestros deberes. Este deber contraído es el de denunciar a Vos y al mundo las calamidades que afligen por todas partes a la Yglesia de Honduras e indicar al propio tiempo las reformas que se necesitan, partiendo de la observación que hemos hecho.

Entramos, Ylustrisimo Señor, en un asunto que antes de ahora, era enteramente ajeno a nuestros propósitos, que lo tocamos sólo, y a nuestro pesar movidos únicamente del interés, del grandísimo interés, de que emprendáis, porque es urgente, urgentísimo una reforma en lo intelectual y en lo moral de Vuestro Clero, principalísimo objeto de nuestras cartas.

Esta tarea es penosa y por lo tanto diremos algo y solamente lo que baste, de lo mucho que sabemos y que hay que denunciaros, porque queremos demostrar a S.S. que no tenemos otros móviles, Dios nos es testigo, que los de ver a nuestros sacerdotes instruidos en su misión y ocupados exclusivamente en sus altísimas funciones.

Pero ante todo examinemos, Ylustrísimo Señor, si las causas, si las verdaderas causas, de la ignorancia y corrupción que cunden por todas partes van de la circunferencia al centro, o vienen del centro a la circunferencia. Hemos puesto el dedo en la llaga. La historia está a la mano como triste ejemplo. Mirad, Señor, la Yglesia hondureña, en el mayor atraso, en el mayor abandono y desconcierto, propagándose por todas partes la superstición, el fanatismo y la inmoralidad; practicándose al propio tiempo el más grosero y repugnante paganismo, la adoración del ídolo de barro, que tal se había hecho el que gobernaba la Yglesia de Comayagua, desde los años de mil ochocientos cuarenta y tantos, hasta mil ochocientos setenta y cuatro, época en que Dios se dolió de su castísima esposa y Os inspiró el sabio pensamiento de separarlo del Gobierno: separación que no tuvisteis la virilidad de hacerla por completo y para siempre: la hicisteis a medias, según sabemos. Este Jefe, Ylustrísimo Señor, no fue hijo de sus obras, fue hijo de la dicha, del atraso y de las eternas rivalidades y desacuerdos en que ha vivido y vive el alto clero de Comayagua, que así se llama por sarcasmo.

En aquel tiempo, como más acá, todas las ciencias sagradas se reducían a saber rendirle el debido culto al fetiche, porque ha sido un energúmeno furioso, como furioso era en todos sus deleites y arbitrariedades. El ceremonial de visitas de aquella fecha era recibir a los sacerdotes y pretendientes en la puerta o corredor, fijarles una mirada frenética, y decirles con la mayor descortesía del mundo, está recibida la visita. En la iglesia cometió las más tremendas irreverencias, como metió.   Sigilemos a ese hombre es ya historia.

Entonces y por mucho tiempo la enseñanza que se ha dado en el Colegio Tridentino ha sido estrechísima, sin horizontes, sin base y sin principios. La Sagrada Teología se vio explicada por cuentos de pulpería, como se ve hoy explicada por chiles de convento. Y que mucho es, Señor, que dados estos antecedentes y estas condiciones resulte que los sacerdotes que de ahí salen y que se esparcen por todas las grandes ciudades, como por los pequeños pueblos, salgan y se esparzan sin educación sin moralidad, sin instrucción, sin conocer de qué modo y hasta qué punto son y deben conservarse las relaciones con la sociedad y muchos ¡Oh vergüenza! sin los conocimientos más elementales y comunes al cristianismo.

Y estos que tal ignoran y que no saben su propio idioma son, Ylustrísimo Señor, a quienes se confía el honor de nuestras hijas, de nuestras esposas y los intereses más grandes y sagrados de la conciencia humana. Esto que ahora afirmamos no lo ignoráis Vos, Señor, y aun así y todo, no Os habéis empeñado en formar en diez y seis años un sacerdote que defienda, que represente con inteligencia y sensatez, más tarde o más temprano, nuestros intereses religiosos. Por lo tanto, perdonadnos que os repitamos no más inercia, no más indisciplina, no más ignorancia en Vuestro Clero, no más seguirse rodeando de hombres que no son ni una instrucción, ni un talento, ni una iniciativa, ni una virtud, ni una imparcialidad, ni un desempeño, y si más bien causa de vuestras deshonras y de vuestros atrasos. Pero no diréis tal vez que no hay donde fijar vuestros ojos. ¿Y quién es el únicamente culpable en esto? Habéis tenido diez y seis años, como ningún Obispo los ha tenido para formar sacerdotes competentes. Escoged pues de lo más sano y de lo más inteligente para que emprendáis la reforma que Os suplicamos.

Llegando a Vos, Ylustrísimo Señor, os protestamos que las altas prendas personales de que estáis adornado, merecen de parte nuestra todas las consideraciones y simpatías que pueden abrigar corazones católicos, y declaramos francamente que admiramos que un Obispo de instrucción y de ideas fan levantadas como las vuestras, que viven en otra atmósfera y en otra región, pueda avenirse con consejeros que no son ni un voto, ni un consejo. Creed sinceramente en nuestras rectas intenciones. UNOS PADRES DE FAMILIA. Tegucigalpa, Septiembre 5 de 1878."

Un corto comentario: llama la atención que Vallejo, hombre de tanto valor moral, que se rasgaba por la prensa para decir la verdad, haya optado por suscribir sus Cartas al Obispo Zepeda, con el seudónimo de UNOS PADRES DE FAMILIA. Creo que, cuando solicitó en 1910 al Congreso Nacional la publicación de sus obras inéditas por cuenta del Estado, ya había pensado publicarlas con su nombre, pero en el original manuscrito que he tenido la fortuna de conocer, aparecen aún con el seudónimo indicado.

TERCERA CARTA DIRIGIDA AL OBISPO ZEPEDA.

"Señor Dr. don Fr. Juan de Jesús Zepeda. Comayagua.

Anudando nuestra carta pasada con la carta presente, nos permitiréis, Ylustrísimo Señor, que hagamos un largo pero rapidísimo viaje por la historia, para pasar revista a todos los ilustres obispos que os han precedido en la marcha de los siglos, en la silla episcopal de Comayagua y hacerlos desfilar ante vuestra presencia como una procesión gloriosa, cada uno con sus obras. Y en consecuencia os presentaremos en 1531, al Ylustrísimo Dn Franco. Juan Talabera, que en esa misma fecha llegó a Trujillo donde existía entonces la Catedral.

"En el año de 1570, al Ylmo. Don Franco. de la Cerda, promovido posteriormente a Charcas.

"En 1588, al Ylmo. y Revmo. Don Gaspar de Quintanilla, que fundó la clase de latinidad y edificó la Yglesia de la Merced de Comayagua, donde reposan tranquilamente sus cenizas. En 1613, al Ylmo. Dn Franco de Tresneda Galdo.

"En 1628, al Ylmo. Dn. Luis de Cañizares, y al Ylmo. Dn. Nicolás Tomé. En 1640, al Ylmo. Don Juan Merlo, y al Ylmo. Don Martín Iglesias. En 1678, al Ylmo. Dn. Alonso de Vargas y Abarca, que fundó sabiamente en aquel tiempo el Colegio Tridentino de Comayagua. En 1700, al Ylmo. Don Juan Pérez de Carpintero, apóstol de constancia y de infatigable trabajo, que edificó la actual Catedral de Comayagua. En 1723, al Ylmo. Dn. Pedro de los Reyes, al Ylmo. Don Antonio Macaruya y al Ylmo. Don Diego de Rivas.

"En 1773 al Ylmo. Don Francisco José Palencia que mandó fabricar la fuente o pila de la plaza mayor de la capital de la República. En 1783, al Ylmo. Don Antonio de San Miguel (Jerónimo, dice el original), trasladado posteriormente a Mechocan a donde quisiéramos que trasladaran todos los Obispos que no dejan aquí ningún surco de luz.

En 1784, al Ylmo. y Revmo. Don Antonio de Guadalupe. Al llegar aquí quisiéramos hacer una estación, para admirar debidamente y como lo merece a un Prelado virtuoso e infatigable, que estuvo en

Tegucigalpa, que visitó toda la diócesis; que edificó la Iglesia de La Caridad de Comayagua: que reedificó el Palacio Episcopal: que fundó la clase de Filosofía: que edificó el Convento de San Francisco de Tegucigalpa; y que fundó, según sabemos por tradición una casa de corrección para las mujeres que cometían grandes debilidades.

"En 1793 os presentaré al Ylmo. Don Franco. de Molina y al Ylmo. Señor Cadiñanos, vaciados juntos en un mismo molde de sabiduría y prudencia. En 1802 al Ylmo. y Revmo. Don Vicente Navas, mártir de la ambición y la barbarie que murió en 1809. En 1811 al Ylmo. Señor Barranco que no se consagró. En 1844 al Ylmo. Dn. Franco, de Paula Campoy, que tomó posesión el 4 de Octe. del mismo año y que se despidió para siempre de nosotros en Octe. de 1849. De este Ylmo. Prelado solamente se puede decir que no ofendió a ningún ser humano, y que fue una candidísima paloma incapaz para un gobierno y capacísimo para un convento. En 1855, os presentaré, por último, al Ylmo. y Revmo. Don Hipólito Casiano Flores, que formó posesión el 27 de mayo y que murió el 29 de Sete. de 1857, perdiendo la Yglesia un apóstol que fue un carácter, una energía sin dejar de ser un talento y una virtud. Entonces fue cuando se vió por primera vez en esos tiempos establecida la disciplina en el clero: reconocidos y respetados los derechos de los sacerdotes y de la Yglesia: practicada la movilidad de los curas, que es una medida altamente salvadora para evitar las caídas de los corruptores y las víctimas de la inocencia. Hoy los curas viven 20 y más años en sus parroquias dueños de vidas y haciendas, y lo que es más sagrado todavía, de la honra.

"Hemos vuelto, Ylmo. Señor, de nuestro rapidísimo viaje por la historia y hemos vuelto contentos, porque os hemos presentado todos los tesoros eclesiásticos, que os han precedido en el gobierno de esta fierra nueva, santa, bendita que será mañana u otro día la Babilonia de buena ley, donde se confundirán todas las razas, donde se hablarán todas las lenguas y donde solamente el clérigo quedará hecho un sordo—mudo en medio de la civilización. En estos tiempos, Ylmo. Señor, el desequilibro en armonía del progreso es un gran crimen de que os tomarán cuenta las futuras generaciones y la civilización moderna, que ya toca nuestras puertas y que así se llama, porque moderna es su ciencia, modernas son sus arfes, modernos son sus descubrimientos y moderna es también la reforma que os pedimos.

"¿Dónde está, Ylmo? ¿Señor, el surco de luz que nos dejáis para que nos sirva de faro y llegar con más seguridad al puerto de salvación? No es altamente doloroso decir, que no nos dejáis un sacerdote para la controversia, ni para el púlpito, ni para la enseñanza, ni para un gobierno. Por qué no habéis mandado, Ylmo. Señor, un joven de las inteligente de vuestro clero a que se eduque en el Colegio Latino—Americano establecido en Roma con tal fin, y para cuyo sostenimiento habéis remitido ya cuantiosas sumas de dinero? ¿Por qué no dejáis una biblioteca, aunque sea pequeñísima, de los hombres que conocisteis personalmente en Europa, que también los conocéis en libros, porque los habéis leído?

"Estuvisteis en París emporio de la civilización, donde se olvidan las creencias aprendidas de memoria y donde el hombre se despoja de todas las preocupaciones humanas, y ¿qué nos trajisteis? Nosotros os pedimos de la manera más cordial, Ylmo. Señor, que nos dejéis un recuerdo agradable de vuestro Gobierno; si ahora no podéis porque os agobia la carga pesada de los años, que tanto nos entristece, o porque vuestra alma viva distraída y ocupada en las dulces abstracciones de la contemplación, llamad entonces en forno vuestro a lo más sano y a lo más inteligente de Vuestro Clero para que emprendáis la reforma que os suplicamos. Creed sinceramente en nuestras rectas intenciones. UNOS PADRES DE FAMILIA. Tegucigalpa, Septiembre".

He notado que en la lista de los Obispos que gobernaron la Diócesis de Comayagua antes del Señor Zepeda dada en esta carta, hay muchas inexactitudes. Supongo que, como estas epístolas fueron enviadas al Obispo con la firma de UNOS PADRES DE FAMILIA, Vallejo quiso esconder su erudición, e intencionalmente consignó nombres y fechas equivocadas que, al publicar años más farde el Primer Anuario Estadístico de Honduras, fueron rectificadas y corregidas. Sin embargo, es obvio que conviene también rectificar aquí esos errores de Vallejo, no obstante que los creo cometidos voluntariamente para no desviarse de la meta que se había propuesto.

Habla Vallejo de Fray Juan de Talavera, como primer Obispo que desembarcó en Trujillo en 1531, lo cual es inexacto, porque Talavera no vino a Honduras y al contrario, se supone por algunos historiadores, que su nombre es un ALIAS de Fray Alonso de

Guzmán, que fue el primer prelado nombrado para la Diócesis de Trujillo, a la que jamás llego.

Omite al Primer Obispo residente el Licenciado Don Cristóbal de Pedraza, que fue el ejecutor de la Bula de creación del Obispado de Hygueras y Cabo de Honduras por la Santidad de Clemente VII y a su sucesor el Señor Fray Jerónimo de Corella, quien trasladó la silla episcopal a Comayagua y fue el verdadero iniciador de la Cátedra de Gramática Latina. Se refiere a Don Nicolás Tomé y a Don Martín Yglesias como Obispos, cuando en verdad éstos fueron Vicarios Capitulares durante la Sede Vacante, elegidos por el Cabildo Eclesiástico.

Menciona a Don Pedro de los Reyes de La Madrid, que fue electo en 1700 para la Episcopal de Yucatán y que jamás vino a Comayagua. Le llama Francisco a Fray Alonso Galdo; omite a Don Martín de Espinosa Monzón, Obispo que logró la incorporación del Beneficio de la Choluteca y de la Guardianía de Nacaome al Obispado de Honduras; también hace otro tanto con el señor Don Miguel Anselmo Álvarez de Abreu, trasladado a Oaxaca posteriormente a su llegada a Comayagua en 1763.No menciona al Obispo don Isodoro Rodríguez (1765) que fue elevado al arzobispado de Santo Domingo; a Fray Antonio de San Miguel que bendijo la actual Catedral de Tegucigalpa, le llama Fr. Jerónimo y finalmente, omite al Obispado Don José Antonio de Isabella nombrado en 1785.

Repito que estos errores, omisiones e inexactitudes las cometió Vallejo intencionalmente, pues no caben en un hombre de su erudición.

CUARTA CARTA DIRIGIDA AL OBISPO ZEPEDA

En esta carta Vallejo invita al Señor Zepeda para que emprenda nueva cruzada de redención misional entre las tribus xicaques siguiendo los pasos del Santo Subirana, sobre quien da interesantes datos, especialmente relativos a los parajes que visitara durante su carrera apostólica. La carta dice así:

Señor Dr. don Fray Juan de Jesús Zepeda. Comayagua.

Entre tantos y fan grandes abandonos que afligen a la Yglesia de Honduras, hay uno, Ylustrísimo Señor, que está llamando dolorosa y tristemente la atención de todos los hombres creyentes y pensadores,

Y que conmueve por sus cimientos el edificio religioso: el abandono criminal en que han vivido y viven las tribus de las costas del Norte. ¿Sabéis que existen? Sois hondureño, diez y seis años hace que gobernáis esta Diócesis. Les habéis llevado alguna vez los dulcísimos consuelos de la fe, ¿de la esperanza y de la caridad que son las antorchas luminosas que alumbran el camino de esa vida insondable del porvenir, Conocéis sus ingentes necesidades? Habéis pedido la protección del Gobierno—gente y civilizado que hoy rige dignamente los destinos de la patria, para mandar algún misionero o cura que continúe e conserve la importantísima obra, que está perdiéndose del virtuoso e infatigable apóstol extranjero, Presbítero Don Manuel Subirana, que murió sacrificado como hostia consagrada a redimir aquellos infelices desventurados?

"Le habéis levantado una estatua a ese mártir abnegado, que recorrió a Jimia y la Aguacaliente, a Subirana y el Pate, al Junco y Carbonera, a San Francisco y la Bolsita, a San Esteban y el Tablón, a la Fantasma y Santa Marta, a San Juan y San Mateo, a Mataderos y Candelaria: que recorrió a Guajiniquil y Río de Plátanos, a la Laguna y Machigua, a Luquigüe y la Pimienta a el Palmar y la Esperanza, al Cirinao y las Vegas, al Río—abajo y la Guata, llevando a los afligidos el consuelo, a los desconsolados la esperanza y a todos la comunión sacratísima en la enseñanza que diariamente les daba y que hoy existe olvidado en las playas del Norte? ¿Os acordáis de él? ¿Qué digo? Os olvidáis de los vivos y no os habíais de olvidar de los muertos; os olvidáis de vuestros parientes y no os habíais de olvidar de los extraños; os olvidáis de Vos mismo y no os habíais de olvidar de vuestros sagrados compromisos; os olvidáis de nuestras cartas de ayer y no os habláis de olvidar de la gratitud, que es también un deber de caridad. Perdonadnos esta digresión. Si hemos dicho una frase inconveniente, nada hemos dicho: de antemano la retiramos.

"Pues bien: si no sabéis que existen, permitidnos que os demos una ligerísima idea y aunque sea muy por encima de la situación de aquellas gentes que viven en la mayor ignorancia, en la mayor postración y abatimiento; pues carecemos de los suficientes detalles de las especiales amarguras que sufren. Desde el Cabo de Gracias a Dios hasta los confines de Yoro, en la costa de Omoa, están aquellas inmensas pampas y desiertos, poblados de más de veinte mil desgraciados, que todavía en el Siglo XIX, llamado por antonomasia el siglo de las luces, se ven condenados a vivir y morir en la barbarie más degradante, como si no fueran nuestros hermanos e hijos de la Cruz y del Calvario.

"¡Ah, Señor Obispo! Vos sabéis y nosotros también sabemos que el Espíritu Santo os ha puesto para que apacentáis vuestras ovejas, que están pidiendo por todas partes y como la desesperación en el alma, el pan del Evangelio y el pan de la civilización; y no hay quien se lo reparta. ¿Qué disculpa tendréis ante el padre de las misericordias? ¡Ay, Ylustrisimo Señor! Nos sentimos profundamente conmovidos…. Pero seguimos. Allá, Señor, no ha penetrado el fuego de la caridad, esa virtud que incendia los corazones y que los obliga a salir de la indolencia, adormecida por el ocio: ni la justicia, que tiene parte en la obra de Dios sobre la fierra: ni a la civilización, que eleva al hombre a la gran categoría de la igualdad en los derechos y en las responsabilidades: ni la idea de vestido y de sociedad, pues andan errantes en los bosques y en la más vergonzosa desnudez. Allá, Señor, no ha penetrado nada de esto; pero ha penetrado el diezmero demandando al nombre del Señor Cura a aquellos infelices, que no disfrutan de ninguno de los consuelos de nuestra santa religión.

"¿Queréis ver original la carta del Reverendo Cura de Yoro, a quien no dudamos llamaréis benemérito como benemérito llamásteis en otro tiempo a Bobadilla de Cedros? ¿Y por qué? Sigamos. Allá se ve también el infame y horrendo comercio del hombre por el hombre. Tal es el cuadro tristísimo que presentan aquellos hijos de la desgracia, que viven en la mayor miseria y en el cieno más repugnante, mereciendo solamente de quien vuelve sus ojos hacia ellos, el desprecio y la indiferencia.... ¡Qué dolor!

"Nosotros os pedimos, pues, en nombre de la Cruz y del Calvario, en nombre de la civilización y de los sagrados derechos de la humanidad, que os doláis de aquellos nuestros hermanos, abatidos siempre por el infortunio, que nos hace derramar lágrimas de desesperación por su tristísima suerte. Creed sinceramente en nuestras rectas intenciones. UNOS PADRES DE FAMILIA. Tegucigalpa, Noviembre 5 de 1878."

El clamor de Vallejo, del humano y dolido Vallejo, es el clamor que se escucha en favor de los pobres nativos de la Montaña de La Flor ahora en 1966; aquel grifo lanzado en 1878, se ha repetido muchas veces, en distintas épocas y por diferentes personas, yo inclusive, pidiendo caridad, pidiendo compasión hacia aquellos hermanos hondureños que viven en la oscuridad de la ignorancia y abandonados a su desdichada suerte. Vallejo no fue escuchado. ¡Tampoco fueron escuchados los que clamaron en el desierto! Los pobres Xicaques, los hijitos amados de Subirana siguen olvidados; no se les ayuda, no se les protege, no se les ha creado un patrimonio, no se les ha enseñado el alfabeto y no se les respeta en la extensión de la "Reserva" creada por aquel patricio ilustre que se llamó Miguel Paz Baraona.

Los exploradores les hacen víctimas de su codicia: les roban sus cosechas de café a cambio de una fumada de tabaco o de una pacha de aguardiente; los recaudadores de impuestos, les sangran en carne viva, pero no tienen una escuela, no tienen una enramada como en tiempos de la Conquista en donde pedir ayuda al Dios que todo lo ve. Siguen en las sombras y se extinguirán en breve, porque no sólo son víctimas de la ignorancia y la pobreza, no solo son víctimas de sus congéneres, sino que son diezmados por las enfermedades. Excelso Vallejo que deseabas llevar la luz y el pan evangélico a tanto desdichado compatriota!

ÚLTIMA CARTA DIRIGIDA AL OBISPO ZEPEDA

Señor Doctor don Fray Juan de Jesús Zepeda. Comayagua.

No ha muchos días que os dirigimos la palabra, Ylustrísimo Señor, sobre un asunto importantísimo en el tiempo e importantísimo en la eternidad, y que queremos toméis en consideración, lo más pronto que sea posible, para que la civilización mate a la barbarie, el cristianismo mate al paganismo, la justicia y el trabajo maten a la miseria, la sociedad y la cultura maten al aislamiento; y redimir de este modo a los infelices de la costa del Norte, que han vivido y viven en perpetua esclavitud, trabajando para sus amos, y comiendo las migajas sobrantes de sus banquetes, con la argolla al cuello, bailando al son de las cadenas sus grandes dolores y sus grandes infortunios, mientras Dios, haciéndole un alto a la indolencia, acerca los días de su santa libertad. Esta fue nuestra carta pasada: aquí tenéis nuestra carta presente, que da larga materia para altas y trascendentales consideraciones.

Cumple ahora, Ylustrísimo Señor, ocuparnos del principalísimo objeto de nuestra súplica, que es pediros ciencia y virtud en nuestro clero; pues entendemos que estas dos cualidades deben andar a una y tener su asiento muy particularmente en el corazón y en el entendimiento del sacerdote, a quien se le ha conferido el altísimo encargo de llevar por todas partes y a todas las gentes la luz y la santidad. La unión de la ciencia y de la virtud constituye al buen sacerdote, al pastor cumplido. No basta que el Ministro de la Religión edifique a los pueblos con una vida santa y costumbres puras: debe ser para estos una antorcha luminosa que los alumbre: un guía que los conduzca por la senda de la justicia y de la salud. Para ser grande en el reino de los cielos, no basta observar los divinos preceptos: es menester enseñarlos a los pueblos. Así lo ha dicho el Salvador del Mundo.

El que ejerce en la Yglesia el cargo de enseñar no debe brillar menos a los ojos del pueblo por el esplendor de su doctrina, que por el esplendor de sus virtudes; porque la ciencia sin la virtud hace al hombre orgulloso, y la virtud sin la ciencia lo hace inútil.

Examinemos las principales consideraciones de la necesidad que el sacerdote tienen, de poseer la mayor suma posible de conocimientos; y de este examen, estamos seguros, resultará, para todos los hombres imparciales y sensatos, el íntimo convencimiento, no solo de que la enseñanza dada en el Colegio Tridentino de Comayagua es mala, sino también de que todo bien considerado, y a pesar de la defensa que puedan formar a un establecimiento que tiene miles lunares, es la peor, y que no solamente es la peor, sí que también la más nociva y lastimosa. Si los sacerdotes son, Ylustrísimo Señor, los representantes de Jesucristo, sobre la fierra; si son los dispensadores de su divina gracia y de su santísima palabra; si son los mediadores entre el cielo y la tierra; si son los jueces que han de fallar sobre todos los intereses de la conciencia humana; si son los guardianes y los defensores de los eternos principios de la fe y la moral, es necesario, es preciso, para que realmente sean la luz del mundo y la sal de la fierra, que posean un caudal de conocimientos en casi todos los ramos del saber humano, para que satisfagan todas las obligaciones que abarca el santo ministerio que se les ha confiado y las exigencias de los tiempos que alcanzamos.

Dadas es las consideraciones, ¿Cuál es la ciencia e instrucción que dais, Yustrísimo Señor, a vuestro clero? ¿Qué facultades tenéis establecidas en vuestro Colegio Tridentino? Helas aquí. En latín, Nebrija, que está servida por un clérigo de Sabanagrande que no sabe silabear su propio idioma. En Filosofía, Baimes. En Teología, Lárraga. En Derecho Canónico, Devoti, que se sirve solamente por temporadas. Y es esta, Ylustrísimo Señor, la instrucción y la ciencia con que pensáis combatir frente a frente el libre examen, el libre pensamiento, la libertad de palabra, la libertad de imprenta, la libertad de conciencia, la libertad de culto y las libertades todas, ¿que están redimiendo por todas partes los grandes derechos y los grandes intereses de la humanidad?

"Si esto es así que mucho es, Señor, que oigamos en la cátedra del Espíritu Santo, sentar proposiciones erróneas, falsas, escandalosas unas, blasfemas obras, temerarias todas, como sucedió el 15 de septiembre del corriente año en esta Iglesia Parroquial, que con motivo de la celebración de nuestra independencia el orador sagrado, entre millares de frases incoherentes, dijo: que los libres pensadores son los bienhechores de la humanidad: que desgraciadamente hoy se ven exagerados en sus doctrinas sin motivo y sin razón bastante (c); formando esto un contraste escandaloso con vuestras enseñanzas y con las enseñanzas de la Santa Sede? ¿A quién le creemos? Por eso, Ylustrisimo Señor, nosotros somos enemigos capitales de la ignorancia en los sacerdotes porque ella es la madre de los errores que hoy afligen por todas paries a la humanidad.

Volvamos a la enseñanza de vuestro Colegio Tridentino. ¿Qué más facultades tenéis allí establecidas? A principios de 1877 se fundaron, mientras se formaba un plan general de estudios, las clases de Física y Química, de Derecho Civil, Teórico y práctico, de Economía Política y Derecho Público, por el Señor Presidente Soto, que a fuerza de inteligencia y energía, está llamando a juicio final a todas las ideas de atraso, a todas las ciencias y artes que se han petrificado en los establecimientos de enseñanza por los maestros del estacionarismo y el error, para reemplazarlas con el progreso de las artes y de las ciencias modernas.

"¿Queréis ver los comprobantes? Aquí tenéis los colegios de segunda enseñanza de ambos sexos, que llevarán al pináculo de la fortuna a esta nación infortunada. En las razones que dejamos ligeramente apuntadas nos fundamos, Ylustrísimo Señor, para pediros que abráis anchos y variados horizontes a la inteligencia de vuestro clero, para que aprendan lo que no puede aprenderse sino a fuerza de serios estudios literarios, de lecturas detenidas, de grandes meditaciones, y que cerréis por un año ese simulacro de enseñanza, llamado Colegio Tridentino, y con las economías obtenidas en él costéis a Europa o a la América del Sur profesores que vengan a dar una enseñanza que satisfaga todas nuestras ingentes necesidades, y que dejen de gastar, como ahora gastan sus fuerzas estérilmente los jóvenes que allí se educan. Creed sinceramente en nuestras rectas intenciones. UNOS PADRES DE FAMILIA Tegucigalpa, Noviembre 19 de 1878.

(a) S. Matth. c. 5, v. 19.

(b) Isidorus Hispal. lib. 3 sent. c. 36 et Conc. &

(c) Sermón predicado por el Señor Cura de Orica don Guadalupe Reinoso, ante el Supremo Mandatario de la República y demás corporaciones".

Hasta aquí las cartas que Vallejo dirigió al Ilustrísimo Monseñor Dr. Fray Juan de Jesús Zepeda, Obispo de Comayagua.

UNA CARTA PARA EL OBISPO DON MANUEL FRANCISCO VELEZ.

Me refería mi excelente y recordada amiga Srta. María Antonia Echeverría (QD.D.G), hija del Señor Vallejo, que entre los papeles de su ilustre padre encontró una vez las cartas que le había dirigido desde su retiro de Siguatepeque, el Doctor Don Manuel Francisco Vélez Obispo de Comayagua, en las que, con la sabiduría y sobria elegancia de aquel eminente prelado, le instaba a volver sobre sus pasos reconciliándose con la iglesia, su "eterna desposada".

María Antonia me decía que tales cartas eran verdaderas joyas literarias con un gran contenido evangélico, y que ella supo cómo aquellos llamamientos llenos de paternal ternura, habían conmovido el alma de su Señor padre. No tuve la fortuna, por desgracia, de haber leído fan interesantes documentos, y sólo pude lograr, gracias a la amabilidad de mi buen amigo Don Julio Rodríguez A., la respuesta que Vallejo dio al Señor Vélez con ocasión de la segunda carta que le enviara desde su Palacio de Siguatepeque.

Sin gran trabajo el lector se dará cuenta de los hermosos conceptos que en ella usó Vallejo; del estilo limpio y sentido de su redacción fan diferente del usado en la mayoría de sus escritos. Se encontrará con delicadas figuras literarias que revelan la sensibilidad de su autor, el gradó de su cultura y la admiración y respeto que guardaba por el talento, ilustración y virtudes de aquel gran Obispo.

En esta epístola, Vallejo no es el rebelde que censura con acritud la indolencia y el vicio de los clérigos; no es el altivo señor que castiga con la palabra, sino la oveja que se sabe fuera de la senda a la que no puede volver, y que hace acopio de todo lo que de bueno había encontrado en su sacerdocio, para expresarlo con pensamientos elevados, con sencilla humildad, contestando al Pastor que le llama al redil y le reitera su fe, su comprensión y su cariño. Vallejo escribió lo siguiente:

"Tegucigalpa, Diciembre 20 de 1899.

Ilustrísimo Señor Doctor don Manuel Francisco Vélez, Obispo de Honduras.

Siguatepeque.
Dignísimo Señor Obispo:
La atenta y preciosa carta que Vuestra Señora se dignó dirigirme en 21 de Octubre próximo pasado, dando respuesta a mi anterior, me encontró en mis enlaberintadas ocupaciones de abogado, que me quitan, que me absorben todo el tiempo y me inhabilitan para consagrarme a los estudios predilectos de mí vocación. No es posible pasar del árido terreno del derecho a las serenas y floridas regiones del arte y de la imaginación, transición violenta y brusca que necesita, que exige un vigor y flexibilidad de espíritu de que carezco y de que no soy capaz. O letras o foro. Este es ahora mi terrible dilema y no soy dueño de la facultad de escoger. Vivo de la abogacía y me veo forzado a dejar las letras, a las que Vuestra Señoría debe su justa, su legítima celebridad y bienestar.

"Mientras más medito en mi obligada situación, más convencido quedo que encierra una gran verdad el pasaje bíblico, Nemo postest duobus domino servire. (nadie puede servir a dos señores). Con el placer de otra ocasión leí su cariñosa carta. He dicho mal: hoy mi placer es más grande, más intenso, ¿y sabe Vuestra Señoría por qué? ¿Juzga acaso que por los términos finos, atentos, galantes, benévolos y verdaderamente paternales de esta carta que parece perfumada por el incienso de su tierno y noble corazón? No, Ilustrísimo Señor. Mi placer ha sido inmenso, no tanto por esto, cuanto porque hablando y escribiendo Vuestra Señoría se revela siempre idéntico: elegante en la frase, sincero en sus expansiones y claro y sublime en sus pensamientos. Hay en cada página de su carta algo, como una nota científica, que es preciso volver a leer porque insensiblemente induce a la meditación.

Si no fuera así, yo pensaría que Vuestra Señoría intentaba traicionarse a sí mismo. Empero, no temo que tal suceda: Buffon lo dijo, hace más de cien años, y Vuestra Señoría lo justifica: el estilo es el hombre.

Sus cartas, sus escritos, son Vuestra Señoría mismo. Es un verdadero original. De su pluma brotan pensamientos luminosos, finos y delicados como los encajes de Bruselas. Cuando leo sus producciones literarias paso inocentes horas embelesado pensando en ellas y saboreándolas: Prefiero leer los escritos de Vuestra Señoría a comer miel sobre hojuelas, porque gozo más, mucho más. Su lenguaje es ameno, pulcro, correcto, convincente y seductor.

Si Vuestra Señoría hubiera vivido en la República que soñó la mente inspirada de Platón, no cabe duda que, lo habrían desterrado por peligroso. Vuestra Señoría seduce con su bondad y conquista con su palabra y con sus escritos, razón por la cual he deseado y deseo que Vuestra Señoría no sea avaro de su pluma. Vuestra Señoría mismo no sabe, no conoce cuántos admiradores tienen sus obras científicas y literarias. Mis apreciaciones, mis juicios no son hijos del cariño ni de las simpatías que tengo por la persona de Vuestra Señoría son la simple expresión de la verdad que, en Honduras y en Centro América, proclaman personas y plumas más autorizadas que la mía.

Cuando leí el primer párrafo de su interesantísima carta, que conservaré como un tesoro inapreciable, me trajo al punto el recuerdo de la hermosa estrofa de Horacio: Beafus ille qui procul negotiis. (Bienaventurado aquel que está lejos de los intereses).

Vuestra Señoría tienen sobrada razón de sentirse feliz en el retiro de Siguatepeque, ya célebre por su residencia, porque él comunica la tranquilidad y el contento a manos llenas. Al retiro se deben los

142

descubrimientos más sorprendentes y maravillosos que la humanidad ha hecho en su ya largo viaje por la fierra. En el retiro los hombres consagrados a las ciencias han subido a las eminencias más alias y bajado a las mayores profundidades del pensamiento humano, arrancando a la naturaleza secretos que parecen confidencias divinas. En el retiro las almas devotas, las dedicadas al ascentismo se han levantado como mariposas a la contemplación de las verdades eternas, que dan las últimas y supremas razones de las cosas, que enseñan el deslinde de lo finito y lo infinito y que en el sepulcro es donde tienen su verdadera solución todos, todos los problemas de la vida, donde comienza el verdadero progreso y la libertad verdadera. ¡Bendito sea el retiro!

Yo no conozco a Siguatepeque, pero me lo imagino situado en una hermosa altiplanicie, regado por frescas y cristalinas aguas, rodeado de pintorescas colinas, pobladas de venerables pinos y de alfas y encumbradas montañas creadas como para mitigar los ardores del sol. ¡Qué delicioso será vivir en Siguatepeque! Si yo fuera ahí levantaría tres tiendas para contemplar las bellezas de la naturaleza y la transfiguración del espíritu de sus habitantes; pues no cabe la menor duda que Siguatepeque está llamado a crecer en breve y a convertirse en un gran pueblo por las energías del trabajo. Se ha visto que un pueblo que trabaja, que produce, fabrica, vende y compra todos los días, que al cerrar la noche, al recoger los aperos de labor, puede hacer cuentas de ganancias para el día siguiente y cuentas de ahorro para el otro día es un pueblo que vive para la naturaleza, que lo quiere industrial, para Dios, que lo quiere virtuoso y para la sociedad, que lo quiere útil, que lo quiere libre.

La transformación social y el incremento material que hasta la fecha ha alcanzado Siguatepeque se debe a Vuestra Señoría, que ha trabajado y trabaja empeñosamente por atraer las miradas de propios y extraños hacia Siguatepeque, que será próspero y feliz por las industrias adventicias que se arraigarán como en suelo creado para el progreso y la felicidad.

He sentido vivo placer y hasta orgullo al saber que Vuestra Señoría coincidió con el abate Péries, antiguo profesor de Derecho Canónico en la facultad de teología de Washington. Estas coincidencias son siempre hijas del talento y del genio. Así se explica que los alemanes tengan a Gutenberg como inventor de la imprenta, los holandeses a Lorenzo Koster y los ingleses a William Caxion. Otro tanto ha acontecido con las invenciones de la pólvora y el descubrimiento de la vacuna. El sabio don José Cecilio del Valle coincidió con el ilustre Libertador Simón Bolívar en el pensamiento de una confederación continental para oponerse a las pretensiones ambiciosas de la Santa Alianza. No me extraña, pues, que Vuestra Señoría haya coincidido con el abate Péries en los estudios y notas y observaciones, que respectivamente han hecho con motivo de la instrucción de la S. C. de Obispos y Regulares sobre procedimientos económicos de las curias eclesiásticas, y menos que sus observaciones se hallen, en lo puramente canónico, en perfecto acuerdo con lo que enseña y explica Mr. Péries. Creo como Vuestra Señoría, que dada la separación de la iglesia y el Estado, la Iglesia tienen que encerrarse dentro de sí misma y administrar su justicia por los medios que las circunstancias le permitan.

También estoy en un todo de acuerdo con sus juiciosas y atinadas apreciaciones sobre que no debe culparse a nadie, porque es obra de las circunstancias y de los tiempos, de la postración intelectual y moral del clero. Las instituciones, que solo pueden llamarse tales las que revisten un carácter permanente, tienen influencia directa y decisiva en las creencias reinantes, en las opiniones fervientes, en las leyes escritas y en las costumbres, que han querido que nazcan de instituciones de forma blanda y mudable a cualquier viento o novedad o bien reemplazables por otras creencias, opiniones y leyes. Pueblos que por su índole no pueden formar costumbres públicas, ni cercar de respeto a la ley fundamental, ni ver en los gobiernos más que el reflejo transitorio de las aspiraciones de bando, están de ordinario expuestos a frecuentes convulsiones, que hacen inestable la vida social: de resultas de lo cual sobreviene el atraso, el aniquilamiento de la riqueza, y lo que es más deplorable, la corrupción general como síntomas de postración y ruina. Esto sucede siempre que se pretende madurar el progreso en un día, cuando es obra lenta del tiempo. Tengo como mal sistema querer que las leyes formen las costumbres y cambien las creencias y las opiniones. Esto es invertir el orden natural y lógico, porque la naturaleza no da saltos.

Las observaciones, los experimentos, los ensayos son los que adelantan las ciencias; y los experimentos fáciles en la naturaleza, son muy expuestos y costosos en las constitucionales. El análisis de una piedra, la disección de un reptil son experiencias que pueden hacerse y repetirse cuantas veces se quiera, sin ningún trabajo, ni gasto alguno. Pero no sucede así en las ciencias constitucionales. La felicidad o ruina de una nación es prueba que no puede hacerse sino temblando, meditando aun en las sílabas, pensando hasta en las comas. Así lo aconsejaba el sabio estadista y distinguido literato don José Cecilio del Valle. Las instituciones, pues, deben ser adecuadas al pueblo a quien se dan, deben repetir como espejo el reflejo de sus creencias y costumbres. A las instituciones inadecuadas deben las nacientes repúblicas hispano—americanas la mayor parte de sus grandes desgracias y de sus grandes infortunios. Contra los males que por esta causa aquejan a las sociedades modernas hay dos remedios o antídotos que pueden atenuar un tanto la propagación del mal, que puede crecer de tal manera y hasta tal punto de hacerse crónico e incurable: la escuela y la prensa cristianas. Hay, pues, que trabajar en este sentido hasta donde sea posible; pero pronto, porque el mal urge. Por esta razón he aplaudido de todas veras el pensamiento que sé que Vuestra Señoría tiene de fundar un plantel de enseñanzas secundarias, que se convertirá, andando el tiempo, en gran seminario, de cuyo centro saldrán para la circunferencia las saludables enseñanzas y doctrinas que ahora se echan de menos. Vuestra Señoría es una lámpara inextinta que alumbra desde Siguatepeque todo el horizonte intelectual de mi patria.

Desde el año de 1878 había coleccionado, para publicar en tiempo oportuno, las ocho pastorelas escritas por el Presbítero Dr. don José Trinidad Reyes, intituladas: Ester, Neptalia, Zelfa, Rubenia, Micol, Elisa, Albano y Olimpia y gran número de composiciones poéticas, que con diferentes motivos había publicado el Dr. Reyes; pero mi muy querido e inolvidable amigo el Dr. don Ramón Rosa, muerto en edad temprana y en quien la naturaleza había derramado mil gracias, no tanto en el hombre exterior, cuanto en el hombre intelectual, me pidió en la fecha arriba indicada, todas las obras del Dr. Reyes, que conceptuaba desfiguradas y que era preciso antes de publicarlas, recomponerlas, descubriendo o interpretando el pensamiento del autor, arreglando y completando los versos, dándoles los acentos, consonancias y asonancias que debieran tener. Pasaron algunos años sin que el pensamiento se realizara y aún llegué a temer que los trabajos del Dr. Reyes perdieran.

Más el año de 1891 a su regreso de Guatemala el Dr. Rosa acarició de nuevo la idea de publicar, no las obras completas del Dr. Reyes pero si un estudio biográfico en que se apreciaran debidamente casi todas las producciones del Padre Reyes.

El trabajo biográfico publicado por el Dr. Rosa en 1891 consta de 86 páginas, bien impreso y bien escrito, como todo lo que producía el poderoso y raro talento que poseía mi malogrado amigo, el Dr. Rosa, de quien publicaré todos sus escritos políticos y literarios.

Del Reverendo Padre Gamero, de quien Vuestra Señoría me habla, apenas sé que es ilustre descendiente de la familia Gamero de Danlí.

Celebro sobremanera que Vuestra Señoría se encuentre mejorado de su quebrantada salud. Abrigo la dulce esperanza que Vuestra Señoría me dará carta de ciudadanía en el mundo sereno de su gran corazón, que está abierto siempre para socorrer a los hijos de la desgracia y del infortunio. Quiero vengarme así de la carta que Vuestra Señoría me envió empapada en afectos y en benevolencia, que no merezco, que estoy muy lejos de merecer.

Créame su sincero admirador que lo quiere. Anto. R. VALLEJO".

Aparte de la inspiración literaria que Vallejo imprime a esta carta para el Señor Vélez, hay en ella ideas, conceptos y principios que no son hijos del cariño y del afecto que sentía por el ilustrado Obispo. Quien se detenga un poco en su lectura o intente analizar los pensamientos de Vallejo podrá encontrar al estadista y al sociólogo, En uno de los párrafos de la Carta se refiere a las instituciones y en influencia directa en las creencias, opiniones y costumbres de los pueblos; a que las leyes no pueden formar estas costumbres ni cambiar las opiniones o las creencias, porque tal cosa sería "invertir el orden natural y lógico" ya que la naturaleza no da saltos; expresa que las leyes deben cercarse de respeto y se duele de quienes pretenden hacer experimentos en materia constitucional como si se tratara de una disección animal que puede repetirse a menudo; recuerda que ese afán de experimentar en materia tan delicada es el responsable de las desgracias e infortunios que padecen nuestros pueblos hispanoamericanos, porque además de ser impropios los tanteos suele verse en los gobiernos solo el reflejo Transitorio de las aspiraciones de bando, por lo que, los pueblos que así lo creen, están expuestos a frecuentes convulsiones, a la inestabilidad, al atraso, al aniquilamiento de su riqueza y a la corrupción, como síntoma de postración y ruina.

El contenido de esos párrafos, a mi ver, es una lección que puede aprovecharse en Honduras, en donde todavía estamos en tanteos, en planificaciones que consumen enormes sumas de lempiras, en proyectos ambiciosos formulados por técnicos y expertos que gastan resmas de papel y toneladas de tinta proyectando utopías como medios fácil de justificar los jugosos sueldos que perciben o como medio también fácil de engañar a los tontos, porque para mí, los fales expertos, son aprendices de todo y oficiales de nada. Ese contenido es una lección que debe aprovecharse aquí, en donde todavía no hemos rodeado la ley de esa majestad que la hace respetable, de esa obligatoriedad que debe alcanzar a todos los ciudadanos, sin esquivar al delincuente por conveniencias de ninguna especie; de esa imparcialidad con que protege al hombre honrado y castiga al transgresor sin parar mientes en categorías ni posiciones. Es una lección para todos los hondureños que suelen ser patriotas solo cuando disfrutan del poder, y que cuando no gobierna su grapo, todo lo ven malo, todo lo censuran y todo lo obstaculizan, sigilando que un gobierno bueno o malo es el que encauza y dirige la administración pública y por tanto, representa a la Nación.

A propósito, yo no creo que los gobernantes cometan yerros intencionalmente, porque todo ciudadano responsable procura desempeñar la función pública con honradez, con excepción de los pícaros que se sirven de la confianza ciudadana para estafarla, pero para ellos fue que Vallejo, seguramente, pedía la respetabilidad de la ley porque con eso, habría respetabilidad institucional.

Es fácil comprender que los hondureños todavía pensamos, en materia política, como en 1899 pretendiendo madurar el progreso en un día y olvidando que es un fenómeno lento que se palpa después de haber acumulado y perfeccionando los avances de períodos anteriores, ajustándolos a las exigencias de la evolución. Pero está claro que en Honduras es difícil evolucionar, especialmente en las ideas políticas y de administración pública, porque si algún intento se hace en este sentido, pronto se ve obstruccionado por los que están listos a protestar. Aquí, como dice un anuncio de la televisión, hay grupos que están en contra de los que están en contra y en contra de los que están a favor. Resultado: todo se queda en nada y los intentos renovadores se van en palabras y en proyectos.

Dice Vallejo finalmente, que a el Reverendo Padre Gamero sólo sabe que es descendiente de distinguida familia de Danlí. En obsequio a los pacientes lectores de este ensayo, voy a decir algo de fan ilustre jesuita hondureño, de quien escribió una notable biografía el Rev. Padre Daniel Restrepo, S. J.

El Padre Luis Antonio Gamero Medina fue hijo legítimo de Don Francisco Gamero y Doña Encarnación Medina, nacido en Danlí el 8 de agosto y bautizado el 8 de septiembre de 1841 por el Padre José Domingo Borjas Cura Interino de aquel Beneficio. A temprana edad fue enviado a Guatemala para su educación, pero su vocación sacerdotal le llevó a las puertas del "Colegio de la Compañía de Jesús" y el 26 de noviembre de 1856, inició el "Noviciado" cuando era Superior de los jesuitas el P. Pablo de Blas. A los 17 años inició sus labores evangélicas siendo aún novicio, al formar parte de una expedición apostólica que fue a Gualán, Guatemala. Después de cumplir los dos años reglamentarios de noviciado, hizo los votos religiosos que habrían de prepararle para el estado sacerdotal, recibiendo las Ordenes Sagradas el 17 de diciembre de 1870 de manos del Ilustrísimo Señor Barrutia, Auxiliar del Arzobispo Piñol y Aycinena, a los 29 años de edad. Inmediatamente después el P. Gamero hizo el segundo noviciado que en la Orden de

San Ignacio se llama "Tercera Aprobación" celebrando sus últimos votos en 1876 en León de Nicaragua, pues la Revolución de 1871 que encabezaron García Granados y Justo Rufino Barrios había expulsado a los jesuitas de Guatemala.

Inapreciable labor educativa realizó el P. Gamero en el Colegio San Luis Gonzaga de la ciudad de Rivas, Nicaragua, de donde pasó en julio de 1877 a Cartago en Costa Rica. Encomiables trabajos misionales y docentes desarrollaron en Cartago, pero al tomar el gobierno Don Próspero Fernández, decretó la expulsión de la Compañía, y en julio de 1884, arribó el peregrino a las playas de Jamaica. En octubre del mismo año, fue llamado de Colombia y en este noble país permaneció hasta su muerte ocurrida el 23 de mayo de 1928.

El Padre Gamero no sólo se distinguió por su piedad y su tesón ejemplar en la orientación y formación de novicios, sino por su labor civilizadora y misional, su juicioso consejo y su gran habilidad musical. Se le recuerda como fundador y Rector del Colegio de Pasto, como Superior de la Misión Colombiana, y como Rector y Maestro en Bogotá, Medellín y Barranquilla en donde dejó la semilla de su constante caridad y sabiduría que ya ha germinado en la actual generación de religiosos que él ayudó a formar en la patria de Santander.

El Padre Luis Antonio Gamero es una gloria de nuestra iglesia hondureña aun cuando su vida transcurrió en lejanos lares ya que, cuando en 1871 quiso desembarcar en Amapala, se le negó el derecho de pisar su propia tierra.

CAPÍTULO V: OTRAS ACTIVIDADES DEL PRESBÍTERO Y LICENCIADO ANTONIO RAMÓN VALLEJO

I.—VALLEJO COMO MAESTRO Y FILÓLOGO.
II.—LIGERAS OBSERVACIONES AL CURSO ELEMENTAL DE HISTORIA DE LA LENGUA ESPAÑOLA.
III.—ACTIVIDAD PERIODÍSTICA DE VALLEJO.
IV.—EL PERIÓDICO HONDURAS INDUSTRIAL.
V.—EL PERIÓDICO OFICIAL "LA REPÚBLICA".
VI.—VALLEJO POLEMISTA POLÍTICO.
VII.—EL ACADÉMICO VALLEJO.

VALLEJO COMO MAESTRO Y FILÓLOGO

No sé quién fue el primero en decir que el Presbítero y Licenciado Antonio Ramón Vallejo inició su carrera de Cátedra a los 16 años de edad sirviendo la de Latín en la Universidad Central. De quién primero dijo esto, lo han copiado varios distinguidos escritores, lo que es lamentable, porque en 1860, cuando Vallejo tenía 16 años, la Cátedra de Latín era servida en aquel centro docente por Don Francisco Antonio Xavier Botelo que había sido nombrado el 8 de febrero de 1858, y quien la retuvo hasta 1873 en que la renunció por enfermedad, es decir, la sirvió durante 17 años.

Es indudable que el Padre Vallejo tenía la capacidad suficiente para servir tal empleo, y al fundarse en Tegucigalpa establecimientos de enseñanza secundaria particulares y del Estado, fue a ocupar tan importante cátedra, pero tales establecimientos vinieron como resultado de la Reforma educativa que realizó Ramón Rosa, es decir de 1880 para acá. Es posible, sin embargo, que al retirarse el Señor Botello en

1873, Vallejo asumiera la Cátedra que aquel dejaba. Desafortunadamente no he logrado encontrar ningún dato exacto para hacer una afirmación categórica.

Resulta interesante que antes de ser escritor e historiador, Vallejo fue Maestro; fue maestro siguiendo los métodos antiguos, los textos antiguos muy a pesar de que, dominando la materia con bastante buen suceso, estaba, por decirlo así, imposibilitado para cambiar la técnica de la enseñanza. Pero pronto se propuso hacer modificaciones saludables inspiradas en su experiencia y sus constantes estudios. De sus días de Maestro es el siguiente relato que el Doctor don Esteban Guardiola, Benemérito de la Instrucción Pública, consigna en su Biografía de Don Francisco Antonio Xavier Botelo: "Y a este propósito —escribe Guardiola—, recuerdo que cuando recibía la clase de latín en el Instituto Nacional con el Padre Vallejo, éste nos ponía el siguiente ejercicio: JOANNES ET PETRUS LUDUNT, HIC PILA, ILLE TROCHO. Unos de mis compañeros traducían: Juan y Pedro estaban junto a una pila, o Juan y Pedro estaban junio a un estrecho, y otros decíamos: ¡Yo adivino! señor, ¡Yo adivino! y el Padre concluía por decirnos: majaderos, cucambas, esa oración se traduce así: JUAN Y PEDRO JUGABAN, ESTE A LA PELOTA, AQUEL AL TROMPO. Y quedábamos completamente satisfechos; pero en ayunas".

Que fue rígido y exigente con sus alumnos, no cabe duda, pero de esto a lo que afirma el escritor don Ismael Mejía Deras en su libro "Policarpo Bonilla" publicado con el seudónimo de Aro Sanso hay mucha diferencia. En efecto, el señor Sanso refiere que al examinarse Don Policarpo Bonilla en Derecho Canónico que "Antonio Vallejo que, según parece, no lo quería bien, lo aplazó antojadizamente, expresándose con menosprecio de él. Se irguió el alumno ofendido y dijo: 'Yo me comprometo a probar que conozco mejor el Derecho Canónico que el Señor Vallejo, que pretende ser tan profundo en él; y en efecto, pocos días después hizo un examen brillante'".

Sería un pasaje magnífico el que refiere Aro Sanso si no fuera una fantasía de su brillante número para dar colorido a su trabajo. Vallejo no menospreciaba a la gente de talento porque como maestro podía aquilatar las aptitudes notables del joven Policarpo Bonilla; sí fue exigente, pero no fue majadero. Por su parte, Don Policarpo no pudo haberse desenvuelto con insolencia, porque en aquel tiempo la juventud sabía quiénes eran los hombres de luces, cuáles sus méritos y cuál el respeto con que debía tratarse a las personas; aquella juventud no fue como la actual, irrespetuosa, fatua, incapaz de observar ninguna compostura, precisamente por muchas deficiencias de que adolece.

Por otra parte, el Doctor Bonilla era hombre que nunca olvidaba las ofensas, y las recibidas en los bancos del colegio suelen tenerse como imperdonables. Si Vallejo le hubiese menospreciado o burlado públicamente de él no le habría perdonado el ultraje a su talento, y, entonces cuando ya fue Presidente, se habría vuelto refractario al reconocimiento de los méritos de su antiguo maestro; pero al contrario, hombre culto y de gran visión como era, Don Policarpo envió al General don Manuel Bonilla a San Salvador primero, y a Guatemala después, como su emisario personal, para invitarle a regresar a Honduras en donde sus luces y su capacidad eran necesarias.

Su profundo conocimiento de la lengua latina, su constante estudio y su deseo de servir a la juventud, le impulsaron a publicar el libro intitulado: "APUNTES DE GRAMATICA LATINA" en 1881, impreso en la Tipografía Nacional, Calle Real, Tegucigalpa, el cual consta de 79 páginas en papel satinado, y con esta dedicatoria significativa: A LA JUVENTUD EN TESTIMONIO DEL GRANDISIMO AMOR QUE LE PROFESO. Tegucigalpa, Agosto 17 de 1881".

En las DOS PALABRAS que forman la presentación de la obra, dice: "El Señor Botelo puso en mis manos i en manos de todos sus discípulos una colección de definiciones de Gramática latina, que yo he estudiado i cotejado con el original de donde él las había formado. Las he mejorado, y no solamente las he mejorado, sino que también las he ampliado, en cuanto me ha sido posible; ora suplementado al Nebrija, son los capítulos 7i8icon los de concordancias; ora al Raimundo Miguel, que sirve aquí de texto, con la parte que trafa de los genitivos, que por estar agotada la edición del Nebrija, se hace difícil para los estudiantes el aprendizaje de tan importante materia. También introduzco reglas para las oraciones de habiendo de haber, de estando i de relativo, que hasta ahora son completamente desconocidas, i advierto para que se curen algunas ranciedades que se ven en la enseñanza. Si al escribir estos apuntes, he incurrido en algún error, me servirá de disculpa mi buen deseo i el de necesitar esta materia conocimientos mui especiales. Antonio R. Vallejo."

Al Maestro siguió el filólogo. El Nebrija fue por años de años el texto de latín para los estudiantes de nuestra Universidad, lo mismo que el Reimundo Miguel, pero Vallejo completó he hizo observaciones atinadas en ambos textos para refundirlos en sus APUNTES, libro raro, que ignoran muchos y que conocen muy pocos que sin embargo hablan de él y no lo han hojeado siquiera. En lo que se refiere a HABIENDO HABER, Vallejo dice: "Aquí también me parece que es la oportunidad de decir: que las oraciones de habiendo de haber que trae el Olarte en sus instrucciones, no se pueden hacer de ninguna manera por participio de futuro en rus ni en dus como el mismo Olarte lo enseñe; i me fundo en dos razones bien sencillas: es la primera que haciéndose por participio de futuro en rus i en dus, quedan confundidas con las oraciones de habiendo de, hechas por participio de futuro en rus i en dus: es la segunda, que siendo la oración de habiendo de haber de un tiempo pretérito, no se puede hacer por un tiempo futuro. Véase el Arte explicado página 67 i el Santa María página 94 que se expresa en estos términos: "Estas no se pueden resolver por participio, porque son oraciones de futuro mixto con pretérito, a que no equivale el participio de futuro en rus ni el en dus por sí solo sin compañía de fuerim o fuissem, pues de sí solos significan futuro, i no pretérito."

Más adelante, explica "dos palabras sobre las oraciones de estando" en la forma siguiente: "Para que una oración de estando pueda hacerse por ablativo de gerundio se necesitan dos cosas: 1° que la oración de estando signifique el modo con que se hace aquello de que habla aquello de que habla la oración principal, que se llama segunda oración: 2° que el sujeto, i nótese que digo sujeto i no persona que hace esté en movimiento en esta, o que no haya persona agente en ninguna de las dos oraciones. ¿Cómo se conocerá que la oración de estando significa el modo? Se conocerá cuando el gerundio castellano pueda mudarse en infinitivo con la preposición con v. g. llorando nada conseguirás. Es decir con llorar nada conseguirás. Cuando la oración de estando no significa el modo sino que significa la ocasión en que se hace el que se dice en la segunda, entonces se puede decir por el acusativo de gerundio con inter. ¿cómo se conocerá que la oración de estando significa la ocasión? Siempre que signifique dos acontecimientos, o sucesos diversos ocurridos en un mismo tiempo i pueda convertirse en mientras v. g. Cenando murió Alejandro, es decir, mientras, o en la ocasión que cenaba.

En el Capítulo V que trafa de la Sintaxis Figurada, expone una serie de definiciones que imagino bastante claras para fan enredada lengua y así en todo el texto, se encuentran llamadas, aclaraciones, etc. propias de un consumado filólogo y de un experto maestro.

Pero no solo la lengua latina y su gramática llamó la atención del estudioso sacerdote. La lengua de nuestros aborígenes le llevó a realizar algunas investigaciones que culminaron con un sugestivo estudio para desentrañar el origen, la formación y las modalidades de los antiguos habitantes de Copán, empresa que acometió cuando estaba en plena madurez y no tenía urgencia para darle cima. Durante su exilio en Guatemala que aunque colmado de finas atenciones de sus amigos, recordaba con amargura por la ausencia de la patria amada, escribió una "GUIA DE LA CONVERSACION LATINA Y GRIEGA" que no puedo más que mencionar porque no la conozco, y unos "estudios de las lenguas indígenas de Centro América" que tampoco he visto, pero que el mismo Vallejo las menciona en su Nota de Remisión del estudio limítrofe con Nicaragua, con estas palabras: hice, dice el autor, "unos estudios de las lenguas indígenas de Centro América para rectificar algunas afirmaciones que Mr. E. G. Squier hace sobre el particular. Como hace algún tiempo que las importantes ruinas de Copán han llamado fuertemente mi atención, quise averiguar de dónde habían venido sus primeros pobladores, en qué época y qué habla hablaron. El empeño no es arduo ni difícil, es casi imposible, porque lo cubren las negras obscuridades de los tiempos. Sobre este tema he escrito casi un libro y sin lisonjearme de mi atrevimiento, creo que puedo poner la primera piedra y abrir ligera brecha para que después se emprendan trabajos con mayor fruto. Cuando esto escribía sentí toda la verdad del pensamiento de Plinio, que llamaba al estudio CONSUELO DE LAS ADVERSIDADES".

Esto decía Vallejo en octubre de 1898, pero tales manuscritos parece que se han perdido o están en poder de alguno de tantos egoístas acaparadores que no hacen ni dejan hacer a los demás. Sin embargo tienen nuestros hombres de estudio la invitación que hace tantos años hiciera aquel infatigable investigador, que no buscaba la muelle vida de los estipendios gubernamentales para no hacer nada; ya tienen nuestros antropólogos y nuestros arqueólogos así como la respetable Academia Hondureña de la Lengua, una punta de lanza para proseguir el estudio de las lenguas indígenas, y sería de desearse que, tanto estas personas como el Gobierno de la República, colaboraran en tan importante trabajo: los primeros, poniendo su talento y voluntad, y el segundo, haciendo las facilidades económicas que requiera la empresa.

Largo fue el tiempo que Vallejo dedicó a la enseñanza. En 1906fue Director propietario del Colegio "EL PORVENIR que había fundado en esta capital el Doctor don Esteban Guardiola. A este centro llevó su sabiduría y su prestigio, habiendo colaborado con él como catedráticos, los abogados Tiburcio Carías Andino, Dionisio Gutiérrez y Rómulo E. Durón. Su salud quebrantada, los estudios que tenía emprendidos y sus deberes como abogado litigante, le obligaron a clausurar el Colegio a los dos años de haberlo recibido, con gran sentimiento de los jóvenes que en él se educaban y de la sociedad tegucigalpense. Larga fue, efectivamente su labor de maestro, porque en su abnegado ejercicio lo sorprendió la muerte el 18 de enero de 1914.

A propósito del Colegio "El Porvenir", ha llegado a mis manos un expediente levantado con ocasión de la solicitud de Examen General para el grado de Bachiller en Ciencias y Letras, presentado por el estudiante Gregorio Echeverría al Director del Colegio el 24 de julio de 1907.

Dicho expediente consta de 8 pliegos de papel sellado de 10 centavos y 4 Timbres Fiscales de 0.50 centavos cada uno, más un Oficio Original del Ministerio de Justicia e Instrucción Pública fechado el 5de octubre de 1906 por el cual, el Presidente de la República General Manuel Bonilla, concede la dispensa del estudio de Latín. Firma el Oficio el Licenciado y Profesor Luis Landa, a la sazón Subsecretario Encargado del Despacho.

La solicitud del estudiante Gregorio Echeverría fue tramitada, y el 25 de julio de 1907 el Ministro, Ingeniero E. Constantino Fiallos, le dio su aprobación, por lo que el Acto tugo lugar el día 28 por la mañana. Hay en este expediente firmas de personajes notables, cuya sola memoria nos demuestra la importancia que por aquel tiempo se daba a esta clase de actos; al mismo tiempo recuerda el Plan de Estudios requerido para el Bachillerato en el cual se destacan asignaturas como el Derecho Civil Patrio, la Historia y Geografía, y otras que ya se han olvidado, pero que dicen que ya no son necesarias debido a la evolución de los tiempos. Sin embargo, creo que aquellas asignaturas cursadas en los viejos Planes de estudios ayudaron a la formación ciudadana, dándole al individuo no sólo la preparación científico—literaria requerida, sino, a la vez, la cultura cívica que fijó el conocimiento, el amor y el respeto por la Patria.

El joven Echeverría hizo parte de sus estudios en la Escuela Normal de Varones y luego completó las materias faltantes para el Bachillerato, en el Colegio "El Porvenir". Es interesante conocer el Plan de Estudios vigente en aquel entonces: Primer Curso: Gramática Castellana, Aritmética Razonada. Inglés, Geografía Universal, Pedagogía. Segundo Curso: Análisis y Composición, Algebra, Inglés, Historia Antigua y Media, Historia Moderna, Francés, Moral y Urbanidad; Tercer Curso: Retórica y Poética, Geometría y Trigonometría, Historia Natural, Geografía e Historia de Centro América, Francés. Cuarto Curso: Filosofía, Agricultura, Derecho Civil Patrio, Fisiología e Higiene. Quinto Curso: Química, Física, Música vocal, Dibujo lineal, Dibujo Natural. Para el Bachillerato, además, el joven Echeverría tuvo que cursar y aprobar las siguientes materias: Aritmética Mercantil y Teneduría de Libros, Economía Política y Estadística, Cosmografía y Filosofía, 2° Curso.

El Acta de examen General dice a la letra: "Acta de Examen General. Los infrascritos miembros del jurado previo el grado de Br. en CC. LL, en cumplimiento del auto de admisión del joven don Gregorio Cheverría B., al examen general hemos (practicado) procedido al examinarlo por el tiempo y en las materias que previene la ley, y habiendo contestado satisfactoriamente por escrito las cuestiones qe. le hemos propuesto, lo hemos aprobado por unanimidad de votos y en consecuencia el Sr. Director confirió al Sr. Cheverría el Grado de Br. en CC.y LL., de conformidad con la ley. En fe de lo cual firmamos la presente en el Salón de Actos del Colegio "El Porvenir", el veintiocho de julio de mil novecientos siete. (f) Anto. R. Vallejo. Leandro Valladares. C. Gómez. Feliciano J. Castro.

Dije anteriormente que en este expediente constaban firmas de personajes notables, y así es: Aparte de las del General Bonilla y del Ingeniero Fiallos, encontramos la del querido Maestro y sabio naturalista Licenciado don Luis Landa, honra y gloria de Honduras por su sapiencia y múltiples virtudes ciudadanas; la firma de Pedro Nufio, Director de la Escuela Normal en aquel entonces, pedagogo insigne y abnegado conductor de juventudes a quien se recuerda con profundo respeto y cariño y a quien cantó en inspirados versos el polígrafo Rafael Heliodoro Valle; Rafael Medina Raudales, Secretario en 1907 de la Escuela Normal de Varones, abogado, Diputado a varios congresos nacionales, Ministro en el Gabinete del Dr. Mejía Colindres, Candidato a la Presidencia de la República y hombre de gran temple y acrisolada honradez. Leandro Valadares, gran jurisconsulto, Decano varias veces de la Facultad de Derecho, Magistrado de la Suprema Corte de Justicia en diversas ocasiones, juez intachable, erudito maestro y ejemplo de honestidad; Crescencio Gómez, Abogado, destacado político, Diputado, maestro y Presidente de la República en 1872 y en 1876. Feliciano J. Castro, el recordado maestro "Chanito", matemático eminente, educador infatigable que no pudo coronar su aspiración de obtener el título de Médico y Cirujano. Su vida fue dedicada a la más noble de las tareas: educar a sus semejantes. José María Matute, Secretario en 1907 del Colegio "El Porvenir", político, escritor, polemista y abogado de gran prestigio, hijo del notable ciudadano Adán Matute, ambos de grata memoria por su acrisolada honradez y su brillante actuación en el Foro.

LIGERAS OBSERVACIONES AL CURSO ELEMENTAL DE HISTORIA DE LA LENGUA ESPAÑOLA

Con ese título tan poco ostentoso el Presbítero y Licenciado Antonio R. Vallejo publicó en Tegucigalpa en 1906 y con la ayuda del gobierno del General don Manuel Bonilla, un interesante estudio crítico de la obra del Doctor don Santiago I. Barberena publicada en San Salvador en 1901 bajo el nombre de "Curso Elemental de Historia de la Lengua Española", precedida de las Nociones indispensables de Filología clásica y Etnología Lingüística". El texto del Doctor Barberena contiene 230 páginas.

En estas "Ligeras Observaciones" Vallejo demuestra en toda su magnitud la gran erudición que había alcanzado ya en la madurez de su vida, y no sólo eso, desvirtúa y echa por la borda la atrevida aseveración que han venido sosteniendo algunos escépticos, de que en Honduras no hubo, en aquel tiempo, y quizá no lo haya ahora, un sociólogo y un humanista en toda la dimensión de los vocablos. Es probable que quienes tal sostengan, desconozcan totalmente el contenido de esta obra magnífica, hija del estudio, del luminoso intelecto y del dominio de la filología que tuvo el Padre Vallejo. Y me explico que haya quienes piensen así, porque las más de las veces, nuestros críticos, nuestros comentaristas, nuestros escritores, hablan de los repiques y no saben en dónde están las campanas o en otros términos, comentan un libro del género que sea, correferencias que han tomado de otros críticos que tampoco lo conocieron a fondo, que ni siquiera han sabido cuál es el color y el tipo de la letra con que están impresos.

Vallejo aquí tan cerca de la historia como estuvo siempre se revela con diáfana claridad como el hombre de gran cultura para quien las ciencias y las artes no eran desconocidas, que deseaba buscar a través del estudio de la lengua castellana las más altas manifestaciones del espíritu hispano y encontrar lo que Bernhardi encontraba en la lengua: un aspecto histórico y otro filosófico. Y no podía ser menos la postura del autor de las "Ligeras Observaciones", por cuanto el del "Curso Elemental de Historia de la Lengua Española", estaba acreditado y consagrado ya, con el calificativo de sabio y eminente hombre de ciencia. Tal el Doctor don Santiago I. Barberena, a quien describe así el pulcro escritor salvadoreño Doctor don Rafael González Sol:

"En El Salvador, uno de los cerebros más prodigiosos que hubo, el cual iluminaba las mentes propugnaba por la cultura nacional con intensos fulgores de su sapiencia, fue el jurisconsulto e ingeniero Doctor Santiago I. Barberena quien no solo era un destacado hombre de Ciencia como matemático eminente, astrónomo de nota, meteorólogo y sismólogo competente, sino que también descollaba en las letras como filólogo y lingüística de solidez indiscutible, dominando además algunos idiomas vivos, ciertas lenguas como el hebreo, sánscrito, latín y griego, fuera del conocimiento que tenía de algunos idiomas autóctonos como el quiché, náhuatl, lenca, etc. Entre sus obras relativas a las Letras dejó publicadas además de muchos artículos periodísticos de gran mérito sus dos tomos de Historia de El Salvador, precolonial el segundo, que es lo mejor que sobre la materia se ha escrito entre nosotros".

El propio Padre Vallejo, en la Introducción a su libro dice: "Débese esa obra de mérito indiscutible al erudito escritor salvadoreño Doctor don Santiago I. Barberena, quien venciendo las dificultades que siempre salen al encuentro en esta clase de estudios, sobre todo en estos países, donde no hay estímulos. Donde hay que luchar con todo, hasta consigo mismo, para no dejarse avasallar por el desfallecimiento, se ha propuesto, por amor a la ciencia, demostrar la utilidad e importancia de la Filología, su historia, origen del lenguaje, causas de las modificaciones que sufren las lenguas y clasificación de éstas. Ocúpase también de manera maestra, de los idiomas semíticos, con especialidad del hebreo y del árabe; de los idiomas arianos;..........En mi sentir, el Doctor Barberena ha logrado en su ímproba excusión sorprender casi todos los secretos de la historia de la lengua castellana, trayendo a su regreso un arsenal de riquísimas noticias relativas a la historia de nuestra lengua............"

Después de esa Introducción cuyos restantes párrafos iré trascribiendo oportunamente, Vallejo entra en detalle iniciando sus "Observaciones" con un brillante comentario acerca de la definición de la Filología, citando y comentando a Miguel Antonio Caso y a Rufino J. Cuervo, a los insignes filólogos WilKins, Hastings, Colebroke de la escuela inglesa, a Gorresio Guissan, Puble y Ascoli Flechia de Italia y a los de la escuela francesa, entre ellos, a Furnouf, Pauthier y Saint Hilaire, quienes "estimulados por el deseo de saber el origen de las cosas humanas, su crecimiento en el curso majestuoso de los siglos, han emprendido el arduo trabajo del estudio de las lenguas, para averiguar, por este medio, lo que el hombre es, averiguando lo que el hombre ha sido".

No comparte Vallejo la opinión del Doctor Barberena de que "La Lingüística en particular, pertenece a las ciencias de observación, a la Historia Natural". El creé como Moreno Nieto, como Michel Breal y como Schleicher, que es una Ciencia Histórica, porque "la creación del material del lenguaje, de las raíces, ha sido en todo su rigor de la palabra una obra histórica, que se ha realizado en un tiempo largo y por modo sucesivo. La ciencia del lenguaje con todas sus ramificaciones, la gramática, etc, es una ciencia histórica; esto es una consecuencia necesaria del Concepto del lenguaje, por el que le consideramos como algo que tienen vida que se desarrolla y modifica, y no como objeto muerto, inerte."

Se duele Vallejo (Cap. II) de que el Doctor Barberena al referirse al furor con que en Europa se acometió el estudio de las lenguas, o sea el llamado período de los políglotas, solo cite como publicaciones importantes a los Calepinos y Nútridates, echando de menos "las obras del ilustre e insigne humanista Elio Antonio de Nebrija 6 Nebrisense como él mismo se apellidó constantemente" indicando que sus importantes trabajos merecen ser citados antes que los Calepinos, y haciendo una apología de tan ilustre filólogo.

Dice el Doctor Barberena que "hace muchos siglos que se discute respecto al origen del lenguaje" sin que se haya logrado una solución satisfactoria, y cita a Demócrito, Epicuro, Sócrates y al poeta filólogo Lucrecio, agregando que a fines del siglo pasado varios pensadores, entre ellos Rousseau "sostuvieron el origen divino del lenguaje" y concluyendo así: "semejante badomía proviene de una lamentable confusión de términos: se supone que la palabra es anterior al pensamiento, lo cual es un absurdo". Vallejo no comparte esta tesis, y sostiene que el origen humano del lenguaje es un supuesto de la ciencia. Cila el Génesis en su apoyo y aunque acepta "que la palabra es la encarnación del pensamiento" afirma: "Pero a mi entender, la razón que más convence que la palabra fue un don comunicado al primer hombre, fue el hecho de haber éste puesto nombre a todos los seres que le rodeaban conforme a su naturaleza, lo que no podía ser sin tenerla conocida perfectamente. Mientras más se estudia más se nota la admirable conformidad entre la naturaleza de los animales y los nombres con que fueron llamados. El nombre debe tener fundamento en la cosa. Por aquí se ve que la creencia de que la palabra es un don del cielo, no proviene de badomía o disparate de la confusión de términos".

En cuanto a cuál fue la lengua primitiva Barberena declara que fue la Simiana descubierta hace pocos años por el profesor Mr. Garner"; Vallejo opina que no obstante que la ciencia humana no ha podido todavía resolver esta gravísima cuestión, el hebreo tiene todos los visos de ser la lengua primitiva, argumentando en la siguiente forma: "Hasta hoy nadie ha puesto en duda, que yo sepa que el primer hombre se hoy nadie ha puesto en duda, que yo sepa, que el primer hombre se llamó Adán: pues bien, esta palabra significa en hebreo tierra roja, cir del polvo de la tierra. Nuestra palabra hombre, derivada del latín homo, a su vez derivación de humus, fierra, viene a coincidir con la etimología anterior; de manera que Adán y hombre significan lo mismo al través de la distancia de miles de años, lo cual hace creer con fundamento que el hebreo fue la lengua primitiva".

Desde el Capítulo V (Pág. 56) hasta concluir el Capítulo XI (Pág.239) el Padre Vallejo hace una brillante exposición sobre los diferentes sistemas de clasificación de las lenguas, de las tres grandes clases en que estas se dividen; sobre los idiomas americanos; sobre el Asirio, el caldeo, el árabe y el comienzo u origen de la escritura; sobre la clasificación de las lenguas arianas, así como la importancia del sánscrito tanto desde el punto de vista histórico, como el literario y hace una clara exposición de sus relaciones con el griego y el latín, para lo cual se remonta al Antiguo y Nuevo Testamento, a los escritores más antiguos como Quintiliano, Cicerón y Marco Tulio; analiza y compara los Salmos con el canto de los Arvales citado por Barberena; conjuga verbos, analiza versículos del Cantar de los Cantares del Libro de Job; hace lo mismo con la Epístola de San Pablo a los Corintios y se apoya en eminentes humanistas para concluir de esta guisa: "El autor del Curso Elemental de la Lengua Española pasa en revista las transformaciones que ha sufrido la lengua latina en los diferentes períodos de su historia las aprecia de manera desigual y no aparecen por lo tanto idénticos y uniformes sus juicios; ora dice: siguiendo ciertas opiniones que el latín no es como el griego, una lengua elegante, rica y variada, que sus formas son pesadas y aún bárbaras y las desinencias torpemente yuxtapuestas al radical, sin fundirse con él; que desentonan y endurecen las frases esos continuos genitivos que el latín en la sintaxis carece de aquella maravillosa facilidad con la cual el griego expresa los más delicados detalles, que no tienen artículos, los cuales dan al griego clásico tanta precisión para distinguir el sujeto del atributo, que ha perdido un número, en fin, el vocabulario latino as muy pobre; que dos cosas todo le hacen falta: la facultad de formar voces compuestas, lo que perjudica a la inspiración poética y por otra, poseer términos abstractos, lo que entorpece a la filosofía......."

Para afianzar su criterio, Vallejo cita al gramático y filólogo Doctor Matías Callandrelli en una larga exposición que corresponde al Prólogo que aquel escribió en 1873 a su Gramática filológica de la lengua latina, uno de cuyos párrafos dice: "Queréis conocer lo que fue el pueblo romano? Estudiad el carácter de los españoles, italianos y franceses; quitad lo que hay diferente y contradictorio, que resulte del clima y de las instituciones religiosas y políticas y reunid en un cuadro lo semejante: este cuadro será todo el pueblo romano que se desarrolla desde Rómulo hasta Augusto. Viceversa, el pensamiento romano toma sus diferentes formas y manifestaciones en las obras artísticas de las razas neo—latinas, según el variar de las épocas y costumbres.

162

De modo que el pueblo romano es el mismo pueblo neolatino, y el pensamiento antiguo es el mismo pensamiento moderno, tan diferentes entre sí, como es diferente el idioma antiguo del moderno. Las producciones modernas son las mismas producciones antiguas modificadas: y aquellas no podrán ser apreciadas en su verdadero valor si no se estudian en éstas: la crítica carece de su apoyo, faltándole la literatura latina y pierde casi la mitad de su materia; pues así como para dar un cuadro completo de un adulto, será necesario empezarlo desde su adolescencia, así también para comprender todo el concepto literario moderno, se necesitará mirarlo en la literatura latina."

En las 45 páginas que contienen el Capítulo XII, siguiendo a Barberena en su recorrido remoto para buscar en las edades prehistóricas primitivos habitantes de España, Vallejo con fluida exposición arranca de la gran conmoción que tuvo lugar en Egipto y que refiere el Éxodo, llega a la dominación romana y llama la atención al hecho de la aparición del latín en España, haciendo valiosas citas de opiniones de hombres de gran erudición, para continuar en el capítulo XIII con el estudio del grado de cultura de los godos y de su influencia desde el punto de vista filológico. Pasa al capítulo XIV con el establecimiento de los árabes en España, su cultura y su influencia en la formación del había castellana. Los capítulos XV, XVI y XVII, se refiere a las lenguas romanas o neolatinas, a los idiomas hablados en España, al castellano y su dispersión; a las épocas en que puede dividirse la historia de nuestra lengua, de la formación de los dialectos, a los estudios de Don Andrés Bello, para concluir con un análisis cualitativo del castellano, con la cita de numerosas voces exóticas, con la cita de raíces latinas y sus derivaciones, para cerrar su brillante estudio con una semblanza de Sor Juana Inés de la Cruz y su obra imperecedera.

Hay en el texto de Vallejo suficiente evidencia de su empaque humanista, de su estructura de Sociólogo y de su gran capacidad lingüística; hay también sentidas frases de discutimiento de las opiniones del Sabio Doctor Barberena, como la siguiente: "Es de sentirse que el Doctor Barberena, opine y enseñe que la lengua española no deriva de la latina, porque mejor, su útil y provechoso habría sido que él hubiese dedicado sus raros talentos, su ilustración, las energías de sus años, en estudiar a fondo los dialectos que contienen el gran secreto de cómo se alteró el latín para convertirse en Español, que es la faz más importante de cuantas se pueden presentar en estos estudios".

Allá en la introducción página XV, Vallejo había advertido que respetaba la sabiduría del autor del "Curso Elemental de la Historia de la Lengua Española", porque no sólo había sido él, un discípulo poco aprovechado en la ciencia de la lingüística debido a su formación académica, sino porque el Doctor Barberena era un erudito escritor que había realizado "una obra de fan subido mérito, y deplora estar en desacuerdo en varios puntos, achacando la disparidad de opiniones, entre otras cosas a lo siguiente: "Observo—dice Vallejo— que en fales apreciaciones y juicios presiden el espíritu de la escuela a que pertenece el Dr. Barberena, la cual ha padecido siempre —permítaseme que lo diga— el achaque de pagarse de las últimas novedades, aunque carezcan de exactitud, de lógica y del prestigio de autoridades competentes, cayendo por este motivo, en el error de sostener ciertas doctrinas y afirmaciones nuevas, a mi humilde juicio, insostenibles".

Por lo demás, el libro lo dedica Vallejo a la memoria de sus padres y su amigo el Doctor don Alberto Membreño a quien llama "erudito y diligente filólogo". El trabajo comenzó a publicarse en Tegucigalpa en 1902 en el "Diario de Honduras" y en esta forma llegó al conocimiento del Dr. Barberena, que dirigió a Vallejo la siguiente carta: "San Salvador 13 de Agosto de 1902, Señor Licenciado Don Antonio R. Vallejo. Tegucigalpa. Muy estimado Señor: Hace ya algunos meses que recibí unos pocos números del "Diario de Honduras" con una parte de las "Ligeras Observaciones" publicadas por Ud, respecto a mi "Curso Elemental de Historia de la Lengua Española". Sólo tengo la introducción y lo inserto en los números 1.394, 1.396 y 1.402. Deseo conocer el resto de lo que Ud. haya escrito sobre ese asunto para aprovecharlo al dar a luz la 2da. edición de mi obrita. En tal virtud, le suplico que si no tienen inconveniente se sirva remitirme la parte que me falta. Deseo a Ud. toda felicidad, le doy las más expresivas gracias por los honorosos conceptos que ha expresado sobre mi citada obra, y me suscribo de Ud. con toda consideración, atento y S.S. y amigo. (F.) Santiago I. Barberena".

A modo de Colofón, Vallejo insertó esta Advertencia:

"Este libro se entregó al Director de la Tipografía Nacional en la Administración del General Bonilla, en mayo de mil novecientos cuatro. Comenzó a publicarse hasta el diez y siete de agosto de mil novecientos seis (248 páginas), y se terminó en Junio de mil novecientos siete, por el interés con que atiende los trabajos el nuevo Director, don Manuel M. Calderón".

ACTIVIDAD PERIODISTICA DE VALLEJO

Nadie puede afirmar que el Presbítero y Licenciado Antonio Ramón Vallejo fue periodista, si se toma esta palabra en la acepción actual, pero sí puede decirse que tuvo muchos atributos que hombres llamados como tales hoy, desearían tener: el talento, el estudio, la visión, la facultad analítica que priva en la mente de los que están lejos de la ráfaga del odio, el conocimiento de los hombres y el deseo de ver a Honduras en el concierto de los pueblos cultos y progresistas sin hacer papel desairoso.

Los más grandes valores de las letras hondureñas escribieron cuartillas de gran inspiración patriótica para los pocos periódicos que circulaban en Comayagua o en Tegucigalpa: Teodoro Aguiluz, Francisco Cruz, León Alvarado, Jeremías Cisneros, Carlos Madrid, Jesús Inestroza y Joaquín Soto padre, formaron las primeras falanges periodísticas: Adolfo Zúñiga, Ramón Rosa, Alberto Membreño, Policarpo Bonilla, Carlos, Alberto Uclés, Ángel Ugarte, Rómulo E. Durón y Miguel Ángel Navarro, llenaron las páginas de los periódicos hondureños ora con el comentario orientador, ora con el debate político, o bien con inspirados escritos literarios. Al grupo de estos últimos perteneció Antonio Ramón Vallejo con Juan María Cuéllar y otros tantos valores de la intelectualidad hondureña. Después vino el periodismo que se ha dado en llamar profesional: Paulino Valladares, Froylán Turcios, José María Valladares, Juan Ramón Molina, Julián López Pineda, Vidal Mejía, José María González Rosa, Ángel R. Fortín, Alejandro Castro padre, Manuel Sevilla O.,etc., etc.

No he podido determinar cuándo y en qué periódico Vallejo inició su actividad periodística; probablemente colaboró desde joven en la escasa prensa del país; quizá se inició en algún periódico oficial a fines de la década del 870, o quizá en el mismo año de 1875 en que publicó su "Carta pública al Rector de la Universidad Nacional". No se sabe con certeza la fecha, pero es el caso que analizando los viejos periódicos se encuentran rasgos de Vallejo que se dejan apreciar por lo cortante de su estilo, por la erudición y la constante relación que hay en los escritos, entre la historia y la realidad del medio. Es difícil saber hoy quiénes fueron los Directores o Redactores —que entonces era lo mismo—, de los periódicos paisanos. Rara vez figuraban los nombres de las personas responsables, ni siquiera las iniciales.

Preferían nuestros escritores estar a la moda usando el seudónimo, porque, cosa digna de imitarse, entre aquella gente culta, el seudónimo no servía para insultar al prójimo y por ello escaseaban los insultos y las calumnias; entonces se rebatían las ideas, se exponían los principios, pero se respetaba a las personas y era sagrada la vida privada de los hombres públicos. Y no era que la política se tomaba con calma; los debates eran acalorados y cada quien cuando era del caso defendía con vehemencia sus puntos de vista; era que los contendientes tenían más educación, más comedimiento y más respeto por sus semejantes. Hoy pareciera que quienes se dedican a escribir se creen sagrados o infalibles, y esto va con críticos y criticados, porque contradecir a alguien, censurar a alguien por su actuación pública es como desatar el diluvio o hurgar un nido de alacranes.

En la respuesta al comentario crítico siempre hay palabras vulgares, de dudoso sentido, frases hirientes y blasfemias contra la dignidad individual. Y es que aquellos hombres escribían verdaderamente para el público y no deseaban herir a sus lectores. Hoy se escribe, con muy honrosas excepciones bien reconocidas, para que cada quien se desahogue, para que cada quien abra las compuertas de las pasiones reprimidas, como si se tratase de una competencia para establecer quién es más vulgar o quién es más estúpido.

Esta deplorable realidad de nuestro periodismo obedece a que se ha deformado el concepto del hombre de prensa, y en que suele llamarse periodista a cualquier badulaque que ni siquiera ha cursado la escuela primaria. Se le llama periodista a todo aquel gritón que insulta por la radio, al que vocifera noticias alarmantes, al que propala calumnias y temerarias afirmaciones ya sea contra el Gobierno o contra las personas; también suele llamarse periodista a muchos zánganos que usan el chantaje como medio de vida y que son incapaces para redactar una simple gacetilla de cumpleaños. Hay una gran distancia entre el hombre de prensa de ayer y el pomposamente llamado periodista de hoy; en el pasado los que escribían en periódicos eran hombres de gran cultura, de suficiente empaque intelectual capaces de orientar con sus comentarios, de enardecer los ánimos con sus diatribas y en todo caso, capaces de hacerse escuchar por la razón de su causa y por la altura de sus pensamientos.

De aquella falange de Paulino Valladares y Juan Ramón Molina, solo quedan Vidal Mejía, Antonio Ochoa Alcántara, Salvador Turcios Ramírez, Francisco Varela M. y alguno más. De la escuela de Julián López Pineda están dando frutos Víctor Cáceres Lara, Jorge Fidel Durón, Óscar A. Flores, Enrique Gómez, Eliseo Pérez Cadalso, José R. Castro y unos dos más. Hay sin embargo la esperanza de que con la nueva generación que está tomando en sus manos la bandera del diarismo profesional como se dice ahora, el panorama habrá de mejorar y a los auténticos valores ya citados tendrán que agregarse los nombres de Vicente Machado Valle hijo, Óscar Acosta, Andrés Alvarado Lozano, Donaldo Castillo Romero, Carlos Rigoberto Soto, Wilfredo Mayorga, Jonathan Roussel, Mario Bardales Meza y unos tantos más.

Perdónenseme estas verdades; son para algunos dolorosas, pero es preciso que alguien las diga. Me tocó en suerte a mí, al recordar cómo Vallejo externaba sus pensamientos por medio del periódico. Yo no quiero decir que era blando en la censura; Vallejo fue duro, durísimo en sus comentarios cuando esto era preciso para enderezar entuertos, pero su dureza la dijo con la palabra apropiada y con la decencia requerida en un hombre de pluma. Así como fue implacable en ciertos capítulos de la Historia Social y Política de Honduras para en tocar la actuación pública de nuestros políticos, también lo fue en las columnas de la prensa pero sin usar ese léxico vulgar que ofende a quien lo lee y hace despreciable a quien lo escribe. Sus escritos políticos no destilaron encono, pero sin embargo, en cierta ocasión se ofuscó al polemizar con el Licenciado don Manuel Colindres de lo cual me ocuparé más adelante. A pesar de ello, Vallejo trató siempre de conciliar al pueblo hondureño.

Trabajó en LA GACETA DE HONDURAS en 1877 para defender y justificar al Gobierno del Doctor Soto; pero lo defendió con argumentos que son válidos para todo periodista: los argumentos de la verdad. Siguió colaborando en 1883 en LA GACETA, nombre que se le había dado al periódico oficial y que sustituyó al anterior de

1877, y en 1884 fundó y dirigió el periódico HONDURAS INDUSTRIAL para promover el adelanto del país y estimular las inversiones extranjeras.

Vallejo no intentó siquiera crear confusionismo entre el pueblo hondureño; no propició ese derrotismo que ahora es fan frecuente en nuestra prensa que por cuestiones políticas locales o por asuntos económicos, todo lo encuentra pésimo. Vallejo jamás dijo que Honduras era el país más atrasado de la fierra; y esto que en su tiempo, Honduras era realmente la cenicienta centroamericana. A Vallejo le habría dado vergüenza, quizá se habría muerto de rabia, si alguna vez siquiera, hubiera tenido que escribir semejante irrespeto para la patria que le vio nacer.

Hoy parece que entre más insultos se lanzan a la Nación, entre más obcecación se pone en desprestigiar al país, es de mejor calidad el periodista.

¡Lo triste es así!

EL PERIÓDICO OFICIAL "LA REPÚBLICA"

En 1883 el Doctor don Marco Aurelio Soto renunció desde California su cargo de Presidente de la República de Honduras y su principal colaborador y Ministro de Estado Doctor don Ramón Rosa abandonó el país. El Consejo de Estado compuesto por el Licenciado don Rafael Alvarado Manzano, y los Generales don Enrique Gutiérrez y Luis Bográn, asumió el Poder Ejecutivo, y practicadas elecciones de autoridades supremas resultó electo Presidente el General Bográn. Si bien se sospechaba, nadie creía ni deseaba un cambio de rumbo en la política del país, porque el nuevo presidente había figurado en los cuadros reformistas de Soto y Rosa; sin embargo, poco a poco se fue notando el giro de los negocios públicos aparentemente orientado a consolidar la obra iniciada por Soto.

Entonces fue fundado el periódico Oficial "LA REPÚBLICA" bajo la dirección del Presbítero y Licenciado don Antonio Ramón Vallejo quien en el primer número publicó el siguiente "PROSPECTO": "La República. He aquí el nombre del periódico que hoy fundamos y cuyo primer número damos a luz. Proponiéndose el nuevo Gobierno la fiel observancia de la ley y el cumplimiento y desarrollo de las instituciones que nos rigen, instituciones de índole verdaderamente republicana, se necesita de un órgano de publicidad en consonancia con los principios que alientan y sostienen esas instituciones; y el presente periódico tienen por primordial el fomentarlas, por medio de la difusión de las ideas que con ellas se relacionan.

"La mejor o suprema garantía de la República, o de la Democracia Representativa, es, como todos lo reconocen, la libertad de la prensa, garantía tan necesaria e importante, que un eminente publicista, ha dicho de ella que sentada en el umbral de la cabaña, prohíbe la entrada a la arbitrariedad del poder, y sentada en los escalones de los palacios de justicia y de gobierno, turba el sueño de los jueces y de los ministros prevaricadores—, garantía, repetimos, fan imprescindible y fan preciosa, que los ingleses la consideran como la primera de todas, puesto que, con el ejercicio de ella sola, pueden recobrarse todas las otras si llegan a perderse. De tan bella y valiosa garantía gozan hoy los hondureños de la manera más cumplida, salvo las responsabilidades que se contraigan ante la ley por el abuso que de ella se haga. Nos es grato por lo tanto anunciar en este Prospecto, que las tipografías del Gobierno en esta capital y en los Departamentos, están sin restricción alguna, al servicio de los ciudadanos para la práctica de la primera de las libertades que nos garantiza la Constitución; en la inteligencia de que, el Gobierno, será enteramente extraño a toda especie de publicaciones fuera de los conceptos o de las ideas que se enuncian en La Gaceta y en "La República", en cuya redacción alternarán los Ministros del Despacho.

"Otro de los objetos de este periódico, será el de popularizar los descubrimientos útiles que día por día manan de los grandes centros de civilización en Europa y la América del Norte, aplicables a toda clase de industrias, aplicables a la agricultura y a la minería, que serán en el tiempo y quizá en una no muy lejana, verdaderas e inagotables fuentes de riqueza de nuestro suelo; y como las sociedades no viven solo del elemento positivo o material que halaga y regala los sentidos, sino que viven o deben vivir, del elemento intelectual y moral que es el único que embellece y dignifica a la especie humana; es por esto que, en nuestro periódico, se dará también cabida, a cuanto nos parezca digno de publicarse, ya sea por su novedad y elevación en las ciencias, o ya por su belleza o buen gusto en literatura. Procuraremos en fin, que este órgano naciente de los intereses de Honduras, llene su misión de la manera más honrosa que fuere posible, ya que, como hondureños, es nuestro deber cooperar con perseverante esfuerzo, a la felicidad de nuestra paria, que adelantará y crecerá en civilización, merecimientos y dignidad, recibiendo el diario contacto de las ideas útiles y de las ideas grandes difundidas por la prensa y llevadas en sus alas a todos los ángulos del país.

"Creemos oportuno añadir que en todas nuestras palabras, apreciaciones y discursos, seremos verídicos e imparciales y que guardaremos en ellas la mesura y comedimiento que tanto cuadran en las manifestaciones de la prensa y que tanto sirven para que sean recogidas con agrado sus enseñanzas. No emplearemos jamás la diatriba, el dicterio y el insulto, que no persuaden sino que irritan y engendran de ordinario odios insanos. No somos disociadores. Aspiramos al contrario, a la unión a la armonía y la concordia de todos los ciudadanos y abundamos en la expresión feliz de Castelar; el odio nada fecunda, solo el amor tiene prole. Respetamos en nuestro lenguaje a nuestros conciudadanos y nos respetaremos a nosotros mismos, pues como hondureños y como hermanos, nos debemos todos mutuamente benevolencia y consideración.

"No nos permitiremos hacer alusiones o murmuraciones a lo pasado. Lo pasado queda en tranquila y pacífica posesión de todo el bien o de todo el mal que en él se haya hecho, de toda la gloria o de todo el desdoro que en él hayan conquistado nuestros hombres públicos. Nosotros convertiremos nuestras miradas a lo presente y a lo porvenir, y ojalá seamos tan felices que contribuyamos a fundar en nuestra patria bajo la égida del orden y de la paz, una existencia social digna y decorosa, llena de moralidad, de justicia y de decencia."

En las líneas precedentes no sólo se expresa el pensamiento del Gobierno, sino las ideas claras del Director, ya que estuvo convencido de la necesidad de garantizar al ciudadano el derecho de pensar, el de emitir cualquier opinión sin más limitaciones que las impuestas por la ley, fundamentadas en el decoro, en la moral, en el orden y la tranquilidad del país. El Artículo 7, inciso 12 de la Constitución de 1880 que era la vigente, claramente establecía que: "Ningún ciudadano puede ser inquietado ni perseguido por sus opiniones, de cualquiera naturaleza que sean, con tal que, por un acto directo y positivo, no perturbe el orden e infrinja la ley".

Luego, convencido también de la misión que la prensa está obligada a realizar para beneficio y prestigio de Honduras, Vallejo dice: "Dignidad de la Prensa. En el artículo PROSPECTO del presente periódico, hicimos algunas consideraciones acerca de la libertad de la prensa, estimándola como el primero de los derechos políticos, o la primera de las libertades, con cuyo ejercicio podrían recuperarse todas las otras, si llegaran a perderse. También hablamos entonces de la convivencia o de la necesidad de emplear en el uso bien entendido de la prensa, la debida mesura y comedimiento, tanto en consideración a la sociedad en que se vive, o al público entero, como por el respeto que el escritor se debe a sí mismo, respeto que lo obliga a eliminar siempre de sus producciones, el soez insulto, la procacidad, la injuria y la calumnia, que no tienen otro resultado, infeliz por cierto, que el aumentar las animadversiones, sembrar nuevos odios y ahondar el abismo de la discordia entre los ciudadanos, miembros de una sola familia de partido, y que aún no han llegado a la época de la madurez o a constituirse de una manera sólida y permanente.

"Coinciden con nuestras ideas a este respecto, las que acabamos de ver consignadas en un diario de Sud América, y como la materia es de tanto interés, y es además práctica, no vacilamos en dar cabida en nuestro periódico al artículo que contiene las ideas mencionadas. Ellas pueden contribuir a educarnos a morigerarnos en el uso de la primera de las libertades que nos otorga el Código fundamental. He aquí el artículo: "La Prensa Digna: Una prensa bien inspirada es la más poderosa palanca del progreso humano, porque ella es la confesión diaria de los sentimientos y necesidades populares; por— que ella lleva a los Gobiernos los coloquios diarios de los gobernados, porque ella lo sacrifica todo a la verdad y a la justicia, y porque ella, si sirve intereses de partido, los sirve leal y honradamente, sin enlodar su tribuna con la procacidad y la calumnia y sin convertir la hoja de un periódico en veleta que gira al impulso de todos los vientos.

"Sí; nada tan contrario a la libertad de la prensa como la falta de decoro y dignidad, de que ella debe ser ejemplo en todas esas manifestaciones; pues sin ese decoro y sin esa dignidad aquella no puede existir; que tanto la restringen disposiciones autoritarias como los desmanes que arrojan ciertos escritos sobre aquellos que disientan en creencias políticas y religiosas.

"La verdadera libertad, la verdadera dignidad de la prensa no consisten en las doctrinas o principios que ella sustente ni en la manera de apreciar las cosas, por erróneas que sean, sino en el terreno que se escoja para controvertirlas y en los medios que se elijan para defenderlas.

En cuestiones de moralidad y decencia públicas son esenciales el respeto que por sí mismo tenga el escritor y la mayor o menor responsabilidad social que le abonen. Los que desde el solio augusto de la idea, desde la alta tribuna de la prensa mancillan, escarnecen y vilipendian, no presumen siquiera el respeto que todo hombre debe a la sociedad de que es miembro; y los que toman la pluma para la injuria del ciudadano, o para el oprobio de la patria, ignoran que escupen fétida y asquerosa baba sobre el rostro de la madre querida, a cuyo decoro está ligado el suyo propio. El choque de las ideas, de la envidia o rivalidad y de los instintos pervertidos, para cubrirse de eternas vergüenzas, envilecen al hombre y transforman la más pura doctrina, los más santos propósitos, si de este noble y delicado sentimiento son capaces y ninguna luz llevan al campo a la discusión.

Toda sociedad reclama trabajos dignos de su civilización y para su civilización los gustos de la ira, el veneno de la pasión exacerbada, no tienen derechos para convertir aquella en juez, cuando realmente es víctima del criminal olvido de los sagrados deberes que se tienen contraídos para con ella; la violencia y la irreflexión no tienen cabida justificada en las relaciones sociales, que buscan en discusiones honrosas los medios de su desarrollo y perfección, con el concurso de todos y cada uno de sus miembros. A las sociedades no las modifican los extravíos individualistas, porque colectiva es su existencia y colectivos sus medios de acción.

"Por eso la discusión pública es el crisol de la idea, que requiere como armas la razón y los principios. El insulto procaz, la calumnia artera, conturban por su venalidad el alma y traen por resultado la confusión y la anarquía en las inteligencias, y el retraimiento de los buenos elementos y el imperio absoluto de los que son opuestos; son secreciones de una enfermedad incurable que amenaza consumir el robusto organismo de la sociedad.

Y por eso los que buscan luz para el espíritu, y llevan de buena fe la palabra de sus creencias, deben procurar sustraerse del vértigo del odio, y unidos y compactos rechazar con energía toda insinuación que tienda a arrastrarlos a un insondable abismo, en el cual deja el hombre las virtudes que le conquistan el respeto social y le otorgan la paz de su conciencia.

Vallejo agregó a lo anterior estos conceptos: "Por nuestra parte sabremos conservar el respeto que nos merece la sociedad en que vivimos; fortificándose más y más nuestro espíritu con la creencia de que para sostener honradas convicciones, no es necesario descender de la altura de la idea para caer en el cieno, en el fango de la calumnia y de la injuria."

Tal fue el credo que Vallejo sustentó como periodista. A muchos años de distancia, parece que los hondureños necesitamos reflexionar sobre las verdades del artículo "La Prensa Digna" que aquel insigne caballero reprodujo de publicaciones Sur—americanas en 1883. ¡Que saludable sería para nuestros periodistas políticos!

EL PERIODICO HONDURAS INDUSTRIAL

El 1 de febrero de 1884 vio la luz pública en Tegucigalpa el primer número del periódico "HONDURAS INDUSTRIAL" dirigido y administrado por el Presbítero y Licenciado Antonio R. Vallejo. Era un periódico Oficial que aparecería el 1 y el 15 de cada mes, en octavo y con ocho páginas con valor de dos pesos la suscripción anual, y llevando como lema: Estadística. Historia. Agricultura. Ganadería. Minería. Comercio, lo cual indicaba que este órgano publicitario editado en la Tipografía Nacional tendría como finalidad la de promover el desarrollo de fan importantes renglones para la economía y la cultura del país.

Si bien, como he dicho en este estudio, el Presidente Bográn se apartó bastante de los lineamientos políticos y administrativos del Dr. Soto, es de justicia reconocerle que estuvo atento a proseguir el sendero trazado por aquel gobernante en lo que se refiere al impulso que dio a los trabajos de la "Comisión Agronómica integrada por competentes ciudadanos, la que específicamente se encargaría de fomentar el desarrollo agropecuario.

Creo que la publicación de "HONDURAS INDUSTRIAL" fue consecuencia del empeño que aquel mandatario puso para estimular el progreso en ramas económicas tan vitales, y lo creo así, porque revisando la colección del periódico en cuestión, se encuentran datos, informaciones y reproducciones de tipo agrícola y ganadero fan importantes, que en nuestros días pueden aún servir de mucho a los campesinos hondureños.

Ya Vallejo se interesaba en el pronóstico del tiempo: la sección "Resumen de los datos meteorológicos" apuntados para el servicio de la agricultura demuestra que "HONDURAS INDUSTRIAL" iba por el camino de las realizaciones, dando informes del tiempo probable y aconsejando los trabajos agrícolas que podían realizarse con éxito en cada quincena. Demuestran también, que ya existía en la capital una Oficina Meteorológica con capacidad para emitir tan importantes pronósticos.

En otra sección se publicaba la Estadística de la producción nacional referida a los tres reinos de la naturaleza, dando en otra sección descripciones de plantas textiles, medicinales y forrajeras, y en la "miscelánea", avisos, y valiosas informaciones sobre cultivos, enfermedades del ganado y otros datos de gran interés práctico que quizá hoy por hoy, puedan tomarse como curiosidades de la época.

La sección de "Mercado. Precios corrientes de frutos y comestibles" contenía, además, el valor de los animales para consumo, trabajo y transporte. Ello constituye hoy una valiosa fuente informativa y puede ser útil a los economistas que intenten hacer un estudio del desarrollo económico de Honduras, al igual que pueden ser útiles los jornales que se pagaban a los peones, mozos, cocineras, molenderas y criadas, así como los devengados por los artesanos, diariamente.

En dicha sección aparecen también los "Precios de artefactos del país", que revelan el lento desarrollo de la industria y que, como una mera información, voy a reproducir aquí: "Precios de artefactos del país":

Sombreros de palma..............	0	36 $^{1/4}$
Machaloa..............	0	25
Pita....................	0	36 $^{1/4}$
junco (Santa Bárbara buenos)	6	00
regulares..............	3	00
ordinarios.............	3	00
Sillas de montar, muy buenas...............	40	00
buenas....................	25	00
regulares..................	15	00

Canastos...................................	0	12 $^{1/2}$
Petates......................................	0	62 $^{1/2}$
Jarcia:		
Lazos grandes (para tercios) c/u..............25		
Pequeños, c/u............................	0	06 $^{1/2}$
Cinchas de cerda.......................	0	50
pita..	0	50
Jáquimas finas...........................	0	50
ordinarias.................................	0	12 $^{1/2}$
Tinajas………………………..	0	16

De las informaciones publicadas en "HONDURAS INDUSTRIAL" procedentes de personas honorables de distintos lugares de la República y enviadas a la "Comisión Agronómica", resulta que el problema de las comunicaciones ha sido una frase y aguda calamidad en esta querida patria. Parece ser cierto que los gobernantes y sus colaboradores, con las honrosas excepciones que deben hacerse, ni siquiera intentaron en el pasado siglo, iniciar la solución del problema, y en el presente, también con excepciones honrosas, solo han querido resolverlo a saltos, encomendando a verdaderos analfabetos e insaciables defraudadores fiscales, la construcción de lo que en la jerga moderna del tecnicismo petulante se llama "vías de infraestructura", dejándoles dilapidar los dineros del pueblo que clama con razón por mejores caminos y buenas carreteras.

Y como no digo por decir, ni escribo esto por cálculo político, porque no soy político, reproduzco a continuación algunas de las informaciones mencionadas:

El Señor Rosa Muñoz, de Gracias, decía a la "Comisión Agronómica", el 16 de enero de 1884: "En cuanto a caminos y a los demás puntos de la pregunta, diré que son pésimos y no se ha atendido a arreglarlos". Don Antonio López, de La Esperanza decía: "En la compostura de caminos, de lo que más se carece es de herramientas. Haciendo obligatorio el trabajo por ocho días en lugar de cuatro que fija la ley, y bien dirigidos los operarios, dará un buen resultado, pues como las demarcaciones son grandes, por las distancias de pueblo a pueblo, apenas si se quita uno que otro mal paso en nuestras vías. "El señor don Jesús Quiroz, de Yoro, expresaba en 19 de enero: "por la suprema necesidad de las vías de comunicación de que carece este

Departamento, siendo notorio y demostrable que nuestras montañas y cerros no facilitan mejorar nuestros caminos para exportar nuestros artículos agrícolas y que por muy buen estado en que se encuentren, es una verdad palmaria que el flete absorberá casi todo el valor de ellos". Don Francisco Rodríguez de Macuelizo, Santa Bárbara, decía: "Para la mejora de los caminos, que se proporcione cada municipio fondo para compras de herramientas y que con los reos de delitos menores y faltas, y con el concurso del vecindario, los haga carreteros, lo mismo que los que conducen a las montañas donde trabajan, nombrando ad honorem comisionados a propósito".

Otro tanto decía don Guillermo Melhado, de Trujillo: "Sobre caminos siento darle muy tristes informes: el de esa Capital a este puerto es fatal, desde Sonaguera pésimo, principalmente desde Casa Blanca, habiendo lugares que se maravilla uno de haber podido pasar. He aquí, pues, el principal campo para los trabajos de ustedes: sabido que sin caminos no hay comercio ni riquezas.". Don J. M. Recarte, de San Marcos (Sta. Bárbara) informaba: "Los caminos comunales; hasta el año pasado comenzaron a componerlos escarbándolos. Ninguno carretero de los pueblos, sin embargo, de estar casi hechos así por nuestro buen Dios. Pero tenemos ya por el centro de estos valles una soberbia carretera americana hecha en pocos días casi desde San Pedro hasta Sula (20 leguas) por una compañía minera". Casi en iguales términos se expresaban los señores Anselmo Valdés de Jaral (Santa Rosa) y Cristóbal Arriaga de Olanchito.

¡Qué lejanos están aquellos días! Qué lejanos, y sin embargo, seguimos con pésimos caminos de herradura, con semi—carreteras que cuestan millones de lempiras, pero eso sí: invertimos miles de dólares en planificación y en estudios de trazos, pago de técnicos, etc. pero de carreteras, nada.

Leyendo los informes que aquellos ciudadanos enviaron a la "Comisión Agronómica", encuentro que en algunos hondureños ya había una sana inquietud por la justa distribución de la fierra que puede tomarse como un atisbo de reforma agraria, entonces ni soñada. Veamos sino los siguientes párrafos: "Que a los que no tengan terrenos propios para la agricultura, se les señale donde han de trabajar siempre, para que puedan hacer uso del arado que no conocen y de los demás útiles de agricultura empleados con fan buen éxito en los pueblos adelantados en el ramo." (Francisco Rodríguez, Macuelizo).

El Sr. J. M. Recarte, de San Marcos decía: "Un Banco Agrícola Hipotecario, creo que es la primera condición de todo, de todo; porque habiendo dinero para emprender, las empresas nacen, crecen y fructifican para el bien de todos. Creo que es muy necesario que el Gobierno estimule, con acuerdos muy protectores, la formación de potreros: que nos facilite el cruzamiento de las razas grandes extranjeras con la pequeña que tenemos, y que a principal y costo, nos proporcione un libro novísimo de los mejores para la confección de buenos quesos y mantequilla, con los aparatos e instrumentos necesarios." Don Anselmo Valdés de Jaral, pedía: "Urge así, dar a toda esa gente toda clase de franquicias, para que este desierto se pueble, para que la fierra inculta se cultive, y para que nazcan empresas, hasta hoy imposibles, por la carencia de gentes laboriosas".

Había también en aquellos hombres una clara visión de lo que podía representar para el progreso de Honduras una Escuela de Agronomía, y aún se atrevían a sugerir los medios y la formade organizarla, según se desprende de los siguientes conceptos: "la Agricultura entre nosotros puede ensancharse mediante medidas protectoras del Supremo Gobierno. Si este destinase de cada departamento un cierto número de jóvenes a adquirir en esa Capital conocimientos agronómicos, necesarios, no dudo que la Agricultura se uniformaría y mejoraría en la República, saliendo de la rutina que por ahora no puede variarse". (Rosa Muñoz, Gracias). "Es de absoluta necesidad la creación de Escuelas Agronómicas donde la juventud aprenda su teoría y mucho en la práctica. Se deben hacer gastos para que al menos vayan dos alumnos de cada pueblo a una Escuela Central o Departamental, así como van a la Normal. Al regreso de ella serán maestros en sus respectivos pueblos y despertarán éstos del criminal letargo en que yacen". (Francisco Rodríguez, Macuelizo).

El Señor Don Guillermo Melhado de Trujillo, ya se adelantaba en el cultivo del banano a la industrialización de esta musácea que trajo prosperidad y riqueza, cuando muchos años después la impulsó vigorosamente Mr. Samuel Zamuray, de grato recuerdo, y, a la vez, el propio Melhado se perfilaba como el iniciador en Honduras de la industria azucarera, Léanse los siguientes párrafos:

"Los ensayos de cultivo de guineo, para la exportación, han dado muy buenos resultados en esta costa; creo que se engrandecerá más y más cada vez, llegando a ser uno de los principales ramos de exportación, con lo que desaparecerán algunas de las dificultades con que han tenido que batallar los primeros productores, sometiéndose a los precios y condiciones de los pocos buques que hacen el tráfico: estos plantíos han sufrido bastante últimamente con los muy fuertes vientos, y son acreedores a toda protección por parte de esa Comisión. Además, estamos cultivando y planteando un ingenio de azúcar en esta costa, y a una legua de distancia de esta ciudad: como U. comprenderá hemos tenido que superar grandes obstáculos, no siendo el más insignificante el conseguir semilla bastante para plantar el hermoso campo de más de 150 acres, que hoy alegra la vista del viajero; nuestro propósito es seguir aumentando el campo. La mayor parte de la semilla sembrada, la trajimos de Cuba, y de las clases que allí han producido mejor resultado muy pronto encargaremos a Inglaterra la maquinaria necesaria y mejorada para la fabricación de azúcar y aguardiente".

Pero esto no era todo: hubo también atisbos de una legislación laboral; pensamientos que se encaminaban a reglamentar el trabajo, asombrosos en verdad para 1884 cuando nadie pensaba en ello por acá, y muy interesantes a la vez, porque fales ideas, fales pensamientos, provenían de hombres medianamente ilustrados que vivían lejos de la capital, que no eran políticos ni líderes políticos, y que apenas conocían Guatemala o El Salvador, en donde como aquí, se politiqueaba más que se hacía administración, sumergidos en la placidez de la vida semi colonial, muy a pesar de la reforma liberal de 1871 realizada por el guatemalteco Don Miguel García Granados. Soto y Rosa no habían llegado hasta allí; solo tuvieron tiempo de esbozar sus intenciones y pensaron más en la explotación minera y maderera y en otras cosas importantes lo que es comprensible, ya que vinieron a levantar a Honduras del caos en que la tenían postrada las carnicerías fraternas, la anarquía y la miseria.

Sobre esos que yo llamo atisbos, es a lo que se refieren los siguientes párrafos: "Por lo pronto, debo confesar con franqueza y con rubor, a la vez, que por aquí la verdadera industria Agrícola apenas existe, no tiene brazos ni protección en los Municipios; y por consiguiente lo primero, en mi humilde concepto, sería un reglamento de operarios." (Salvador Vásquez, La Paz). "Para mejorar por ahora nuestra agricultura, juzgo de ingente necesidad una ley sobre operarios, pues sin ésta, se escollan a cada paso todos los buenos deseos y capitales que se pretenda invertir en ella. Mientras no haya obligación de trabajar y mientras no se determine el modo de efectuar esa ley, es totalmente imposible toda empresa. Son muchos los brazos que hay aquí, pero también hay tenaz apatía por el trabajo se contentan con vivir simplemente sin hacer nada que les proporcione comodidades. "(Antonio López, La Esperanza).

"Urge un reglamento eficaz, eficacísimo, que clasifique los jornaleros, que los obligue al trabajo diariamente, como ya lo tienen mandado Dios desde el Paraíso, con el sudor de tu frente comerás tu pan, descansando sólo los días festivos, y no toda la semana, como quieren y hacen muchos, sin que nadie reclame. Reglamento que de momento provea a los labradores, hacendados, mineros, etc., de los obreros que necesite, bajo pena de prisión, o multa éstos y el empleado proveedor, si fuere moroso". (J. M. Recarte, San Marcos, Sta. Bárbara).

Si estos hombres de visión certera hubieren tenido el apoyo gubernamental, o si al menos el Gobierno hubiera dado atención a los planteamientos que aquellos le hacían, quizá la prosperidad de Honduras se habría por lo menos iniciado; se habrían evitado otras montoneras mediante el fomento de fuentes de trabajo y se habría logrado que el campesino, al menos, se olvidará de la politiquería infecunda; pero esa politiquilla destructora, suplantaba ya a la política bien entendida y aquellos anhelos de mejoramiento y superación no pasaron de ser bellas quimeras.

Pero, no obstante la seriedad con que Vallejo dirigía "HONDURAS INDUSTRIAL", su chispa satírica siempre tuvo un sitio en las columnas del periódico. Léase el siguiente Aviso: "VENDO MUY BARATA, una casa que poseo en la calle principal de la Villa de Concepción, nueva, con patio y pospatio, con varias piezas en el interior y algunos árboles frutales, etc. Para precio y condiciones entiéndanse con la que suscribe, que desea, cuanto antes, devolver al padre Darío Cruz el dinero que le ha dado a interés, porque ya la tiene media loca. Tegucigalpa Agosto 1 de 1884. Francisca España".

Yo conocí al Padre Darío Cruz en Siguatepeque cuando siendo niño, solía pasar mis vacaciones en aquella población. Era de tez blanca, fornido, alto, chapudo y con la nariz cubierta por pequeñas verruguillas; le gustaba "la copa" y las fiestas de confianza; era el Cura Párroco y se decía de él, que era hacendado y prestamista, aunque la sotana que solía usar estuviese tan raída y decolorada, que daba la apariencia de ser un modestísimo clérigo a quien los diezmos parroquiales apenas si le daban para medio comer.

VALLEJO POLEMISTA POLÍTICO

En el Capítulo que intitulo "Autobiografía Mínima", Vallejo refiere cuándo y cómo fue llamado por el Presidente Provisional Capitán General don José María Medina para formar parte activa en los asuntos políticos del país, pero como he dicho, no fue militante al modo de los amañados y logreros, y no fue tampoco de aquellos que, por conveniencias personales sacrificaron la paz, la armonía y la soberanía de Honduras.

Vallejo como político, estimó que el país era primero y que necesitaba del concurso honrado de sus buenos hijos para salir del atolladero en que estaba postrado cuando él inició su función pública como Secretario Privado de la Presidencia; era un época aciaga, cuando la política hondureña la dictaban guatemaltecos y salvadoreños, cuando Honduras era un campo de intrigas, de componendas y de traiciones con que sabían mantener su hegemonía los mandatarios vecinos que, como el Mariscal González y el Doctor Zaldívar obedecían a la batuta del General Justo Rufino Barrios.

Ya se ha visto cómo actuó Vallejo desde la Secretaría Privada del Presidente Medina; cómo durante su misión diplomática confidencial en Guatemala y El Salvador, y cómo al inaugurarse el Gobierno del Doctor Marco Aurelio Soto el 27 de agosto de 1876. Esta actuación le granjeó la enemistad de algunos políticos avezados que deseaban la silla presidencial sin reparar en los medios para llegar a ella, lo que indudablemente fue evitado, en gran parte, por la habilidad y decisión del Secretario Privado del Presidente Medina.

En aquel entonces, aún ahora, porque los hondureños no hemos aprendido ni a ganar ni a perder en política, al inaugurarse un nuevo gobierno salían del país sus oponentes más destacados: unos por temor a las represalias de los ofendidos con sus criminales abusos de poder, y otros por temor también, al requerimiento de las contribuciones y exacciones que irremisiblemente exigían los nuevos gobernantes. A Dios gracias, esto último, ya no tienen vigencia.

Por tales circunstancias emigraron muchos léperos y muchos hombres de bien, formando en el grupo de los que salieron a raíz del advenimiento del Dr. Soto, el Licenciado don Manuel Colindres, figura de gran relieve político durante varios años, abogado prominente que había desempeñado varias carteras ministeriales en distintos períodos del largo mandato del General Medina. Colindres se fue de Honduras ensañado contra el Padre Vallejo y no desperdició oportunidad para zaherirlo en libelos y periódicos, primero de El Salvador y luego, de Nicaragua convirtiendo la diatriba en asunto personal. Impacientado Vallejo por aquella actitud, publicó una hoja suelta intitulada "Manuel Colindres, o sea un Figurín político muerto en vida", en que, desafortunadamente, perdió el equilibrio y se fue por el mismo camino que Colindres había seguido para insultarlo. Pero separando del escrito las injurias, los reproches, las iracundias de Vallejo, hay en él una lección de historia patria que se refiere a las disputas por el poder entre el General don Florencio Xatruch y el General don José María Medina, y entre líneas, a las intrigas palaciegas de guatemaltecos, nicaragüenses y salvadoreños para implantar en Honduras un régimen que les fuera adicto e incondicional.

Entre uno de los párrafos Vallejo dice: "En 1855 para abandonar las filas liberales i pasarse a las conservadoras, necesitó a lo menos veinte minutos; ya en 1864 no necesitaba tantos, un minuto era suficiente para marchar de frente, cambiar a la derecha o a la izquierda. El Señor Colindres no conoce la fidelidad política. Don Manuel es la afrenta de los políticos. Ahí está la misión diplomática desempeñada en 1864 cerca del Doctor Dueñas. Principia por defender que el Gobierno del General Medina era netamente conservador i que su mantenimiento en el poder importaba a los intereses centroamericanos; i concluye por decir que comenzaba a oler a liberal i que por lo mismo era urgentísimo derrocarlo del poder. Primera traición al General Medina. Estas han sido siempre sus vivezas diplomáticas.

¿Por qué no regresó el Señor Colindres a ocupar el Ministerio que al irse había dejado encargado interinamente al Jefe de Sección,

Licenciado don José María Bustamante? ¿Por qué no volvió? ¿Por qué hizo con sorpresa de todo un viaje a galope para pedirle cita al General Xatruch en un bosque en las inmediaciones de San Miguel, en época que a éste se le tenía como enemigo del General Medina e instigador principal de la revolución de Olancho? Don Manuel sabía perfectamente bien que los gobiernos de Guatemala i el Salvador, para unificar la política de Centro América, estaban resueltamente decididos a declarar la guerra al gobierno del General Medina, sustituyéndolo con Xatruch?

El Señor Colindres abandonó el Ministerio i el Palacio porque creyó que la casa se le venía al suelo. Cuando vió que aquello no iba fan de prisa, como él deseaba, tuvo indudablemente una profunda contrariedad. Temió entonces ser enemigo de la corte, e intriga para que se le elija Diputado al Congreso por el Departamento de Choluteca, para ver si así encontraba las puertas abiertas de par en par, Don Manuel obtiene el mandato por el Departamento de Choluteca, pero aún así í todo, no se atreve a concurrir al Congreso que se instala el 8 de Febrero de 1865 sigue acechando una mejor oportunidad para irle a besar los pies al amo i conseguir así el perdón de sus indignidades: Don Manuel asiste a la Asamblea Constituyente que se instala en Septiembre del mismo año… Quien fije sus ojos en él comprenderá fácilmente que Don Manuel no ha sido ni será nunca un hombre de Estado, ni un hombre pensador, ni un hombre de claro talento, como pudieran creer los que le ven de lejos. Su vida ministerial no ha dejado ni una luz, ni huellas duraderas. Su nombre propio sería el de MINISTRO BAMBOLLA. Con mucha gracia y naturalidad dice Colindres: "En cuanto al General Medina, es mui singular que habiéndole traicionado desde 865 e intentando asesinarlo cuatro veces, me haya dispensado en todo ese tiempo tantas pruebas de estimación i confianza.

Esto tiene una explicación sencillísima.

El General Medina sabía mui bien que con la plata baila el perro i que don Manuel es de los que baila por un real, por un almuerzo, como el que le sirvió al día siguiente de haberle dado, en la ciudad de La Paz, un amable tirón de orejas i un sabroso apretón de pescuezo, que lo obligó a bajar la escalera de la casa del General Medina en precipitada fuga olvidando su sombrero. Pero no han cuidado: son palabras de estimación y confianza. Don Manuel Colindres no tiene ni quiere tener la dignidad del carácter, ni la dignidad de la honradez, cuando olvida estos ultrajes".

Colindres no se quedó callado, pero esta vez la emprendió contra el Gobierno del Doctor Soto llevándose de encuentro al Padre Vallejo en desquite de la hoja suelta cuyos párrafos acabamos de entresacar. Vallejo, leal a sus convicciones, le replicó iracundo en esta forma: "UN HONDUREÑO A UN CENTROAMERICANO. Hemos leído en el número 30 de "El Porvenir de Nicaragua" un extenso y sangriento artículo contra el Gobierno del Señor Presidente Soto, que ha impresionado de tal manera, que el patriotismo honrado cree un deber levantar la palabra para desmentir por completo las injustas y calumniosas apreciaciones que se hacen del Gobierno de Honduras. Pero antes de todo, examinemos ¿cuál es la razón de esa furia olímpica del tiempo viejo, contra un gobierno serio, sensato, independiente, que al nacer levanta la bandera de fraternidad, de eterno olvido al pasado, de completa imparcialidad para todos los partidos; y que manifiesta leal y francamente el 6 de noviembre de 1876 ¿Qué desecha el pésimo sistema que preconiza la política preventiva: que es necesario no se juzgue a los hombres y a los partidos por lo que han sido, o por lo que se piensa que pueden ser: que es preciso que se juzgue únicamente por los actos que cometan, si buenos, para recompensarlos, si malos para castigarlos con imparcial y entera justicia?

Qué razón tiene el "Centroamericano" para lanzar insultos a un gobierno que no ha perdonado fatiga, ni sacrificio para emprender y llevar a cabo lo que ningún gobierno había emprendido y llevado a cabo: que ha cruzado la mayor parte de la República de líneas telegráficas: que ha creado hacienda, que ha conseguido que Honduras tenga importancia i crédito inferior i exteriormente, de que antes carecía: que no ha molestado, ni molesta a nadie con las eternas contribuciones, que han sido la Hacienda Pública de todos los gobiernos: Que ha traído Maestros y Textos de Europa: Qué con los Maestros y los Textos ha fundado colegios de Segunda Enseñanza para ambos sexos? y no solamente ha hecho todo esto, ha hecho mucho más, ha puesto en buen servicio el Ferrocarril, que el "Centroamericano" había condenado a un abandono criminal: mantiene en paz y en reposo la República, sin que se cometa ningún género de violencias; y juzga a cada uno según sus obras y con imparcial y entera justicia.

El Crimen del Gobierno del Señor Presidente Soto, el gran pecado, la gran falta horrible, consiste en haberle dado en medio de la Anarquía en que estaba este país, las más amplias garantías, en haberlo conceptuado su amigo, puesto que amigo había sido de su padre, en haberle guardado las más altas y Exquisitas consideraciones, en no haber cumplido al pie de la letra, el programa a que nos venimos refiriendo; pues le mandó a ese "Centroamericano" carta de garantía para que su conciencia zozobrada se tranquilizase, y le perdonó la negra traición que se fraguaba en Gracias, y en la cual aparecía no con escasos compromisos, según los datos y comprobantes que se encuentran constatados en el proceso que hemos visto. Si el Señor Presidente Soto 10hubiese juzgado, como juzgó a otros muchos, según sus obras, estaría hoy escarmentando por todas partes del orden, la paz y el progreso. Esto servirá de experiencia y de medida al Señor Soto, para que sepa con quiénes y hasta qué punto debe ser magnánimo y generoso.

Dados estos antecedentes, se comprende clara y palpablemente que ninguna razón personal ha tenido el "Hondureño" o "Centroamericano" como él se llama, para prodigar al Gobierno de Honduras injurias y calumnias que llegan a la intemperancia y que son únicamente hijas de la intransigencia, de la ambición y odio de partido y con las cuales se ofende, más que al hombre, la honra y el nombre de esta querida Patria, que comienza hoy a restañarse de sus grandísimas heridas y quebrantos. Es pues, una infamia la misión de deshonrarla.

Sin una señalada previsión del corazón, no podría afirmar, no afirma el "Centroamericano", con la mayor sangre fría del mundo, que el Gobierno del Señor Soto es un Gobierno ilegal y bochornoso.

Cuando el Señor General Don José María Medina me confirmó la altísima honra de comisionarme a cerca del Gobierno del Señor Presidente Barrios, encontré en Guatemala la sensación grande que causaba la separación del Señor Soto del Ministerio, que desempeñaba a entera satisfacción de propios y extraños; y nunca oí decir las afirmaciones que peregrinamente hace el "Centroamericano".

Yo vi al Señor Soto en Chiquimula, lo vi en Jutiapa y en la campaña, como en Jutiapa lo vi estimado del Señor Presidente Barrios y ejerciendo sus funciones como de tal, a pesar de haber sido promovido a la Presidencia de Honduras por el Convenio celebrado en Chingo entre los gobiernos del Salvador y Guatemala. ¿Dónde está, pues, lo bochornoso?

Bochornoso fue lo que pasó al "Centroamericano" en San Salvador, en la misión Diplomática que le confió el Señor General Don José María Medina, en el mes de Mayo de 1876, a cerca del Gobierno del Doctor Zaldívar, con quien había concertado cándidamente la Presidencia de este desgraciado país, traicionando de este modo al Jefe y al amigo que lo había enviado. De esta afirmación es testigo Don Rafael Villamil, Secretario de aquella legación, o mejor dicho, espía que se le había puesto con tal fin, según me lo expresó el mismo General Medina, mostrándome al propio tiempo la correspondencia del "Centroamericano" y Secretario.

Bochornoso fue lo que El "Centroamericano" escribió de Amapala al Señor Presidente Barrios, diciéndole: Que el Gobierno de Gómez era un Gobierno de farsa, y, siendo este su verdadero amigo.

Bochornoso fue venir después de fales hecho a hacerse cargo del Ministerio de Hacienda y Guerra para traicionar a Mansalva al General Medina, a quien pretendía eliminar de la Presidencia; y al efecto había dictado sus primeras Providencias de remover los empleados más legales de aquel Gobierno.

Bochornoso fue no haber podido sostener la situación de aquella fecha, que estaba exclusivamente en sus manos, a pesar de suplicárselo así todos los amigos que lo rodeábamos. Bochornoso, altamente bochornoso, fue el haber proclamado en sus barbas los ciudadanos y los pueblos al Señor Doctor Marco A. Soto para Presidente de esta República. Quiere el "Centroamericano" medio más legítimo que la voluntad de los pueblos para subir al poder, y la anarquía en que había entrado el país y que lo obligó a salir fuera de Comayagua y la Paz sin que hubiesen fuerzas extrañas por todo esto.

Honduras conoce hace muchos años quién es el "Centroamericano" que hoy vomita rabiosamente injurias contra el Jefe que rige dignamente sus destinos y comprende que estos son desahogos de mala ley, fan solo porque no se le llame a ser Gobierno, como lo habían acostumbrado todos los hombres que venían al poder.

Y qué surco de luz ha dejado el "Centroamericano" en 18 o 20 años que ha formado Gobierno en este país? Lo que ha dejado y probado es, que no es ni una iniciativa, ni una energía, ni un carácter, ni un prestigio, ni un economista, ni un hombre de partido ni un hombre de Parlamento, ni un hombre capaz para la Paz, ni un hombre capaz para la guerra.

Dice el "Centroamericano" que un estupor sobrecogió al país al saber la venida del Señor Presidente Soto. Esto es un tanto cierto y un tanto falso. Un tanto cierto en cuanto se temía por algunos, que el Señor Soto, sin conocer ni nuestros hombres, ni nuestras cosas, pudiera rodearse del partido llamado liberal, conocido aquí por sus persecuciones, por sus intransigencias, por su radicalismo y, porque proclama la guerra sin cuartel a todas las garantías sociales; y de ninguna manera por lo que tocaba a su personalidad. Un tanto falso, porque siendo el Señor Soto para el país un hombre enteramente nuevo se esperaba con fundamento que establecería, como ha establecido, una política que no es de ningún círculo, de ningún partido, que es solamente nacional.

Antes de concluir consignaremos: que hemos tomado la palabra no para ocuparnos del "Centroamericano" y detenerlo en el camino de perdición que lleva y que a tanto que la planta resbale dará en un abismo profundo, sino para hacer un acto de justicia, de verdadera justicia, al Señor Presidente Soto, que garantiza ampliamente todos los intereses sociales: que promueve mejoras por todas partes y en cuanto les es posible, así en lo moral, como en lo material y que nos está rendimiento con la paz y el trabajo, fuentes de todo progreso. Tanto por esto, como porque afuera pueden haber cerebros débiles que crean que el "Centroamericano" es en Honduras el representante del partido conservador. Si él se proclama así, sépanlo de una vez los gobiernos y los hombres, que es representante sin credenciales: Que es emigrado voluntario: Que sus prestigios están reducidos a su menor expresión de familia y que por lo tanto nunca, jamás podrá venir a se aquí un Gobierno, por más que lo contrario afirme para conseguir sus logrerías. Si desgraciadamente le tocase la tentación de querer volver a las costas del Norte, como en otro tiempo, recuerde que allí está la tumba de Walker, como estará la tumba de todo ambicioso miserable.

Mi carácter, mi familia, mis ideas, mis convicciones políticas y mis ningunas aspiraciones, ponen fuera de toda duda la imparcialidad con que estas poquísimas líneas han sido redactadas; pues de tantas gentes que andan el camino de las ambiciones ninguna ha tropezado conmigo. Tegucigalpa, Sete. 10. de 1878 Anto. R. Vallejo".

EL ACADÉMICO VALLEJO

Cuando el Gobierno del Dr. Soto puso en vigencia el Código Fundamental de Instrucción Pública en 1880, el Dr. Ramón Rosa, en su Magistral discurso pronunciado en la inauguración de los cursos de la Universidad Nacional, dijo lo siguiente: "El Código, para ser más fecundos los resultados de los estudios profesionales y como un medio de conservación de las ciencias y de las letras, y de estímulo para sus progresos, ha creado una Academia Científico—Literaria, constituida, por ahora, con el personal de la Universidad, pero llamada, en breve plazo, a constituirse con la debida independencia de la Corporación Universitaria.

Si necesitamos de Universidades, de corporaciones puramente docentes, también necesitamos de una Alfa Corporación conservadora de las Ciencias y de las Letras, y a la vez llamada a dar impulso al movimiento científico y literario, a difundir las ideas científicas formadas en el país o fuera del país, y a honrar, en todo sentido, la dignidad de las ciencias y de las letras".

En efecto, aquella Academia que Rosa contemplara en su magnífico Código Fundamental de Instrucción Pública de 1880, fue reorganizada como organismo independiente de la Universidad, bajo el Gobierno del General D. Luis Bográn en 1888, agrupando en su seno a los hombres más ilustres por su pensamiento, más brillantes por su dedicación al estudio, y más conspicuos, como dijo Rafael Heliodoro Valle "en esta república de las letras". Allí estaba el propio Presidente Bográn, hombre culto y cultivador de las letras; el insigne Obispo y notable humanista y literato Dr. Manuel Francisco Vélez; nuestro eminente filólogo Dr. Alberto Membreño; el Dr. Mariano Vásquez, Rafael Alvarado Manzano, Carlos Alberto Uclés, Policarpo Bonilla, Jerónimo Zelaya, Antonio A. Ramírez Fontecha y otros tantos valores intelectuales que supieron dar laureles a la patria, esparciendo los fulgores de su mente, como lo había hecho el memorable José Trinidad Reyes en su tiempo y como lo hicieron después de él, Ramón Rosa, Marco Aurelio Soto y Adolfo Zúñiga.

No podría ser indiferente la Academia ante los méritos del Padre Vallejo.

Para 1890 su nombre ya había traspuesto las fronteras patrias, y sus obras, su claro talento, se habían impuesto en el medio con el mérito indiscutible de la investigación, con la verdad de sus relatos, con su preocupación por los problemas del lenguaje y con el gigantesco esfuerzo realizado para iniciar en Honduras la era de los estudios lingüísticos, históricos y geográficos, ciencias que comenzaban a interesar a los hombres de letras que habían contribuido a la Reforma, cuando ya en otras latitudes se habían perfilado, estas disciplinas con relieves trascendentales.

El 20 de febrero de 1890, el Presbítero y Licenciado Antonio R. Vallejo fue incorporado en la Academia Científico—Literaria de Honduras, como Académico de Número. Solemne fue la sesión de aquella fecha, pues dos grandes cerebros tuvieron a su cargo la esplendidez del acto: Vallejo, que leyó un interesante discurso de incorporación, y Policarpo Bonilla, a cuyo cargo estuvo el discurso de contestación. Lástima grande que no haya podido encontrar estas piezas literarias, pues en LA ACADEMIA, Revista Quincenal, Órgano Oficial de aquel organismo, solo aparece la reseña escueta de dicha incorporación. (Año II. Teg. 1 de febrero de 1890, N° 3).

El 15 de Julio de 1894, Vallejo fue incorporado a la Academia de Ciencias y Bellas Letras de San Salvador. al efecto, en el N° 4 del Tomo IX de REPERTORIO SALVADORENO, correspondiente al mes de Julio de aquel año, aparece la nota siguiente: "En la sesión del 15 del corriente acordó la Academia lo siguiente: 1. —Tener como Socio Activo al señor Licenciado presbítero don Antonio R. Vallejo, que de Tegucigalpa se ha trasladado a esta ciudad (los secretarios hicieron la presentación de eso, y el señor Vallejo quedó incorporado)".

La misma Revista agrega: "Como ya lo hemos consignado, se hallan entre nosotros los queridos consocios nuestros don Alberto Sánchez y probo. Doctor Antonio R. Vallejo. Este acontecimiento es muy plausible para la Academia que ve en ellos dos de sus más laboriosos miembros, de quienes mucho espera en sus futuras tareas".

REPERTORIO SALVADOREÑO era una publicación mensual de la Academia de Ciencias y Bellas Letras de San Salvador. Su plana de redacción estaba integrada así:

Director: Francisco A. Gamboa. Redactores: Juan Bertis, Nicolás Aguilar y Santiago I. Barberena, todos hombres notables, de gran prestancia intelectual, cuyo pensamiento, quedó registrado en las páginas de numerosas publicaciones centroamericanas.

CAPÍTULO VI: VALLEJO Y LOS DERECHOS DE HONDURAS

I.—HISTORIA DOCUMENTADA DE LOS LÍMITES DE HONDURAS CON NICARAGUA.
II.—ASUNTO LIMÍTROFE CON GUATEMALA.
III.—LÍMITES DE HONDURAS CON EL SALVADOR.
IV.—RÉPLICA AL DOCTOR SANTIAGO I. BARBERENA.
V.—VALLEJO Y EL FERROCARRIL INTEROCEÁNICO.

HISTORIA DOCUMENTADA DE LOS LIMITES DE HONDURAS CON NICARAGUA

El 15 de Septiembre de 1893 el General Domingo Vásquez tomó posesión de la Presidencia de Honduras a raíz de la elección practicada en los pueblos con motivo de la renuncia interpuesta de aquel alto cargo por el General Ponciano Leiva, que había sido admitida por el Congreso Nacional el 7 de Agosto. La base de electores, según la convocatoria hecha por el Congreso era de 39,124 electores, habiendo obtenido el General Vásquez 37,114 votos que le llevaron al poder.

Vásquez pudo haber realizado una buena labor gubernativa, pues en su breve mandato dio pruebas de sus propósitos loables, pues creó los Departamentos de Cortés y Valle, reglamentó la venta de bananos, estimuló la siembra del cacao, del café, del hule; elevó a la categoría de puerto mayor a la Ciudad de la Ceiba, reglamentó la siembra del tabaco y reformó la ley de contrabando y defraudación fiscal. Pero los nubarrones que se cernían sobre la patria por el rumbo de la frontera con Nicaragua le desesperó a tal grado que, sin meditar en el peligroso paso que iba a dar, solicitó del Congreso la autorización para declarar y hacer la guerra al Gobierno nicaragüense "en el momento mismo en que se alterase la paz de Honduras".

Alarmado el gobierno nicaragüense que no le tenía buena voluntad, armó a los emigrados hondureños allá residentes, les dio su apoyo y vino la sangrienta lucha fratricida que dio al traste con el Gobierno de Vásquez, el 22 de febrero de 1894.

Con gran visión de los peligros que amenazaban a Honduras por la constante disputa de fronteras, el Presidente Vásquez, a fines de 1893, encomendó al Presbítero y Licenciado Don Antonio R. Vallejo, el estudio de los límites de Honduras con las repúblicas de Nicaragua, El Salvador y Guatemala, dándole el apoyo monetario indispensable para fan delicada labor y pidiéndole que a la mayor brevedad presentase al Gobierno la base que pudiera servirle para entrar en un arreglo honroso, justo y legal. Pero los violentos acontecimientos de 1893 y 1894 obligaron a Vallejo a salir del país dando con su humanidad en Guatemala, refugio entonces más seguro, gracias al clima de apaciguamien.to que había desarrollado el Presidente de aquella nación General Don José María Reina Barrios.

Cuando el Gobierno de Honduras encomendó a Vallejo tan delicada tarea, ya tenía el Padre varios documentos relativos al asunto limítrofe que en su escapada de Tegucigalpa, no pudo llevar consigo, dejándolos en sitio seguro. No fue fácil para el Padre Vallejo salir inesperadamente de la patria dejándolo todo abandonado, ni fue cómodo el tener que radicarse en un ambiente distinto, con un clima mucho más frío y con notable diferencia de altitud; el cambio brusco le ocasionó serias alteraciones de su salud a cuyos quebrantos físicos hubo de agregar la pena moral de estar ausente involuntariamente del solar nativo fan querido. Espiritualmente soportó horas de tremendo desasosiego que él mismo declara con estas palabras:

"Para soportar los infortunios y las amarguras comunes al desterrado, que está siempre solo en todas partes, sobre todo el que tienen alma sentidora como la mía, privado del cielo de las montañas, de los cerros y de los ríos de la fierra natal, que tiene tantos encantos y que provocan diariamente un sin número de cariñosos recuerdos de la infancia y de la juventud, me fue preciso buscar asilo en las bibliotecas y en los archivos, a los que asistí un día y otro día y con tal fortuna, que los directores de dichos establecimientos me abrieron sus puertas de par en par".

Luego como tratando de mitigar su pena, agrega: "Siempre recordaré con agradecimiento los nombre de Diego Meany, Presbítero Dr. Mérida, Dr. Ramón A. Salazar, Presbítero Ignacio Prado, Gobernador del Arzobispado de Guatemala; Presbítero Montenegro, Archivero de la Arzobispalía, y Dr. González. Todos me recibieron con benevolencia que no olvidaré nunca. Mi vocación, mi amor a los estudios históricos y el deseo de consagrar mi vida de desterrado a los grandes intereses de mi patria y poder contribuir a que reivindique sus derechos en las fronteras de Nicaragua, El Salvador y Guatemala, me hicieron emprender los estudios indispensables para el logro de tal objeto". Las declaraciones que preceden las hizo Vallejo al Ministro de Gobernación al hacer la remisión de su trabajo sobre los límites de Honduras con Nicaragua.

Se comprende que como emigrado, como partidario o más bien como simpatizante de un gobierno derrocado, ya no gozaba Vallejo de la ayuda oficial; ya su trabajo corría por su cuenta y riesgo, y consagrado a estas disciplinas, ambientado ya, Vallejo comenzó a escribir su gran obra, a completar la documentación, pues como el mismo declara "contaba con algunos documentos, insuficientes por cierto2, hasta encontrar lo necesario. Dura fue la experiencia y escabroso el camino para llegar al fin deseado, lo cual se podrá comprender leyendo sus propias palabras, así: "la tarea por extremo ardua y necesariamente lenta, ya por el considerable número de cronistas, de mapas, de documentos inéditos, ya por la enojosa lectura de la letra procesal con que están rápidamente formados; ya en fin, por la dificultad de dar con las piezas verdaderamente útiles.

Más a fuerza de trabajo y de la constancia, que pudo comprometer mi salud, que era mala, de resignación, logré leer, con paciencia de hormiga veintisiete gruesos volúmenes de Mercedes y Nombramientos, pases de títulos cédulas y reales órdenes, providencias de Gobierno y nombramientos de Gobernadores y consultas remitidas a S. M. por la vía reservada desde 1588 hasta 1826. Leí además, 3.702 expedientes y 108 obras de historia y folletos. De esta manera conseguí preparar convenientemente este trabajo, que ha sido, como he dicho, obra lenta del tiempo, y de hoy en su ejecución no he encontrado ninguna dificultad, porque llegué a dominar la materia de tal manera y hasta tal punto, que puedo decir, sin ningún temor, que la sé de memoria y por lo mismo, los signos de la mano la han encarnado con la mayor facilidad.

Esa vocación, ese amor a los estudios históricos de que habla Vallejo en los párrafos procedentes, le llevaron más allá de la investigación limítrofe y escribió un libro que intituló "Colón descubrió la América" desdichadamente desconocido hasta hoy, pues no fue dado a la imprenta.

La mayoría de los hondureños y entre éstos, muchísimos hombres de letras, desconocen lo que el Padre Vallejo escribió con base en la documentación que encontró y seleccionó en los archivos de Honduras y de Guatemala, lo cual sirvió al Gobierno de Honduras como testimonio irrecusable ante el Árbitro S. M. Don Alfonso XIII Rey de España, por intermedio de su representante el ilustre abogado Don Alberto Membreño, cuando se llevó el asunto de límites con Nicaragua ante los estrados de aquel dignísimo monarca. Por esta razón, trascribo aquí lo que el propio Vallejo refiere sobre el particular. Dice así: "En la historia documentada que pongo en manos de V. E. para que la eleve al conocimiento del supremo mandatario del Estado, he procurado investigar hasta donde me ha sido dable quiénes fueron los primeros descubridores de esta región, quiénes los primeros conquistadores y pobladores, quiénes los primeros Gobernadores, cuáles fueron los términos fijados para el ejercicio de la jurisdicción privativa de "La Gobernación de Honduras o Hibueras; he analizado las modificaciones que sufrió la expresada demarcación durante la colonia, he indagado el uti posidetis de 1821,qué limites tuvieron las provincias Unidas del Centro de América, y las pretensiones que han tenido los respectivos gobiernos desde 1838, que se rompió el pacto federal, hasta la época presente".

Para establecer estos puntos de un modo claro y concluyente, que no deje lugar a dudas, me fue preciso hacer un rapidísimo viaje por la historia, remontando el curso de los tiempos; he vuelto y vengo contento, porque he logrado encontrar todo o casi todo el proceso histórico—geográfico de los límites entre Honduras y Nicaragua. Labor omnia vincit. Hoy los hombres de gobierno, los hombres públicos y los que sean designados para estas delicadas misiones, tendrán un derrotero seguro, para no incurrir en los disparates pasados, que pudieron comprometer grandes intereses. Antes de terminar estos estudios, que tienen por objeto esclarecer los derechos de Honduras, y que en los debates que se abran, en lo sucesivo, sobre esta interesante materia, se proceda con el mayor acierto y con toda la luz posible, para arribar a una solución racional, justa, equitativa y honrosa, parece conveniente que haga un ligero resumen general de su contenido y agregue algunas doctrinas y prácticas observadas por las Repúblicas Sur—Americanas en esta clase de cuestiones.

La Historia Documentada contiene los Capítulos y materias siguientes:

I.—Descubrimiento de la provincia de Honduras y primeras expediciones.

II.—Primeros Gobernadores de Honduras y Nicaragua y pretensiones que tuvieron sobre límites.

III.—Capitulaciones celebradas para conquistar y poblar.

IV.—Diócesis del Obispado y misiones en la Taguzgalpa.

V.—Exploraciones hechas en las costas atlánticas por Ingenieros reales.

VI.—Colonias establecidas en Río Tinto y Cabo de Gracias a Dios.

VII.—Establecimiento de la Real Ordenanza de Intendentes en 1786.

VIII.—Informes de los Gobernadores Intendentes.

IX.—Uti posidetis de 1821.

X.—Reconocimientos oficiales por parte de Nicaragua.

XI—Estudios Geográficos.

XII—Resumen General.

Hay más: insatisfecho con la explicación que precede, Vallejo se extiende en sustanciosos párrafos que constituyen una cátedra de historia patria, a modo de lección para los hombres de aquel tiempo y aún para nosotros y para las venideras generaciones, que podrán apreciar así, no sólo la magnitud de la obra realizada sino la estatura patriótica y el bagaje intelectual de aquel eminente ciudadano. Esta lección de historia dice así: "Queda demostrado que el ilustre Cristóbal Colón llegó al Cabo de Gracias a Dios el 12 de Septiembre de 1502, en su cuarto y último viaje de descubrimientos. Según el historiador Ayón, aquí comienzan los descubrimientos de la fierra nicaragüense. De manera que los límites de esta provincia llegan hasta el Cabo de Gracias a Dios desde abinito. Gil González Dávila fue el primer descubridor y conquistador de Nicaragua; pero Pedrarias Dávila, Gobernador de las provincias de Castilla del Oro, tan pronto como tuvo noticia de los descubrimientos referidos, trató de aprovecharse de ellos, y envió al Capitán Francisco Hernández de Córdova a conquistar y poblar las tierras que había descubierto Gil González al poniente de Panamá, en la mar del Sur. Francisco

Hernández de Córdova salio a llenar su cometido en 1523, y en mayo del año siguiente de 1524, se encontraba en la vecindad de Chinandega y fundó en ese mismo año las ciudades de León y Granada. El conquistador Pedro Arias Dávila alega que Honduras le pertenece; Saavedra, Gobernador de Trujillo, pretende otro tanto respecto de Nicaragua. Con este motivo se invadieron recíprocamente sus territorios".

Diego López de Salcedo sucedió a Saavedra en la Gobernación de Honduras, nombrado por real cédula escrita en Toledo el 20 de noviembre de 1525, cuyo nombramiento significa el establecimiento de Honduras como parte integrante de los dominios de España. El Gobernador Salcedo, teniendo noticia de que Nicaragua era provincia muy rica, declaró que caía bajo su jurisdicción, y sin pérdida de tiempo se puso en marcha a tomar posesión de ella, nombrándola Nuevo Reino de León. Así lo participó a S.M. en febrero de 1527. Poco tiempo después Diego López de Salcedo encargó a Gabriel de Rojas el descubrimiento del Desaguadero o río de San Juan; pero esta expedición no llegó a realizarse. Pedrarias Dávila residenciado por sus malos manejos en el Gobierno de Castilla del Oro, envió al Rey una extensa relación de la provincia de Nicaragua y le pedía que le nombrase Gobernador de ella. En Junio de 1527, el Monarca español envió a Dávila el título de Gobernador, que es el de la erección de la provincia de Nicaragua como dominio de la corona de España.

En este título no se le señalaron fronteras precisas, sino, según dicho documento, CIERTAS TIERRAS Y PROVINCIAS EN LA COSTA DEL SUR AL PONIENTE QUE FUE A DESCUBRIR E CONQUISTAR FRANCISCO HERNÁNDEZ DE CÓRDOVA. En una relación que Pedrarias Dávila dirigió al Rey en enero de 1529, le pedía que las provincias de Honduras y El Salvador quedaran dentro de los términos de su jurisdicción. Muerto Pedrarias Dávila en el mes de Julio de 1530, el Ayuntamiento de León de Nicaragua, en memorial que dirigió a S. M. el Emperador, solicita que se le señalen límites a la mencionada Gobernación, y manifiesta de un modo claro que Nicaragua no tenía puerto ninguno en la mar del norte. Esta solicitud, como la del Gobernador Dávila, no fueron atendidas.

En esta historia queda demostrado con certidumbre que llega a la evidencia, que Nicaragua carecía en aquella época de salida propia a la mar del Norte, y fan era así, que a pesar de que ya en 1534 se tenía noticia del Desaguadero, el Emperador Carlos V, al nombrar, en diciembre del propio año, Gobernador de Veragua a Felipe Gutiérrez, le trazó por linderos desde donde terminan los límites de Castilla del Oro hasta el Cabo de Gracias a Dios, sin hacer ninguna salvedad del Desaguadero ni de su comarca a favor de Nicaragua, y sigue formando parte de la provincia de Veragua, que queda vacante por el fracaso que sufrió la expedición de Felipe Gutiérrez y su fuga del Perú. En 1539los Capitanes Calero y Machuca exploran el río de San Juan y logran salir a la mar del Norte; y a pesar de que dicha expedición fue organizada bajo los auspicios de Rodrigo de Contreras no creyeron haber descubierto alguna parte inexplorada de la Gobernación de Nicaragua, sino una nueva provincia desconocida, y cuya Gobernación se solicitó para Machuca, que habría conseguido sin las intrigas del Dr. Robles, Oidor de la Audiencia de Panamá, que la dio a Hernán Sánchez de Badajoz.

Continúa Vallejo haciendo acopio de datos sobre la capitulación de Diego Gutiérrez, la orden real dada a Alonzo Ortiz de Elgueta para que redujese y poblase la Nueva Cartago situada dentro de los límites marcados a Gutiérrez entre Honduras y Nicaragua; la revocación en 1561 de esta orden y el encargo sobre lo mismo dado al Licenciado Cavallón, a quién sustituyó Juan Vásquez de Coronado; citando las Ordenanzas de 1571 relativas a la demarcación de las provincias de América; los reconocimientos de 1743 que demuestran que el Cabo de Gracias a Dios e islas adyacentes correspondían y corresponden a Honduras; la devolución del territorio Mosquito por Inglaterra; la orden de 24 de Septiembre de 1786 y de 23 de enero de 1787 en que se dispone establecer colonias en Río Tinto, Gracias a Dios y Bluefield; hasta legar al ufi posedetis de 1821, demostrando así que los límites de Nicaragua, jamás pasaron más acá del Cabo de Gracias a Dios.

Honrado hasta donde más, no contento con haber demostrado que todos los documentos compulsados confirmaron los derechos de Honduras, quiso, como buen historiador, como verdadero investigador, que se conociera cuáles habían sido las fuentes en donde había abrevado, y para respaldar la autenticidad de los documentos, agrega: "Para concluir mi tarea, me resta solamente añadir algunas palabras sobre un punto que considero de importancia especial: el de la autenticidad de los documentos numerosos de que me he servido para redactar la HISTORIA DOCUMENTADA DE LOS LÍMITES DEL ESTADO DE HONDURAS CON EL DE NICARAGUA y que acompaño en un apéndice. Gran número de estos documentos se encuentran hoy publicados en colecciones, como la de orres de Mendoza, de M, de Peralia, de León Fernández, en obras históricas, en folletos y periódicos oficiales de Honduras y Nicaragua. Respecto de los documentos provenientes del Archivo de la Capitanía General de Guatemala, fácil le será al Gobierno obtener los originales, porque pertenecen a Honduras. Los Gobiernos de El Salvador y Nicaragua, más solícitos en enriquecer sus relativos archivos, los reclamaron y les fueron entregados. El Gobierno de Guatemala no hizo ninguna dificultad; pero si esto no fuera posible, entonces se pedirían certificados.

Los que se encuentran en el Archivo General de este Estado, puede el gobierno presentar los originales. También puede adquirir los Atlas que se han citado y que favorecen los derechos de Honduras. Se ve, pues, que para escribir esta historia he ocurrido a las fuentes de más pura investigación y que nada he dicho sin razón y sin fundamento bastante. He terminado. La cuestión de límites de Honduras con Nicaragua, queda dilucidada por todas sus fases y por cualquiera de ellas se arriba al mismo punto eso es, que el distrito del Cabo de Gracias a Dios, islas adyacentes y tierras interiores, en una línea paralela al Sur del río Coco o Segovia, hasta encontrar el Golfo de Chorotega, Choroteca, Malalaca, en el mar del Sur o Pacífico, le pertenecen. El Capitán Gonzalo Fernández de Oviedo y Valdez, hablando de Chorotega, se expresa así: DESDE LA DICHA BAHIA DE FONSECA HASTA EL GOLFETE DE CHOROTEGA HAY ALGO MAS DE VEINTE LEGUAS. HACE DECIR CHOROTEGA MALALACA. Estos indios son de otra lengua POR SI E MAS VARONES E HOMBRES DE GUERRA QUE LOS DE LA LENGUA DE NICARAGUA.

Que los territorios que ocupaban los indios de Chorotega eran diferentes de los que poseían los indios de Nicaragua, son cosas que hoy están fuera de toda disputa.

La historia antigua y la moderna así lo acreditan. Los indios de Nicaragua y Chorotega, hoy Choluteca, eran dos naciones distintas que se hacían con frecuencia la guerra. En la demarcación que se practique de los límites de Honduras con Nicaragua, deben seguirse los límites arcifinios indicados por la naturaleza, divortia aquarum. Deseo que mi patria llegue pronto a una solución justa, racional y honrosa y conveniente. (f) Antonio R. Vallejo.

Tales los párrafos tomados de la Nota de Remisión que el Presbítero y Licenciado Antonio Ramón Vallejo envió al Secretario de Estado en el Despacho de Gobernación en Octubre de 1898, pues el Presidente Don Policarpo Bonilla, no obstante que Vallejo era su adversario en política, le llamó a Tegucigalpa renovándole el encargo que años antes le había confiado el Presidente Vásquez para escribir la Historia Documentada de los límites entre Honduras y las Repúblicas de Nicaragua, El Salvador y Guatemala, reconociendo así la gran capacidad y la eficiencia de aquel esclarecido hombre de las letras que puso al servicio de su patria todo cuanto tenía. Así de aquellos tristes cinco años de exilio, al retornar al seno de su amada Honduras, sólo quedó el recuerdo amargo de nuestras inconsecuencias políticas que han sacrificado tantos valores, tantos talentos que a Honduras podían haberle servido con generoso patriotismo, como le sirvió el Presbítero Vallejo, que más que perseguido por el Gobierno, lo fue por la envidia, por la mal querencia de sus solapados enemigos y por la constante intriga que algunos influyentes urdieron contra su persona.

Cuando el Dr. don Alberto Membreño presentó ante el Rey Don Alfonso XIII el Padre Vallejo sirvió al jurista de fundamento para plantear el problema. Así lo declara el propio Doctor Membreño en carta que dirigió desde México al Padre Vallejo, con fecha 6 de Julio de 1908, diciéndole entre otras cosas: "Supongo que habrán remunerado a usted bien su memoria sobre los límites de Nicaragua, pues fue la que verdaderamente me sirvió para los alegatos al Rey de España. En cinco días leí su obra, y veinte gasté en redactar el primer alegato que planteó definitivamente la cuestión. En esta larga y delicada litis no ha tenido la República más Abogados que usted y yo. El más brillante triunfo obtenido en España se debe sólo a abogados hondureños, y esta es la mayor gloria de la República. Mientras nos vemos, que será cuando todo esté aplacado por allá y haya un verdadero Gobierno Nacional, reciba un apretón de manos de su afectísimo amigo. (f) Alberto Membreño".

Qué lejos estaba el Dr. Membreño de la realidad. A Vallejo no se le remuneró como era debido, ni siquiera se le reconoció su brillante labor; siguió en la penumbra de su gabinete removiendo papeles antiguos, anotando expedientes valiosos, salvando para la posteridad el nombre de la patria. Si Vallejo hubiera sido un versificador, un escritor capaz de escribir la apología de algún político de su época, quizá le habrían colmado de atenciones, le habrían pagado con largueza sus poemas y sus alabanzas, porque así son nuestros hombres de estado, fatuos, incomprensivos e incapaces de aquilatar el valor del talento y de la dignidad de sus conciudadanos.

Pero la Historia, esa vieja regañona que todo lo aclare, que no olvida nada y que tienen para cada quien un sitio apropiado, se encarga hoy de reivindicar a su hijo predilecto, al más esforzado buscador de la verdad documental, al hombre que abrió en Honduras los senderos de la investigación histórica, para colocarlo en el sitial que la gloria le tenía reservado. Dios farda, pero no olvida.

ASUNTO LIMÍTROFE CON GUATEMALA

Los asuntos de límites entre Honduras y Guatemala comenzaron a presentarse fan pronto se disolvió la federación centroamericana; los intereses ejidales entre pueblos fronterizos de ambas Repúblicas, vino agudizándose y en 1845 se suscribió el primer Tratado de Paz y Amistad, en cuyo Artículo 13 se estableció que la manera de dirimir estas cuestiones era la de organizar una Comisión de cada país para que trabajando conjuntamente, hiciera el deslinde; declarando territorio de cada uno el que tenían las Diócesis Episcopales desde antes de la Independencia. Pero los guatemaltecos cerraron el paso a toda aceptable solución, terminando en 1894 con un ultimátum al Gobierno de Honduras "exigiéndole la inmediata entrega de una gran extensión de territorio, localizado al Occidente de la República, la mayor parte del cual no había sido antes motivo de disputa".

Esta actitud guatemalteca, trajo como resultado la Convención de Límites celebrada en 1895 por la cual se nombró una Comisión Técnica Mixta, para estudiar los antecedentes, documentos y datos existentes sobre los límites entre ambas repúblicas, pero la Comisión se reunió hasta 1908, 1909, 1910 y 1916, logrando ponerse de acuerdo en el punto de partida: Cerro Brujo, límite común con la República de El Salvador. Los incidentes se repitieron con matemático espacio de tiempo: cada vez que en Guatemala iba a surgir una nueva tiranía, el reclamo limítrofe contra Honduras se agitaba con vigoroso patriotismo; y mientras los guatemaltecos avanzaban, los hondureños segarían en sus macabras contiendas políticas, en sus festines de sangre y en el aniquilamiento de los más arraigados principios de patriotismo, suplantando el amor al terruño, por la desmedida ambición de poder y sed de venganza. Así llegamos a escuchar el Fallo Arbitral en 1932.

Pero algunos gobiernos sabían bien que Honduras estaba respaldada por la legitimidad de sus derechos territoriales, y tocó al Presbítero y Licenciado Antonio Ramón Vallejo hacer el acopio de la documentación necesaria, extrayéndola de nuestros archivos y de los propios archivos guatemaltecos. Vallejo ciertamente, cumplió con el deber de hondureño, y si bien es verdad que su labor no se publicó en ningún folleto, en ningún libro, ni siquiera en una hoja suelta, también es verdad que la base del ALEGATO presentado ante el Árbitro por el Dr. Mariano Vásquez, Abogado de Honduras de conformidad a con el Artículo IV del Tratado de 16 de Julio de 1930, fue el aporte documental que aquel incansable patriota puso en manos del Gobierno de la República para defender su soberanía.

No he querido remover antiguos resentimientos que ya pertenecen a la condición de cosa juzgada; solo he querido mencionar brevemente los antecedentes para comprender mejor cuál fue el trabajo dilatado y minucioso que el historiador Vallejo tuvo que realizar, el cual habría sido eficaz e irrebatible, si de por medio no hubiesen existido enormes intereses extranjeros que inclinaron la balanza de la justicia hacia la conveniencia de los poderosos: entonces no había asomado en América, la política del Buen Vecino o del Nuevo Trato.

Honduras reclamó su línea divisoria con Guatemala respaldada por los títulos de propiedad que posee y que entonces no fueron buenos; por los testimonios históricos que arrancan de 1524 en que Gil González Dávila penetró a su territorio por el Golfo Dulce; en el hecho de que cuando el Adelantado Alvarado recibió la Gobernación de Guatemala NO TENIA COSTAS NI PUERTO ALGUNO EN EL ATLANTICO (1536); en las Descripciones del Reino de Guatemala (1728); en el nombramiento del Coronel Juan de Vera como Gobernador de Honduras (1745); en las obras históricas de Juarros, Milla y otros autores dignos de toda fe; en la legislación colonial española; en la legislación de Guatemala posterior a 1821; en los títulos de fierras; en la jurisdicción eclesiástica y en las pruebas cartográficas y geográficas, etc, etc.

Vallejo obtuvo casi todos esos documentos y los ordenó debidamente; Vallejo no podía mentir, porque no podía alterar la letra de los textos, que en su mayor parte estaban debidamente certificados por autoridades guatemaltecas, lo que hace comprender su gran habilidad, su gran fino, pues a sabiendas de que había un litigio entre ambos países, él se arriesgó a penetrar en los archivos de la antigua metrópoli, para buscar y seleccionar lo que a su patria iba a servirle en la cruzada que farde o temprano tenía que librar. Fue fan eficiente su labor, que más de 10 títulos de tierras exhibidos por Guatemala, vinieron a corroborar la tesis hondureña, pero que no tuvieron validez por las razones que ya dejo explicadas arriba.

El Abogado de Honduras presentó ante el Árbitro 68 Títulos de tierras, siendo el más antiguo el de OCOTEPEQUE (1579) terreno que correspondía a los indios, compuesto por los sitios llamados "Santa Ana", titulado a favor de Pedro Aguilar el 6 de mayo de 1739; "San Lucas Tular", vendido el 23 de julio de 1718 y titulado el 10 de febrero de 1731; "Citalá", titulado a favor de los vecinos de San Francisco de Citalá el 28 de julio de 1740. El más reciente, para aquella fecha, tiene la inscripción siguiente: "1895—1906. LOS DESCOMBROS. Autos de la medida del sitio nacional de este nombre a favor de una sociedad de siete agricultores, en la demarcación municipal de Santa Rita del Distrito de Copán, y colindante con los sitios de Tixibán y Mapeño, medidos en 1817; los de Cuchilla del Tambor, en 1873; con Suyalito, 1848 y con Planadas, en 1884."

Presentó, además, 44 Cédulas procedentes del Archivo General de Indias comenzando por la de 20 de noviembre de 1525 expedida en Toledo por don Carlos V y Doña Juana, su madre, nombrando, a Diego López de Salcedo, Gobernador de la Provincia y Golfo de las Higueras y Cabo de Honduras, hasta la Real Cédula de 16 de octubre de 1818,dirigida al Capitán General de Guatemala participándole haber dispuesto la reincorporación del Puerto de Omoa al Gobierno de Comayagua, del mismo modo que lo estuvo antes.

También contiene el Alegato de Honduras 46 documentos de Relaciones, Poderes, Capitulaciones, Cartas y Descripciones, así como demarcaciones territoriales que arrancan de 1524, que se refiere a una Relación de los Oidores de Santo Domingo sobre la población del Golfo de las Higüeras y sucesos en ella ocurridos hasta la "Demarcación y División de Indias. Yucatán" de la colección de Torres de Mendoza, hecha en 1866.Además en el Legajo N° 4 y N° 5 se ofrecen 47 documentos más sobre Cartas, relaciones y mercedes, etc. Los legajos del 6 al 9, contienen 108expedientes judiciales, políticos administrativos, informes, Instrucciones Y Comisiones relativos al mismo tema limítrofe. Los legajos 10 y 11, contienen 75 documentos de jurisdicción eclesiástica y el N° 12, con 29 notas oficiales comenzando en el año 1859 para finalizar con 80 mapas de distintas épocas.

El Alegato de Honduras fue presentado en Washington D. C. el 6 de febrero de 1932 por el Doctor Don Mariano Vásquez, siendo abogados colaboradores: Augusto C. Coello y Agustine P. Barranco. Ya he dicho que Vallejo no aportó toda la documentación que he detallado, pero sí la mayor parte de ella. Los abogados de Honduras hicieron cuanto pudieron; pero el Gobierno estaba en la penuria y allá lo que se necesitaba eran dólares, muchos dólares, muchísimos dólares, y aunque no se duda de la honorabilidad de los señores Doctor Luis Castro Ureña, Arbitro por Guatemala y Doctor Emilio Bello Codesido, Arbitro por Honduras, sí se duda de la imparcialidad de Míster Charles Evans Hughes, Presidente del Tribunal de Árbitros, quien estaba obligado a fallar lo justo, puesto que era a la sazón, el Presidente de la Corte Suprema de JUSTICIA de los Estados Unidos de América.

Es muy escuela esta reseña sobre la labor imponderable del Padre Vallejo en nuestro asunto de límites con Guatemala, pero es bastante para formarse una idea de cuál era la situación, desconocida por la gran mayoría de los hondureños. Vallejo nos ayudó a resolver, bien o mal el problema limítrofe con dos pueblos hermanos; Dios querrá que nos ayude también a solucionar honorablemente el brazo de nuestra tercera y última línea fronteriza. Cuando esto sea así, ya podrá el pueblo hondureño comenzar a pensar en la UNION DE CENTRO AMERICA.

LÍMITES DE HONDURAS CON EL SALVADOR

En enero de 1899 Vallejo remitió al Secretario de Estado en el Despacho de Gobernación, la "Historia Documentada" de los límites de Honduras con El Salvador que había terminado de escribir, pero el contenido de este notable trabajo no fue publicado hasta el año de 1926,el 19 de octubre, siendo su editor el Profesor don Gustavo A. Castañeda S., en un volumen de 315 páginas en el cual va incluida la REPLICA documentada "a las nuevas y fehacientes pruebas de que el archipiélago de la Bahía de Fonseca pertenece a la República de El Salvador", publicadas por el Doctor don Santiago I. Barberena, y la cual será comentada en capítulo separado.

En las 117 páginas que comprenden la "Historia Documentada" de los límites con El Salvador, el autor comenta y explica el problema en seis capítulos así:

I.—Primeras Expediciones de Conquista.
II.—Primeros Gobernadores de Honduras y Guatemala.
III.—Diócesis del Obispado de Honduras.
IV.—Establecimiento de Intendencias en Nueva España.
V.—Uti Possidetis de 1821.
VI.—Informes Geográficos.

En el Capítulo I, Vallejo hace un estudio de los precedentes históricos de El Salvador; explica las expediciones de Hernán Cortés y Pedro de Alvarado a Honduras y la permanencia de los Capitanes Garavito y Campañón en Choluteca, con lo cual deja establecido el derecho histórico—geográfico de Honduras en el Golfo de Fonseca y la justicia que asiste a nuestro país para defender su legítima propiedad.

En el II Capítulo, hace relación del nombramiento de Diego López de Salcedo como Gobernador de Honduras, demostrando cómo la Corona española le designó todas las villas y lugares descubiertos por Gil González Dávila como dependientes de su jurisdicción, por ser ésta la voluntad del Emperador Don Carlos V y de la Audiencia de Santo Domingo. Pasa luego a demostrar que las peticiones de Pedrarias Dávila para que se fijaran límites a la Provincia de Nicaragua conquistada por su lugarteniente Francisco Hernández de Córdova, no fueron atendidas. Relata las fundaciones que Luis

Moscoso hizo más acá del Lempa (al oriente) por orden del Gobernador de Guatemala Pedro de Alvarado, entre ellas la de San Miguel, y, finalmente, se refiere a la Gobernación de Francisco de Montejo en Honduras, especialmente, a la Carta que éste envió al Rey desde Gracias a Dios el 1 de Junio de 1539, que entre otras cosas dice: "Y al tiempo que embie a pedir el socorro a Comayagua, havia salido un Capitán con diezinueve hombres a pacificar un balle que se dice "POCORO" que es, sin duda JOCORO, ya que los castellanos solían alterar los nombres indígenas y acomodarlos a su fácil pronunciación. "Desta jornada que hize —escribe Montejo—,se hizo mucho fruto, ansí en lo que he dicho como por el bien y sociego de los pueblos de las villas de SAN SALVADOR e SAN MIGUEL, que son de las provincias de GUATIMALA, que estaban rebelados y despoblados; y todos cuantos me vinieron de paz, los imbiaba con cartas a la Villa de SAN MIGUEL Demás desto, yo llegué a LA VISTA DE LA MAR DEL SUR y del PUERTO DE FONSECA, y desde una sierra descubrí el camino, e imbié gente a vello; y desde el Puerto de Fonseca hasta la Villa de COMAYAGUA hay veynte leguas de buen camino, y podíase hacer muy mexor."

En el Capítulo III, Vallejo trata de las Ordenanzas del Consejo de Indias y de los límites de la jurisdicción espiritual y temporal; de la fundación de conventos en San Miguel y Nacaome; de la repartición de pueblos de indios a la religión franciscana; de la información mandada a seguir por el Obispo de Guatemala en 1664 para establecer cuáles eran los pueblos que pertenecían al Beneficio de Gotera en la provincia de San Miguel, todo relativo al episcopado de Comayagua. Luego copia el expediente del permiso concedido a los indios de MIANGUERA para trasladarse a otro lugar en 1684, por Don Enrique Enriquez de Guzmán Gobernador y Capitán General de Guatemala, en cuyo expediente dice el funcionario: "Por quanto con ocasión de hacer el enemigo Corsario Yngles que anda en la Mar del Sur, entrado el día de la Magdalena pasado de este presente año como a la una de la noche en la ISLA DE SANTA MARIA MAGDALENA QUE LLAMAN LA MIANGUERA DE LA JURISDICCION DE LA ALCALDIA MAYOR DE LAS MINAS DE TEGUCIGALPA. ..Doy y concedo licencia a los Yndios de la Isla de Santa María Magdalena que llaman la MIANGUERA para mudarse de ella tierra firme en otro paraje quedando dha Ysla desamparada e inaudible y siegos los pozos de agua dulce……..Y cometo y mando al Capitán D. Antonio Ayala ALCALDE MAIOR DE LA JURISDICCION DE LAS MINAS DE TEGUCIGALPA y Teniente de Capitán General en ella que siendo requerido con este despacho por parte de dichos Yndios reciba Ynformación de la utilidad y conveniencia que de ellos se les sigue; y Bea y reconozca el paraje que refieren junto al pueblo de Colama y si hay algún inconveniente el que se pueblen en él…".

Seguidamente copia el título de las tierras de CACAUTERIQUE, la lista de los pueblos que componían la parroquia de CHINACLA, para cerrar el capítulo con la erección del Obispado de San Salvador, sus límites y el cuadro de los pueblos de la Vicaría de San Miguel.

Prosigue el Capítulo IV en que se aportan pruebas documentales de la creación de las Intendencias y la división en provincias de estos territorios, señalando que la jurisdicción del Alcalde Mayor de Tegucigalpa se extiende hasta las ISLAS DEL GOLFO DE FONSECA; trascribiendo, para respaldar su afirmación los autos civiles y criminales, entre ellos el seguido en materia civil contra Felipe Bonilla, hijo de Juan Antonio Bonilla, a cuyos herederos compró Lucas Cierra vecino de NACAOME, los derechos que tenían en la ISLA DE ZACATE GRANDE, compras que hizo sucesivamente en 1796, 1797, 1803 y 1804, expediente que se levantó en el propio Nacaome y que existe en nuestro Archivo Nacional.

Luego refuta la peregrina Tesis de Abogado leída por Nazario Salavarría, en la que éste afirma que las islas del Golfo están en la jurisdicción salvadoreña, refutación que se afirma en escrituras públicas, en la administración de justicia civil y criminal (1812); en el Informe del Alcalde Mayor de la Villa de NACAOME (28 de junio de 1820) y en la movilización de milicias provinciales (1819) hecha por el Gobernador José Gregorio Tinoco de Contreras para defender de los piratas a las islas del Golfo pertenecientes a su jurisdicción. Quien participó a Tinoco el 8 de abril de 1819 la amenaza de barcos piratas frente a CONCHAGUA y EL TIGRE, fue el Subdelegado de SAN ALEJO, de la provincia de San Salvador, y lo hizo porque sabía que las islas del Golfo de Fonseca pertenecían a Honduras y no a El Salvador.

En el Capítulo V, Vallejo amplía su tesis y aumenta los testimonios que respaldan la soberanía de Honduras en las tantas veces mencionadas islas del Golfo, apoyándose en los LIMITES que fija para El Salvador la Constitución Política salvadoreña de 1824 así como la de 1841y los que fijaron para Honduras, sin protesta salvadoreña, las Constituciones de 1825 y 1839. Respaldan la propiedad hondureña distintos actos de soberanía ejecutados por nuestros gobiernos, como el establecimiento de un puerto en la isla del Tigre por el Vice—Jefe en ejercicio del poder General Francisco Ferrera el 17 de octubre de 1833; la declaratoria como puerto de Depósito del referido establecimiento, el 5 de febrero de 1844; la declaratoria de que la isla del Tigre se consideraba puerto franco hecha por el Presidente Juan Lindo el 19 de abril de 1847; la cesión de dicha isla al Gobierno de los Estados Unidos de América mediante el Tratado de 28 de septiembre de 1849, y varios documentos más de incontestable fuerza legal.

Seguidamente se refiere al primer debate abierto con motivo de: la línea terrestre entre Honduras y El Salvador; a las reclamaciones de los vecinos de Yarula; al Tratado celebrado en la montaña de El MONO; a la nueva demarcación hecha en 1869; al nombramiento del Presidente de Nicaragua General Joaquín Zavala como Arbitro en el litigio limítrofe, y, finalmente, al Tratado de Límites de 1886 y al nombramiento de los Comisionados hondureños en 1888, que regresaron a Tegucigalpa sin haber firmado ningún arreglo definitivo.

El Capítulo VI y final afianza el Uti Possidetis de 1821 con los Informes Geográficos sobre el asunto. Trata de la buena voluntad de Honduras para que el conflicto de límites tenga un arreglo decoroso y refiere que en noviembre de 1888 el Gobierno nombró al Licenciado don Manuel Colindres y al Ingeniero Aracil y Crespo para que en unión de los Comisionados salvadoreños Doctores don Manuel I. Morales y Santiago I. Barberena, trazasen la línea divisoria para dirimir las constantes disputas entre los pueblos de POLOROS y OPATORO. Pero el esfuerzo fracasó y Colindres regresó a la capital sin haber firmado ningún arreglo.

Aquí consigna Vallejo la "Descripción geográfica de la frontera entre El Salvador y Honduras" que el eminente Doctor Barberena publicó en 1889 en los números 56 y 58 del periódico salvadoreño "Los Debates", y a renglón seguido copia la descripción geográfica publicada por el Doctor Francisco Barberena, intitulada "Descripción geográfica y estadística de la República de El Salvador", haciendo al final de la copia el siguiente comentario: "Las anteriores descripciones hechas por la Comisión salvadoreña, han seguido el trazo practicado por Mr. BYRNE en 1884, que se puso al servicio de los intereses salvadoreños, como dije en otra parte. Se ve que los linderos que se citan son los mismos que fijó el ingeniero canadiense, que se puso a discreción del comisionado Letona. Aunque estos trabajos fueron improbados por el Congreso hondureño han causado graves perjuicios a los derechos que sostiene Honduras, porque desde entonces se abarcaron terrenos y se han continuado abarcando sin que antes fueran disputados. De manera que de allí ha nacido un semillero de cuestiones. Ojalá que el Gobierno de Honduras tome escarmiento, para que no incurra de nuevo en el error de confiar estas delicadas misiones a aventureros que tan luego se presentan a la comisión contraria le dicen: CÓMPREME QUE ME VENDO. La lección es cara y es necesario aprovecharla."

Esta fue la advertencia patriótica de Vallejo. Pero parece que los hondureños tenemos la debilidad de someter a consulta de extranjeros farsantes los más delicados problemas que nos aquejan: por ello nos cercenó el territorio el funesto Sánchez Gavito en la frontera con Nicaragua y por ello hemos sufrido muchas calamidades. Son lamentables los intentos de cercenar nuestro territorio en la región de Sabanetas y en otros puntos de la frontera sur— occidental, así como son sensibles los abusos en las Islas del Golfo de Fonseca. Yo creo que si los centroamericanos somos hermanos por la sangre, por la geografía y por el común destino de nuestros pueblos, hora es ya de que busquemos los medios de llegar a un arreglo honroso, justo y benéfico para las relaciones cordiales que deben existir entre estos pueblos. Pero este anhelo que Honduras jamás ha puesto en duda, no deberá interpretarse de otro modo, sino como prueba irrefutable de que sus sentimientos fraternales son sinceros, y de que su integridad territorial se hará respetar en todo instante.

Los hondureños no ambicionamos conquistas territoriales; tampoco deseamos implantar a otros pueblos nuestros sistemas de vida, porque buenos o malos, son muy nuestros, y casi los queremos y así los practicamos.

Yo quiero y admiro a los centroamericanos, pero amo de verdad a Honduras, mi patria, y digo lo interior, porque así me lo demanda el sentimiento patriótico. Admiro a los centroamericanos, además, por su laboriosidad, pero de esto a ser ciego ante la dolorosa realidad, hay mucha distancia. Creo que miles de hondureños pensarán como yo.

Finaliza Vallejo trascribiendo el informe del Comisionado Bustamante, y al remitir su valioso estudio, afirma que con los documentos aportados por él, se pruebe de modo firme:

"QUE las costas del Golfo de Fonseca con sus islas adyacentes pertenecen a Honduras ab-initio.

QUE el Obispo de Comayagua ejerció desde 1574 su jurisdicción pastoral en las islas del Golfo de Fonseca.

QUE en la isla de MIANGUERA y en las demás del grupo se ejercieron las jurisdicciones política, civil, militar, criminal y eclesiástica hasta 1821.

QUE los límites del Obispado de Guatemala llegaban hasta el Curato de CONCHAGUA, ANAMOROS, POLOROS, LISLIQUE, ARAMBALA, PERQUIN y SAN ANDRES CITALA.

QUE Honduras estuvo en posesión no solo de EL TIGRE, ZACATE GRANDE, MIANGUERA, EXPOSICION, sino también de las demás que forman el grupo sin contradicción ninguna hasta 1854.

QUE El Salvador hoy disputa no solo los terrenos limítrofes de OPATORO, YARULA, SIMILATON, SANTA ELENA, SAN SEBASTIAN y OCOTEPEQUE, que han venido reclamando desde 1861, sino que indudablemente se abrirán nuevas disputas, porque en los trazos que han hecho en la frontera han comprendido terrenos que antes no lo estaban."

Con el aporte documental de Vallejo se pru1eba, además, y en forma categórica, que El Salvador no tuvo posesión efectiva en ninguna de las islas del Golfo de Fonseca durante el régimen colonial, y que comenzó a detentar nuestra soberanía hasta después de la mitad del siglo XIX, pues durante el mandato español, jamás pobló ni ejerció ninguna clase de jurisdicción en ninguna de ellas, y que fue hasta en 1854 que inició la disputa de su posesión, pero sin que hasta hoy haya existido ningún título de derecho, más que la ocupación de hecho.

La delicada situación que lentamente, inteligentemente, viene creando la penetración furtiva en nuestro territorio debe hacernos meditar con honda serenidad sobre el porvenir de Honduras. Nos amenaza la absorción económica, el despojo material de terrenos, la disputa franca o disimulada de predios que pertenecen a los ejidos de nuestros pueblos fronterizos desamparados, la insolencia con que entran y salen de nuestro territorio personas indeseables que burlan no pocas veces a autoridades desaprensivas o timoratas, los reclamos constantes y las protestas airadas que se hacen a nuestro Gobierno cuando aplica o trata de aplicar, como pueblo soberano, sus propias leyes, y finalmente, un cúmulo de hechos disimulados o no que testimonian esta delicada cuestión y que lastiman nuestra sensibilidad ciudadana, y los cuales deben ponernos en guardia para buscar, armoniosamente, la solución que reclama el patriotismo. Benito Juárez dijo: EL RESPETO AL DERECHO AJENO ES LA PAZ. Esta debe ser nuestra divisa.

Ahora bien, para que podamos medir los alcances del problema, es necesario que los hondureños nos resistimos a los halagos y a los remilgos de palabras bonitas que se nos hacen y dicen; debemos abandonar nuestro modo de actuar en nuestras relaciones internas, proscribiendo la violencia y abandonando la pasión sectaria; debemos sentir y pensar como hondureños porque solo así podremos llegar al convencimiento de que muchas de nuestras luchas fratricidas, muchas de nuestras encarnizadas disputas políticas, así como el odio y la obstinación partidista, son fomentadas, son atizadas con sutil habilidad por quienes esperan debilitarnos y dividirnos profundamente para caer implacables sobre nuestros despojos. Esta es la razón por la que, primeramente, debemos ser hondureños.

Me duele el alma al declarar estas verdades, no solo porque tengo fe en el destino de Centroamérica y porque soy profesante del ideal de unidad nacional, como porque quiero sin interés y con honradez al pueblo centroamericano que con nosotros habita el Istmo Morazánico. Por ello quiero repetir aquí los párrafos finales de la carta de Vallejo para el Ministro de Gobernación de Honduras fechada en enero de 1899: "No he escrito para agradar, tampoco para halagar las pasiones de los pueblos y menos para encender discordias, que harto estamos de ellas. He buscado la verdad en el derecho histórico, teniendo por base la geografía, que entra en mucho en esta clase de trabajos, Quedaré contento si he conseguido mi objetivo y he correspondido, siquiera en parte, a la confianza con que el Gobierno me ha honrado".

RÉPLICA AL DOCTOR SANTIAGO I. BARBERENA

El Doctor don Santiago I. Barberena en cuyas divagaciones por los campos de la historia basan los salvadoreños sus constantes reclamaciones sobre la propiedad de las Islas del Golfo de Fonseca, publicó en el diario católico "El Centroamericano" de San Salvador, un extenso artículo intitulado "Nuevas y fehacientes pruebas de que el Archipiélago de la Bahía de Fonseca pertenece a la República de El Salvador", trabajo interesante por lo curioso de los argumentos y lo deleznable del respaldo documental que asegura tienen aquella república, y el que no es más, en el fondo, que el ofrecido por el eminente salvadoreño en 1893 cuando por boca del joven Nazario Salaverría hijo, que la presentó como Tesis al momento de recibir su investidura de abogado, bajo el título de: "¿Tiene El Salvador, derecho a reivindicar las islas de Zacate Grande, El Tigre e islotes contiguos, situados en el Golfo de Fonseca?".

El Padre Vallejo no habría movido su pluma, pues cada quien tiene el derecho de pensar y soñar como mejor le cuadre, a no haber intereses no de poca magnitud. Tempus facendi et tempus loquendi. Ha pasado mi tiempo de callar y me ha llegado el tumo de replicar los artículos en que el Doctor Barberena ha pretendido y pretende defender derechos que no ha tenido nunca El Salvador sobre las islas del Golfo de Fonseca."

En la Réplica del Padre Vallejo se refleja al hombre maduro y se guro de su posición de verdad y de justicia; se advierte que ha investigado profundamente el problema creado por la ambición salvadoreña alimentada con falsos testimonios y se confirma en él su gran conocimiento de la materia al publicar los documentos que demuestran y prueban que las costas del Golfo de Fonseca con sus islas adyacentes han pertenecido y pertenecen a Honduras desde que Gil González Dávila y Cristóbal de Olid descubrieron las Hibueras. Prueba Vallejo que los límites de Honduras son los del antiguo Obispado de su nombre según lo establecido por la Real Cédula de 1571; que el Obispo de Comayagua ejerció desde 1574 su jurisdicción pastoral en las islas del Golfo, como lo confirman la fundación del convento de San Andrés en Nacaome y el repartimiento de pueblos de indios a la Religión de San Francisco; que en las islas de Mianguera y demás del grupo, se ejercieron por Honduras las jurisdicciones política, civil, militar, criminal y eclesiástica hacia 1821: que el

Alcalde Mayor de las Minas de Tegucigalpa ejercía su jurisdicción en dichas islas y que los vecinos que las habitaban estaban sometidos sin contradicción alguna a las autoridades de Honduras, así como que en 1664, el Hey autorizó a dicho Alcalde Mayor que lo era también de la Villa de Xerez de la Choluteca, para que trasladara a los indios de la isla de Santa Magdalena de Mianguera a fierra firme en el valle de Colama; que los derechos que Honduras tiene al grupo de las islas del Golfo de Fonseca aparecen más acentuadas a medida que se acerca el UTI POSSIDETIS DE 1821; que El Salvador no puede exhibir testimonios mejores o de igual calidad, y que las pruebas que ofrece el Doctor Barberena "son imaginarias y fantásticas" por cuanto se oponen a la verdad documental como puede probarse: con la lectura de expedientes eclesiásticos, judiciales, títulos de fierras, etc., así como de la Real Orden de 8 de Mayo de 1821 que confirmó en un todo las primitivas demarcaciones territoriales de Honduras: demuestran también Vallejo que El Salvador hasta después de la mitad del Siglo XIX no tuvo posesión efectiva en ninguna de las islas del Golfo, y que tampoco pobló ni ejerció ninguna jurisdicción en ellas; que nunca ha estado en posesión de la isla de Mianguera, ni de ninguna otra del grupo, sino hasta el año de 1854, que al señor don Eufrasio Guzmán, Comandante de San Miguel, se le ocurrió, se le antojó reconocer en la violación del UTI POSSIDETIS, un título para apropiarse de un territorio que no le pertenecía al Salvador, negando el valor legal de las Reales Ordenes, de las Reales Cédulas, de sus Constituciones Políticas y demás documentos, lo cual confirma que El Salvador no tienen ningún título legítimo que respalde su pretensión.

Se queja el Doctor Barberena de que Vallejo, en el Anuario Estadístico de Honduras, solo haya reproducido lo relativo a la frontera terrestre honduro—salvadoreña. Así tenía que ser, ya que el único objeto de su publicación en el Anuario, según declara el propio Vallejo al referirse a los informes del Ingeniero Cole y Bustamante, fue el de que no se perdieran, además de que, ya era necesario que el pueblo hondureño se fuera dando cuenta de cuál era la situación creada por la expansión y los atropellos de que le hacían víctima sus llamados hermanos.

En cuanto a la isla de El Tigre, Vallejo demuestra que el doctor Barberena, así como los repetidores de su tesis, han equivocado

AMAPALA con lo que primitivamente fue el pueblo salvadoreño hoy llamado AMAPALITA. Don Justo Zaragoza, dice Vallejo, en el Índice que agregó a su espléndida edición de la Recordación Florida de don Francisco Antonio de Fuentes y Guzmán (tomo II, página 212) dice hablando de AMAPALA: "Pueblo del antiguo reino de Guatemala, adscrito al curato de Yayantique, partido de San Miguel (de que dista cuatro leguas) en la provincia de Nicaragua (sic). Fue Amapala el antiguo Puerto del Reino en la Mar del Sur, situado en UNA LENGUA O PUNTA DE TIERRA, donde en 31 de Enero de 1534 se embarcó don Pedro de Alvarado, llevando una armada de ocho naves para hacer descubrimientos en aquella mar".

Mr. E. Geo. Squier, en sus Apuntamientos sobre Centro América se refiere a este asunto también y el propio Barberena afirma que el nombre de la actual Amapala, provino de que Carlos Dárdano al poblar el sitio "escogió el de Amapala que proviene de una tribu de indios, cuyo pueblo principal estaba situado sobre la cima del cerro de Conchagua y era vecino y rival del actual pueblo de Conchagua."

Mucho podría escribirse sobre este importante trabajo del Padre Vallejo, pero estando pendiente el asunto, y deseando los hondureños que se resuelva en justicia y en derecho el problema, creo sensato defenderme aquí, no obstante que a la fecha, hay nuevos testimonios que afirma la soberanía hondureña a lo largo de la frontera marítima y terrestre con El Salvador. Ojalá, y este es mi ferviente deseo, que Dios ilumine las mentes de nuestros hombres, salvadoreños y hondureños, para que se llegue al arreglo definitivo de la cuestión y pueda Honduras seguir el camino que ha trazado la integración, para llegar al afianzamiento definitivo también, de las cordiales relaciones y el trato recíproco como cabe a pueblos hermanos y de comunes ideales.

La Réplica que comento, fue editada por el Profesor don Gustavo A. Castañeda S., en 19 de octubre de 1926, bajo el gobierno del Doctor don Miguel Paz Baraona. Castañeda dice en un Post scriptum; "La Réplica al Dr. Barberena esta inconclusa, a causa de haberse extraviado el resto del manuscrito, que el Dr. Vallejo dejó terminado; pero dichosamente la parte salvada y contenida en este volumen, desarrolla la materia bajo todos los aspectos jurídicamente indispensables para que no quede duda de que las islas todas del Golfo de Fonseca son de propiedad exclusiva de Honduras".

Y Vallejo dice en su párrafo final de lo que está publicado: "De sabios es rectificar, y el Dr. Barberena disfruta de esta fama en grado eminente y por lo mismo si él quiere demostrar que redactó sus artículos sobre las islas de la bahía de Fonseca con lealtad y buena fe, debe rectificar y confesar clara e ingenuamente que escribió más que no estudió, que escribió más que no pensó".

VALLEJO Y EL FERROCARRIL INTEROCEÁNICO

Vallejo tuvo una permanente preocupación por los intereses de Honduras. Preocupación que le llevó a profundos estudios de los problemas creados por la demarcación de los límites territoriales; por el ensanche y cimentación de la cultura; por la divulgación de los aspectos geográficos, históricos y estadísticos; por la situación económica del país abarcando todos sus ángulos, y por aquellos problemas políticos de orden inferno e internacional que afectaban en una u otra forma el anhelado progreso nacional.

En todos sus escritos hay ese timbre de legítimo amor a Honduras, y, en su empeñosa lucha, en su afán de darle a la patria todo cuanto su mente y su corazón podían ofrecerle, llegó su turno a la obscura y discutida cuestión del ferrocarril interoceánico que, e Capitán General Presidente Don José María Medina dejó tendido desde Puerto Cortés al pueblo de La Pimienta, con la exigua suma que recibiera su Gobierno procedente de los cuantiosos empréstitos ingleses, y la cual no sobrepasó de las trescientas mil Libras Esterlinas.

Cuando Vallejo ya no era influyente en el gobierno de Bográn, pero sí un patriota de quilates legítimos, dirigió la carta que copio a continuación: "Tegucigalpa, Octubre 20 de 1886. Señor Don Carlos Gutiérrez. San Sebastián. España. Muy estimado Señor: He comenzado a escribir la historia del ferrocarril interoceánico de Honduras, y deseando colocarme en un buen punto de mira, para apreciar debidamente los documentos, datos y relaciones que he podido adquirir, y que no se eche de menos en este humilde trabajo ningún documento de interés conocido, ni detalle minucioso que pueda contribuir al esclarecimiento de la verdad, para hacer de esta manera completa justicia a los hombres, que estuvieron al frente de esta desgraciada empresa, me he formado la libertad de dirigirme a Ud. suplicándole se digne proporcionarme todas las relaciones, datos y documentos, que de alguna manera puedan hacer luz sobre tan enlaberintado asunto.

Si lo importuno, este propósito me servirá de disculpa. Si Ud. tiene la fineza, como no lo dudo, de enviarme todos los datos, relacionados y documentos en referencia, hará un grandísimo servicio a la historia, a Ud. mismo, porque se excusará de encargos, que talvez pudieran hacérsele inmerecidamente y a mí especial, que tengo empeño, que tengo interés grande en no decir nada falso, ni omitir nada verdadero, y porque anhelo vivamente, que el libro que voy a dar a la estampa no tenga mentiras, inexactitudes, y menos de aquellas que se llaman de a folio. Por esta, y no por otra razón, he creído conveniente dirigirme a U., y le agradecería mucho que me explicara las causas eficientes que lo movieron a celebrar varios convenios en las mismas fechas, apareciendo las personas que figuran y se obligan en los primeros, desligadas (Sic)en los últimos: las que lo obligaron a darle intervención, y aún firmar convenios ruinosos para Honduras y para la empresa del ferrocarril con el Señor Carlos Lefevre, Joaquín, o Carlos Joaquín Lefevre; y si es cierto que U. lo autorizó bajo su firma para que recibiera de una vez todos los bonos que era convenido debía recibir de tiempo en tiempo, y si los bonos así recibidos fueron vendidos a un tipo, recomprados a otro más bajo, y devueltos a los fideicomisarios a un tipo superior.

También es importante saber si el Señor Víctor Herrán obtuvo del Gobierno de Honduras orden escrita para pagarse los sueldos, que como Ministro Plenipotenciario de Honduras en Francia, había devengado en diez y nueve o veinte años, y qué fecha tiene; lo mismo que todos aquellos datos y relaciones que, a juicio de U., sea conveniente que figuren en el trabajo de que me ocupo. He encontrado algunas referencias de convenios, que no se elevaron al conocimiento del Gobierno de Honduras, que juzgo necesario tenerlos a la vista. Le ruego, además, me mande una copia de los estudios científicos, que practicaron los ingenieros del Gobierno sobre el brazo de la línea férrea, y que me diga en poder de qué persona o personas están el libro Mayor y Diario que llevaron los fideicomisarios, y los demás papeles y documentos de la legación de Honduras en Londres, y en qué casa o establecimiento están los bonos amortizados, y en mano de quien paran los que se pusieron en circulación y a qué precios se venden ahora. De igual manera me permito suplicar a U. me proporcione el convenio que se celebró en el año de 1867 sobre la antigua deuda federal. Este es el único documento que no figura en la historia que he escrito sobre esta deuda. Siento en el alma que los hombres que fueron comisionados por este Gobierno para arreglar de nuevo la consabida deuda, no hayan solicitado, como convenía, una liquidación previa a todo convenio, máxime (Sic) si se tienen en cuenta que en el Archivo Nacional de esta República existen recibos y comprobantes de que en la década de 1842a 1852 se pagaran altas sumas a cuenta de este crédito, según convenio celebrado con Mr. Chatfield, Cónsul de S.M.B. Las personas que recibieron en Belize a nombre de las casa de Barclay y las cantidades que de tiempo en tiempo pagó el Gobierno, fueron un tal Carlos Evans y los Señores Welsh y Gough. Como la Relación Histórica dice que según el convenio de 1867 los tenedores de bonos se obligaron a recibir £ 50.000 en los nuevos bonos que se emitieron, para este fin y otros, y aparece después que les entregaron £ 55.000, necesito saber la razón de esta diferencia. Aparece de documentos que el Gobierno se propuso, y aún dió instrucciones a su Ministro en Londres, que convirtiera los bonos de la deuda tantas veces referida, en bonos del ferrocarril interoceánico, y no se conocen las dificultades o razones que se opusieron a que se realizase el pensamiento del Gobierno. El informe del célebre don Ramón Silva Ferro lo mismo que la noticia histórica, contienen muchas inexactitudes y errores sensibles, sobre todo y especialmente al hablar de la antigua deuda federal. Se comprende que ambos documentos fueron escritos a vuelo de pájaro. No me parece fuera do propósito encarecer a U. por último, regatee algún tiempo a sus ocupaciones y me lo consagre a la respuesta de esta mi carta. Quedo de U. con toda consideración, atento y seguro Servidor. Ant. R. Vallejo".

Vallejo se dirigió al Señor Gutiérrez, porque el 1° de febrero de 1866había sido nombrado por el Gobierno ministro Plenipotenciario en Londres, en unión del Sr. Víctor Herrán que lo sería en París, según lo dice el Decreto respectivo firmado por el Presidente Medina y refrendado por el Ministro del Interior y de Negocios Extranjeros Gral. Don Ponciano Leiva, que en lo conducente dice: "Deseando facilitar la construcción del camino de hierro interoceánico y haciendo uso de la facultad constitucional acordada al Poder Ejecutivo, de incitar y proteger el desarrollo de la industria agrícola, manufacturera y comercial, ha resuelto conceder, como en efecto concede por las presentes, a don Víctor Herrán, Ministro Plenipotenciario de la República de Honduras en Paris, y a don Carlos Gutiérrez, Ministro Plenipotenciario de la República de Honduras en Londres, pleno poder al efecto de, conjunta y solidariamente, negociar, concluir y firmar todas las convenciones y contratos para la construcción y la explotación, por cuenta del Gobierno de Honduras, del camino de hierro proyectado que deberá partir de Puerto Cortés y llegar hasta la Bahía de Fonseca. Igualmente se concede a los susodichos Ministros Plenipotenciarios, todos los plenos y amplios poderes por las presentes, al efecto de emitir y firmar en nombre de la República todos los títulos que puedan emitir en representación de todos los empréstitos negociados por ellos para el pago de la construcción del camino de hierro precitado, estando entendido que el Gobierno ratificará, como desde el presente ratifica todas las convenciones que los señores Ministros antes nombrados juzguen útil y conveniente concluir en interés del país a nombre del Gobierno del Estado, para la pronta realización de la empresa ya enunciada. Los títulos que se emitirán serán garantizados: 1° Por las entradas generales de la República. 2° Por las entradas del camino de hierro mismo; y 3° Por los terrenos libres del Estado, cuyo detalle será enviado ulteriormente".

Ambos Plenipotenciarios, que probablemente pensaron actuar de buena fe, especialmente Gutiérrez que era hondureño, pues Herrán era francés, procedieron a cumplir su cometido, y el 22 de Marzo de 1867 suscribieron en nombre del Gobierno de Honduras con los Señores Luis Raphael Bischoffshein y Henry Louis Bischoffshein, de la Casa Bischoffshein and Goldschmidt de Londres, el Primer Contrato con once artículos, para la construcción "de un camino de hierro de Puerto Caballos en el Atlántico, a la Bahía de Fonseca, en el Pacífico," por tres millones de Libras Esterlinas "nominal en títulos redituando diez por ciento de intereses anuales, pagables en Londres en Libras esterlinas", los cuales serían emitidos al público a 80 por ciento, o sea un rendimiento efectivo de 2.400.000 libras, de las cuales los Señores Bischoffhein y Goldschmidt, tenían el derecho de tomar 120.000 libras por diversos conceptos, más 6.000 libras para el pago de honorarios a los comisarios encargados de vigilar la inversión del empréstito debido a M.M. Bischoffshein y Goldschmidf por servicio de intereses los dos primeros años".

El Gobierno de Honduras se comprometía a la amortización de la deuda en diez y seis años consecutivos abonando a los prestamistas 400.000 libras esterlinas anuales incluyendo intereses y abono al capital, "Siendo entendido que en dicha suma se comprometía una comisión de banca, anual, pagable a los prestamistas por el servicio semestral de los intereses y sorteo de diez mil libras".

Hasta aquí, el empréstito, o era más que un leonino, ingrato y judío por cualquier ángulo que se le analice pero el artículo cuarto del contrato, constituye a mi juicio, un acto aún más reprobable. En efecto, dice así: "A partir del día de la emisión del Empréstito y hasta su completo reembolso, todos los productos de los dichos dominios y bosques, tales como los Montes de Caoba, el añil, algodón, etc. deberán ser expedidos y consignados exclusivamente a Londres M.M. Bischoffshein y Goldschmidt, quienes los realizarán por cuenta del Gobierno, mediante una comisión de cinco por ciento, y aplicarán el precio neto de la venta al pago de los intereses y de la amortización del Empréstito y toda demasía quedará a disposición del Gobierno".

Pero no era bastante lo acordado. Para completar la escandalosa estafa, Gutiérrez y Herrán suscribieron el 25 de Octubre de 1867, un segundo contrato "Limitando la primera emisión a un Millón de libras en vez de tres Millones, y el empréstito sería en títulos redituando el diez por ciento de interés anual, pagable en Londres en libras esterlinas y en París en francos, y serían emitidos al público al 80 por ciento", dando un plazo de quince años para la cancelación de la deuda, y la "Suma anual de 140.000 libras".

¿Pero qué había ocurrido? Gutiérrez manejaba libras esterlinas y Herrán manejaba francos. En esta forma la estafa era perfecta. Los dineros que tendría que pagar Honduras podían dilapidarse con más facilidad, y así, un tal Conde de Bustelli—Fóscolo, recibió para sí y sus amigos 150.000 francos. ¿A cuenta de qué? —Otro tal Barón C. de Liniers, recibió 5.000 francos "por desembolsos hechos" y en la cuenta corriente del Gobierno, figuró la partida siguiente: "Honorarios de 20 años a Mr. Herrán Ministro en París y de su secretario 240.000 francos" sin perjuicio de que se entregaran al Lic. Don Juan Antonio Medina, hondureño, fuertes sumas de dinero procedentes del desafortunado empréstito.

Así las cosas, sobrevino la caída de Medina y el breve gobierno de Don Céleo Arias; se hizo más ostensible la oposición de Guatemala para evitar la realización de la gran obra del ferrocarril interoceánico de Honduras y aparecieron nuevas complicaciones. Se creció la guerra civil; cayó Arias y subió nuevamente Medina después de un meteórico mandato de Ponciano Leiva; a su gusto Guatemala y el Salvador dañaban nuestros intereses y nuestro prestigio, y, al fin, vino el Gobierno del Dr. Marco Aurelio Soto, quien destituyó el 8 de

Noviembre de 1876, tres meses después de haber asumido al poder, a los pícaros y ladrones, Carlos Gutiérrez y Víctor Herrán.

Con lo anterior, se entiende con claridad que Gutiérrez no pudo dar respuesta a las preguntas urgentes de Vallejo. Pero la historia no tiene complacencias y acusa implacable a los malvados. Los periódicos Londinenses pusieron al desnudo al Sr. Gutiérrez: "The Post", del 27de Junio, decía: "Camino Interoceánico de Honduras. En conexión con el reciente empréstito de L. 2.500.000 libras, levantado para la conclusión del camino de hierro interoceánico de Honduras, el Ministro de Honduras, Señor Don Carlos Gutiérrez, dio un banquete en el Hotel de la "Estrella y la Liga"., en Richmond, el sábado en la farde. Concurrieron a él, el Honorable E. G. Squier, acreditado Ministro de Honduras en Washington, los Señores Ministros de Prusia y del Perú, Sir Thomas Gabriel y sesenta personas más. Después de los respetuosos brindis de costumbre, el Señor Gutiérrez, brindó por "la prosperidad del camino de hierro interoceánico de Honduras. El Presidente manifestó enseguida, que entre las varias ejecuciones de los tiempos modernos, pocas sobresalían tanto en su benéfica influencia al comercio del mundo y en particular al de Inglaterra, como el camino de hierro interoceánico a través de la República de Honduras".

Agrega nuestro ilustre Rafael Heliodoro Valle, estos párrafos: "Vida Fastuosa. Los diarios de Londres veían en Gutiérrez al habitante de un palacio en que estaba rodeado de lacayos y ofrecía festines; otros decían que jugaba en la Bolsa. Se hallaba bien instalado en Cornwell House en Ifuell Park, de la metrópoli Londinense; tales informaciones en el "London Times" (21 y 27 de febrero de 1875) así como la carta que el Secretario de la Legación, Señor de Silva Ferro dirigió al diario (27 febrero 1875) y una de Gutiérrez (24 marzo).

A pesar de lo que de él decían los periódicos, se mostraba impertérrito, y distraía sus ocios escribiendo para "El Guatemalteco" unas largas tediosas correspondencias sobre la política Europea, que solamente los tragaldabas leían desde 1873. Pero no sólo seguía siendo Ministro de Honduras sino diplomático al servicio de Guatemala. El Gobierno de éste lo puso al frente de la misión especial ante el Presidente de España, don Emilio Castelar, cuando se proclamó la República, y fue recibido por éste (16 octubre 1873) lo que escribió sobre aquella recepción palaciega en una de sus correspondencias para "El Guatemalteco" no puede ser más seductor. Aguardaban a las puertas del Hotel de Rusia dos magníficas carretelas descubiertas, las de gala, con cuatro caballos, cada uno ricamente enjaezados, en la primera empenachados de azul blanco y en la segunda de blanco y punzó".

He aquí las respuestas que pedía Vallejo. Ellas lo dicen todo con claridad.

CAPÍTULO VII: LOS ÚLTIMOS DÍAS DEL DOCTOR VALLEJO

I.—ENFERMEDAD Y MUERTE DE VALLEJO.
II.—EL SEPELIO Y LAS ORACIONES FÚNEBRES.
III.—HOMENAJES PÓSTUMOS TRIBUTADOS AL PRESBÍTERO Y LICENCIADO ANTONIO R. VALLEJO.
IV.—TRABAJOS BIOGRÁFICOS SOBRE EL PADRE VALLEJO.

ENFERMEDAD Y MUERTE DE VALLEJO

El 14 de enero de 1914, Vallejo se encontraba en el Instituto Nacional sirviendo su cátedra. De súbito se sintió mal víctima de un síncope que alarmó al alumnado y personal docente que, al instante, ocurrieron en su auxilio.

Ese mismo día, el diario EL CRONISTA consignó la siguiente gacetilla: "El Dr. Vallejo enfermo. Al Dr. don Antonio R. Vallejo le dio un ataque en el Instituto Nacional. Sus discípulos y amigos lo llevaron a su casa de habitación, y allí le asiste, con el mayor interés, uno de nuestros mejores facultativos. Que el Padre se restablezca".

El médico era el Doctor Ernesto Argueta que había hecho sus estudios en la Universidad de San Caros de Guatemala.

Por aquel tiempo no había servicio de ambulancia; los cuatro o cinco automóviles que circulaban por las empedradas calles de la ciudad eran del Gobierno; don Julio Villars tenía uno o dos coches marca Ford, de suerte que a Vallejo se le condujo en una camilla del Hospital General desde el Instituto Nacional frente al parque La Merced hasta su casa de habitación en la hoy Avenida Paz Baraona. Es de suponer que, como en todo pueblo pequeño, aquello fue una novedad, pues no solo se trataba de una persona conocida, sino que el cortejo tuvo que recorrer la entonces Calle del Comercio (hoy Calle Bolívar) en donde estaban los principales almacenes como el de Santos Soto, Antonio Ch Weiss, Nicolás Cornelsen, El Gallo de Oro de Pablo Uhler, el de Juan Galindo y Cornelio Fortín, y el restaurante de lujo "El Gran Tono" de don Miguel Brook, que en 1914 todavía no era capitalista, pero sí un hombre muy trabajador y muy apreciado.

La salud de Vallejo no había sido muy buena; en sus escritos se queja con frecuencia de sus padecimientos, y su edad avanzada, 70 años bien vividos, no daban esperanzas para una recuperación. Intensos habían sido los lustros de labor y grandes las preocupaciones económicas que le asediaron en los últimos tiempos pues no obstante su capacidad los gobiernos le habían marginado, se habían olvidado de él, pues ya no recordaban los estudios de límites, sus trabajos de historia, de filología y sus juiciosos escritos periodísticos. Así somos en Honduras: los mejores casi siempre son marginados.

Afirman algunos escritores que al día siguiente del primer ataque tuvo una alentadora mejoría y que aprovechándola, corrigió las pruebas de imprenta de su "RÉPLICA" a los escritos del Doctor don Santiago I. Barberena sobre las Islas de la Bahía de Fonseca, pero yo no creo en esa afirmación: primero porque la naturaleza de su enfermedad "reblandecimiento cerebral", no permitía aplicar la mente en nada concreto ni mover con alguna libertad los brazos; y segundo, porque en 1926 cuando el historiador y Profesor don Gustavo A. Castañeda S. publicó la magnífica "RÉPLICA" de Vallejo se valió de una copia que hizo sacar de los originales que conservaban sus descendientes. De haberse entregado a las prensas en 1914 el trabajo de referencia que se afirma corrigió en pruebas de imprenta, seguramente se habría publicado.

La enfermedad del ilustre paciente más bien se recrudeció; sobrevinieron otros ataques de mayor gravedad y el 18 de enero por la farde, sufrió el último, habiendo expirado en las primeras horas de la noche. Honda pena embargó a los familiares y amigos del extinto; se movilizaron los miembros de la Academia Científico Literaria de Honduras, de la Universidad Nacional, del Poder Ejecutivo y de las instituciones docentes, y las campanas de la vieja parroquia tañeron quejumbrosas para anunciar al vecindario la triste noticia.

El lunes 19 de enero, EL CRONISTA publicó la siguiente nota luctuosa: "EL DOCTOR ANTONIO R. VALLEJO MURIÓ ANOCHE A LAS 7. El Foro y la literatura están de duelo. Tras breve y fatal dolencia falleció anoche a las 7 p. m., el notable jurisconsulto e historiógrafo del país, Dr. Antonio R. Vallejo. Su muerte ha causado una dolorosa impresión, tanto porque gozaba entre nosotros de general aprecio, como porque, al desaparecer, queda un vacío que difícilmente se llenará.

Hombre de gran talento y de una vasta y sólida ilustración, nos dejó una labor positiva que pocos han llevado a cabo en Honduras. La juventud de quien fue maestro, durante muchos años, lamenta de veras esta desgracia, y ha trasladado su cadáver al Salón de la Universidad en donde se hallará expuesto, en capilla ardiente, hasta la hora de su sepelio. Mañana publicaremos un artículo acerca de su personalidad; concretándose, por hora, a sentir el rudo acontecimiento y a enviar a su familia la más sincera manifestación de nuestro pesar".

Los días han pasado y no se ha encontrado el artículo prometido acerca de la personalidad de Vallejo. Aquella promesa, fue hija, probablemente, de una emoción pasajera. Froylán Turcios en su periódico EL NUEVO TIEMPO hizo otro tanto, pero las reseñas no pasaron de ser un juego de palabras elogiosas, de conceptos de clásico corte fúnebre que estuvieron bien en el momento de la angustia, en los instantes de consternación que ocasionó en el alma nacional esa reverencia silenciosa que se suele guardar por los difuntos.

Nuestros periodistas, y no me refiero a los mencionados, no pudieron o no quisieron iniciar en aquella dolorosa fecha el estudio de la vida que recién se apagaba, escribiendo algo sustancioso, emitiendo juicios que hoy recogería la historia para alabar los méritos de aquel hombre extraordinario y para honra de ellos mismos; se contentaron con poco y enmudecieron por largos años hasta que, un día, alguien de mente clara y de corazón bien puesto, inició el primer homenaje para el Padre Vallejo.

No era bastante don decir que Vallejo era un gran ciudadano; que fue un buen historiador y un buen abogado. Era necesario hacer una necrología, corta, suscita, pero sentida y honda capaz de hacer comprender a quienes le veían diariamente cruzar las viejas calles capitalinas, que se había perdido para Honduras al mejor de sus defensores, al más esforzado y estudioso de sus hijos en los asuntos de fronteras, al maestro celoso y constante, al amigo de la juventud y al investigador histórico que legaba a la posteridad obras de tanto mérito que en la actualidad, muchas de ellas no han sido superadas.

Julián López Pineda lo conceptuó más tarde como Símbolo nacional de la integridad territorial; Salvador Turcios Ramírez, le llamó después el Herodoto de nuestra historia, y los escritores extranjeros, entre ellos el Dr. Rafael González Sol, de El Salvador, le llamó "eminente literato hondureño de grata recordación, gloria de las letras centroamericanas". Rafael Heliodoro Valle, escribió lo siguiente: "EL PADRE VALLEJO. En presencia de este hombre que ha muerto de manera tan humilde, sería una profanación decir que nació en Tegucigalpa el año tal y que a los tantos años de vida ha plegado las pestañas; porque en fordo de su ataúd se siente el vaho de su sabiduría en cosas viejas y porque el Padre era uno de esos varones beneméritos a quienes no se les cuenta la edad, era uno de esos varones que a fuerza de tanto evocar el pasado acaban por encontrarlo dignamente y toman el color enigmático de los que saborean la amargura del tiempo que fue mejor.

Muy pocos habrá que, como él hayan contado y recontado los días de la Patria, con desolación fan infinita; muy pocos los que lo hayan igualado en eso de estar más próximo a nuestras catástrofes colectivas, a nuestras pesadumbres sin tregua, a nuestros ayes jeremíacos, y quién sabe si como él, haya uno que en la tarea de reconstruir hombres y sucesos, de medir las pasiones y de pensar en el porvenir, a fuerza de un puro amor histórico, es capaz de sustituirlo en tan idéntico dolor.

Dolor de amar a Honduras por tanta tragedia íntima; dolor de no poderla exaltar hasta una altura en donde todos la vean; dolor de sentirla destilando sangre cristiana al hojear los manuscritos sempiternos; dolor de no poderla reivindicar con la pasión filial de los historiadores tranquilos, en quienes un gran crítico ha encontrado singulares aptitudes para que sean grandes estadistas. Al irse, pudo muy bien reclamar para sí el derecho de Eugenio Pelletán aquel gran soñador de cóleras, que después de inclinarse sobre el corazón de Francia, contaba que lo había sentido latir.

Abogado de Honduras en los más legítimos pleitos; trabajador sin premio, él fue, antes que todo, un compatriota de verdad, y si algo arrojaba resplandores encima de sus pecados pequeños fue la luz que bañaba los orientes de su alma, cuando en el extranjero se trataba de levantar gloriosamente el decoro de la República. "Discípulo de Cristo y de Epicuro, amó las viñas divinas y las viñas humanas, las que dan el zumo celeste y las que embriagan de juventud; dijo todas las misas posibles y ofició en los santuarios más bellos; abrió los devocionarios blancos y los rojos misales; y su majestad sacerdotal, no perdida en la noche en que lo han puesto entre blandones, nos hacía evocar a aquellos santos Padres de la Iglesia que, como Pedro Moya y Contreras en la colonia, sentaban a su mesa a los más egregios presbíteros volcaba la colonia, sentaban a su mesa a los más egregios presbíteros, volcaba fuego lento, mientras los monaguillos leían en alta voz los más dulces versículos y los doctores bíblicos discutían sobre la esencia del Espíritu Santo.

Elegante fue en su juventud y le quedaban restos de aquella antigua distinción en la leva grandiosa que por estas calles cruzó bajo los mediodías de zona tórrida, y en el alto sombrero en cuyo color de tiempo inmemorial se desmayaba una tristeza de vencido. Catedrático de latinidad, su boca se regocijaba, como si tuviera ambrosía, cuando en el aula, llena de discípulos, traducía a Cicerón. Director del Archivo Nacional, jamás sintió su frente el cansancio de aquel simbolista que se había desengañado de todos los libros.

Vallejo ya era visto como un miembro de familia, y cuando fuera de la patria lo recordábamos, se nos venía a la memoria con las calles de Tegucigalpa, con la casa natal, con el pafio cubierto de albahacas familiares y con la singular evocación de las montañas azules. Nunca perdió aquella sonrisa que ostentó cuando era clérigo y siempre tuvo en las uñas de las manos ese brillo que tienen todos los que han partido las hostias y han derramado las absoluciones. Así, sacerdotal, rectora, vamos a verlo resucitar, no en estatura completa, porque su obra no fue definitiva como la de otros; sino en un busto que esté presidiendo las horas en el Archivo Nacional, como los genios inmóviles que se destacan en las penumbras de ciertos venerados recintos.

Se fue, y nos deja consternados; porque si es cierto que no brotaba de su pluma esa historia viva que tanto deseamos, ni tenía la amplitud intelectual que es necesaria para juzgar a los que se incorporan a los nuevos batallones, él fue un reconstructor paciente, un disertador interminable a quien había que acercarse para aprender encantadoras remembranzas. El Archivo Nacional, su Archivo, como él decía, lo recordará siempre con cariño, porque a él le debe lo que es y lo que atesora. Cuando evoquemos su inagotable palique, la imaginación nos lo pondrá frente a frente, levantándose la faja que sostenía sus pantalones y con aquellas pupilas de verde interior que brincaban en las órbitas cuando hacían un amoroso hallazgo; nos lo pondrá con el crepúsculo que caía tras los balcones a manera de un símbolo, pues al borrarse, nos parecía que también los sucesos se apagaban para encenderse con nuevo resplandor en la cabeza del Pater.

"Estaba seguro de su posteridad; y la tendrá mientras la polilla respete los tomos que dejó en el anaquel doméstico; mientras haya gloria local y el sol cabrillee sobre la bandera azul y blanco; mientras haya una duda por resolver en nuestra Historia; mientras haya casitas en la que él murió, naranjas asoleándose en las ventanas antiguas, o en la iglesia de San Francisco la tribuna eclesiástica se acuerde del Padre Antonio que en las fardes de mayo, frente a los devotos auditores se ponía a rezar plegarias de dulzura argentina".

EL SEPELIO Y LAS ORACIONES FÚNEBRES.

Al día siguiente 19 de enero, muy temprano comenzaron a circular las esquelas mortuorias. Invitaron a los funerales los familiares de Vallejo, el Poder Ejecutivo, el Congreso Nacional, la Academia Científico Literaria de Honduras, el Instituto Nacional y un grupo de sus amigos. El acucioso Doctor don Esteban Guardiola me mostró en una ocasión estas interesantes invitaciones que él guardaba junto con las de otros hombres ilustres en su archivo.

Toda la noche anterior y toda la mañana estuvo el cadáver del eminente hondureño en capilla ardiente en su casa de habitación y a las 3 de la farde, se inició el cortejo fúnebre hacia el Paraninfo de la Universidad Nacional en donde fue honrado con una guardia de profesores y estudiantes y, a la hora oportuna, el joven José Augusto Padilla Vega, alumno del difunto, pronunció una sentida oración fúnebre a nombre de sus compañeros.

A las 4 de la tarde salió el cadáver de la Universidad y se encaminó el cortejo hacia el Cementerio General con nutrida y distinguida asistencia. Por aquel tiempo se tenía como un deber sagrado acompañar a los amigos fallecidos hasta la última morada, de manera que los entierros de hombres como Vallejo eran muy concurridos: circunspectos caballeros vestidos de riguroso luto, autoridades civiles y militares, hombres del pueblo, amigos y admiradores todos de aquel gran compatriota siguieron reverentes el cortejo hasta llegar al Camposanto. Las mujeres siempre quedaban en la casa del duelo acompañando a familiares acongojados.

Del Diario EL CRONISTA de fecha 20 de enero de 1914, trascribo la siguiente nota: "EL ENTIERRO DE AYER. Una imponente manifestación de pesar fue ayer la procesión que condujo el cadáver del Dr. don ANTONIO R. VALLEJO, hacia la necrópolis de

Tegucigalpa. Los alumnos de los colegios le hicieron valla. El carro fúnebre iba adelante, con el homenaje floral, El Padre, en hombros de sus discípulos, y la Banda tocando sus cobres con el adiós definitivo. Antes, en el Paraninfo de la Universidad, el joven José Augusto Padilla, dijo una sentida oración en nombre de sus compañeros de estudio y en el suyo propio. Y ya en el cementerio, el Lic. Salomón Banegas, don Juan María Cuéllar y el Dr. Don Rómulo E. Durón pronunciaron conmovedores discursos en representación del Congreso Nacional, del Poder Ejecutivo y del Consejo Supremo de Instrucción Pública. Creemos nosotros (a pesar de lo que piensan algunos), que con el Dr. Vallejo Honduras ha perdido un factor indispensable en su actuación forzosa como miembro de la comunidad internacional. Y si no, allí están las pretensiones sobre el Golfo de Fonseca; la demarcación de los límites entre este país y Guatemala y el estudio de nuestra deuda exterior.

He aquí el discurso del Lic. Salomón Banegas pronunciando en el Cementerio General: Señores: Vengo, en nombre del Poder Legislativo, a pronunciar esta oración fúnebre ante los restos mortales del que en vida se llamó Antonio R. Vallejo.

"Fue el extinto, tipo de los grandes ciudadanos de la República, a la que consagró sus energías, todas sus luces, difundiendo el caudal de su vasto saber en las múltiples manifestaciones de la vida humana. El escribió nuestra historia nacional, para que se conserve vivo a través del tiempo y de las edades, el recuerdo de los grandes hechos realizados por nuestros héroes que en constelación luminosa brillan con luz diamantina en el cielo de la patria, mostrando a los ojos de las nuevas generaciones que se levantan, el camino que debe seguirse, para mantener incólume el nombre sagrado de Honduras como nación autónoma, libre y soberana. El escribió el Anuario Estadístico del país, obra de verdadera utilidad, que encierra además grandes enseñanzas, que deben aprovechar nuestros hombres públicos, para la regeneración futura de Honduras.

"Pero no es todo: la gran obra del sabio Dr. Vallejo, que ha comprometido la gratitud de la nación de manera especial, son sus estudios sobre la cuestión de límites con Nicaragua, que sirvieron de manera eficaz, según declaraciones del Dr. Alberto Membreño, Ministro Plenipotenciario de nuestro país, ante Su Majestad Católica Don Alfonso XIII, para asegurar definitivamente los derechos que desde tiempo inmemorial poseemos en la vasta comarca de La Mosquitia, disputada por nuestra hermana República del Sur, que por errores geográficos pretendía despojarnos de una buena parte de nuestro territorio, rica y floreciente. Los estudios del Dr. Vallejo sirvieron al Abogado de Honduras para formar su alegato, documentado con pruebas irrefutables que demostraron evidentemente nuestro derecho a la zona disputada, obteniendo así el Laudo Real, que afianza de una vez para siempre nuestro dominio en La Mosquitia.

También escribió el ilustre fallecido, un estudio sobre la disputa de límites de nuestro país, con Guatemala y El Salvador, donde se encuentran datos de gran valor, que pueden servir para sustentar, con brillo, la causa nuestra. Recientemente la Revista de la Universidad Central ha estado publicando una serie de artículos del Dr. Vallejo, en réplica a los publicados por el salvadoreño Santiago I. Barberena, quien pretende demostrar que las Islas de Honduras en el Golfo de Fonseca, han pertenecido a la República de El Salvador, réplica en que, con abundantes datos históricos y geográficos, el Dr. Vallejo demostró lo absurdo y peregrino de la idea sustentada por el publicista salvadoreño.

Larga y fecunda en bienes para la patria, ha sido la vida del lamentado Dr. Vallejo, que hoy desciende al sepulcro. Sin tiempo suficiente para reseñar su labor meritoria, pues no he dispuesto más que de dos horas para escribir estas líneas al correr de la pluma la gratitud de sus conciudadanos hará que se escriba su biografía con los rasgos más salientes de su vida de hombre público, a la vez que nuestra historia le reserva página hermosísima. El Congreso Nacional le ha decretado honras fúnebres, declarando como duelo nacional su muerte, ordenando que en su sepelio se le hagan honores de General de División con mando y que sus funerales sean costeados por la nación; habiendo recibido yo, aunque inmerecidamente, la singular honra de llevar la palabra en su nombre, al despedir del seno de los vivos al nunca bastante bien llorado Dr. Vallejo. Que su alma, que fue engendradora de ideales nobles y generosos, vaya a juntarse a las de Marco Aurelio Soto y Ramón Rosa, astros de primera magnitud en el cielo de la patria. DIJE".

Acto seguido, el Bachiller don Juan María Cuéllar, uno de los intelectuales casi desconocidos de esta generación, hombre cultísimo y ameno escritor, amigo íntimo de Vallejo, pronunció la siguiente Oración Fúnebre: "SEÑORES: Vengo en nombre del Poder Ejecutivo a despedir al Dr. don Antonio R. Vallejo, que emprendió viaje, ayer a las 7 p.m. con rumbo hacia la eternidad.

No llego aquí envanecido por la honra que me discierne el Supremo Gobierno, al querer, por mi medio, demostrar alto aprecio a la memoria de uno de los hijos beneméritos de Honduras; me trae el deber, me trae el sentimiento de admiración hacia el sabio que por muchos años iluminó con su ciencia a la juventud, y con sus saberes y experiencia prestó servicios, aún no bien comprendidos, a la patria; me trae, en fin, el particular cariño que profesé al maestro, al amigo y al comprofesor. Que mi sinceridad supla las galas oratorias que faltan a mis frases.

La cuna del Dr. Vallejo se meció en esta fierra de Tegucigalpa. El 17 de marzo de 1844 veía la primera luz en un hogar humilde, en el hogar santificado por la honradez, el trabajo y la virtud, formado por don Román Vallejo y doña Marta Bustillo. Aquel niño, que en lo porvenir sería una gloria para la sociedad en que vivió, saturó sus primeras impresiones en ese ambiente puro formado por la piedad maternal y el noble ejemplo paterno. Como todo hijo de pobre, el Dr. Vallejo, desde temprana edad adquirió el hábito del trabajo, del que dio pruebas hasta el último momento de su vida. Pasada la primera infancia, los padres lo llevaron a la escuela, donde los maestros pudieron admirar la precoz inteligencia del niño. Esto decidió, aun a costa de sacrificios, a proveerle de más alfa educación, y, a pesar de las luchas, no solo ante las necesidades del hogar sino ante las deficiencias de la enseñanza, su inteligencia clarísima y su carácter enérgico suplieron lo que el medio ambiente le negaba. Al mismo tiempo que: hacía sus estudios, trabajaba con su padre.

Vosotros sabéis cuáles eran los horizontes estrechos que en aquellos tiempos se ofrecían a la ambición de los hombres de talento. Las únicas profesiones cultivadas en la Universidad eran la eclesiástica y la de abogado. La Teología con todas sus nebulosidades; el Derecho Canónico con sus arideces: las Siete Partidas, La Curia Filípica, las leyes de Indias y las Ordenanzas de Bilbao, eran un laberinto inexplicable a la más aguda penetración, dirigida por sobre todo por la Dialéctica de entonces. La Ciencia en esa forma era un verdadero tormento para el espíritu, fomento que hacía desmayar a muchos y que solo enfrentaban las inteligencias privilegiadas, según decir del Dr. Alberto Membreño. De estas fue la del Dr. Vallejo. Con sed insaciable de saber, luchó coronando su carrera eclesiástica a los veinticinco años, y cinco años después obtenía brillantemente el título de Abogado de los Tribunales. En ambas profesiones dio pruebas de erudición, talento y carácter. Como sacerdote enalteció la Tribuna Sagrada con aquella palabra fluida, fácil, sugestionadora. En el Foro figuró entre los mejores abogados, y fresca está todavía la huella luminosa que dejó en nuestros tribunales. Pero esos triunfos no satisficieron al Dr. Vallejo. Su inteligencia necesitaba volar más alto, más allá del horizonte estrecho que le rodeaba.

Durante regentó varias parroquias, dedicó las horas que le dejaban libres sus tareas apostólicas a estudiar las lenguas y los dialectos primitivos de Honduras, a registrar archivos, a buscar tradiciones y observar los procesos de las ciencias políticas y sociales. Estos estudios y sus hondas meditaciones produjeron una gran revolución en las ideas y en los principios del sabio. Su inteligencia y su corazón se abrieron a nuevos ideales, y, arrojando de si todos los prejuicios, todos los sofismas de la ciencia antigua, iniciado en los secretos de la Filosofía moderna, volvió hacia una vida nueva, y en la cátedra, en el periodismo, en la política, en el libro, derramó todos los tesoros de su saber.

Los que pudieron comprender su personalidad, aprovecharon sus altos dotes; los mediocres, al referirse a él, lo hicieron despectivamente.

En todo aquello que el Dr. Vallejo aplicó su inteligencia y sus esfuerzos, quedó el sello de una voluntad firme. Carácter emprendedor, supo crear también. Obra suya es el Archivo Nacional, que sólo la paciencia, la ilustración y el delicado empeño pudieron forjar de fragmentos dejados por el espíritu de destrucción de la mayoría de nuestros bochinches políticos. Era yo casi un niño cuando empezó a formarse el Archivo, y como trabajaba con el Dr. Vallejo, recuerdo bien que los documentos venían de los pueblos en cajas, sacos o redes, en completo desorden, rotos y desfoliados. El Dr. Vallejo comenzó a ordenar aquellos fragmentos, y después de coleccionarlos por materias y en orden cronológico, los juntó en volúmenes con su correspondiente índice. A él y a su ímprobo trabajo se debe la salvación de importantísimos manuscritos, y sobre todo, el

Archivo de tierras que ha evitado muchos conflictos, asegurando la propiedad rural, y ha dado luz en nuestras viejas cuestiones de límites.

Al mismo tiempo que el Archivo, El Dr. Vallejo organizaba la Biblioteca Nacional conforme a los procedimientos modernos. Incansable en el trabajo, escribía la primera y única Historia Social y Política de Honduras, que existe; redactaba lecciones de latín a sus discípulos y preparaba materiales para el primer Anuario Estadístico, obra monumental que perdurará por los valiosos documentos que contiene. Y no sólo en esto ocupaba su tiempo: desempeñaba cátedras en el Instituto y colaboraba en varios periódicos.

Años después fue director de la prensa oficial, escribió su obra, vasta de erudición Ligeras Observaciones de la Lengua Castellana, del Dr. don Santiago I. Barberena, y la Relación Documentada sobre los límites entre Honduras y Nicaragua, El Salvador y Guatemala. La muerte lo sorprendió cuando hacía valiente defensa de los derechos de Honduras en las Islas de la Bahía de Fonseca.

Mucho más de lo que dejo apuntado forma la obra del Dr. Vallejo, obra que, analizándola bien, sobrepasa a la vida de un hombre, dado el medio en que actuó aquella inteligencia superior.

Señores: Hemos perdido un gran hombre, un hombre que pasarán muchos años para obtenerlo. Fue una fuente viva de erudición histórica, donde podía todo el mundo consultar. Sus conocimientos eran vastos, ¿quién lo reemplazará?

Señores: Ese hombre que hoy desciende al sepulcro fue un modelo de generosidad y desprendimiento. Con decir que muere en la pobreza después de haber consagrado toda su existencia al servicio de la patria, está dicho todo. La Patria agradecida no debe olvidar que la familia del Dr. Vallejo queda en la pobreza. ¡Por dicha vivimos en tiempo en que se honra al verdadero mérito!

¡Doctor Vallejo, adiós! Mis votos son porque vuestro espíritu luminoso encuentre en esa Eternidad a donde os dirigís, la fuente pura y cristalina donde podáis apagar vuestra sed de verdad y de Belleza. HE DICHO".

Los primeros signos del crepúsculo comenzaban a marcar el cielo cuando ocupó la tribuna el Doctor don Rómulo E. Durón, Rector de la Universidad Central para tributar el último homenaje al Dr. Vallejo en nombre del Consejo Supremo de Instrucción Pública. Durón hombre de gran cultura, orador eminente y amigo también de Vallejo, dijo: "Señores: Lamentamos la muerte de uno de nuestros comprofesores, de un compatriota cuya labor intelectual es honra de su nombre y honra de Honduras. Por él hemos visto de nuevo vestida de luto la Universidad, de la cual con su pluma se manifestó en favor de los más caros intereses de la Patria y para difundir la luz de la enseñanza desde la altura de la cátedra. Para saber lo que valía el hombre que hemos perdido y ver que el vacío que deja es difícil de llenar, basta recordar algo de lo que fue su obra, aunque sea brevemente.

El señor Vallejo era latinista consumado: alguno que descolló en la clase que desempeñaba otro notabilísimo latinista de grata e imperecedera memoria, don Francisco Botelo, supo ganar la altura del maestro; y fruto de sus conocimientos, fueron sus Apuntamientos para el estudio de la Gramática Latina, que durante muchos años, sirvieron de texto en los establecimientos de enseñanza secundaria.

Colaborador activo y eficaz en la obra que emprendió en Honduras el inolvidable e ilustre Gobernante Doctor don Marco Aurelio Soto, organizó el Archivo Nacional y la Biblioteca Nacional, y escribió el primer Tomo de la Historia Social y Política de Honduras, despertando con ella la afición a los estudios históricos entre nosotros. Bajo el Gobierno del General don Luis Bográn tuvo a su cargo la Dirección General de Estadística, y en tal carácter publicó el Anuario Estadístico de Honduras de 1889, libro de 520 páginas en folio, con magníficas ilustraciones y que comprende, además de los datos correspondientes a su objeto, preciosos documentos históricos y estudios geográficos importantísimos. En el mismo tiempo, como Redactor Oficial, logró recoger varias obras del sabio José Cecilio del Valle, y las publicó primero en el folletín de "LA REPUBLICA" y luego en un volumen de más de 250 páginas.

Llamado en 1898 para hacer el estudio de los límites de Honduras con Nicaragua, El Salvador y Guatemala, escribió tres volúmenes, de los cuales sólo se ha publicado el primero, que dio por fruto, bajo el Gobierno del General don Manuel Bonilla, patriota cuyo nombre está siempre en nuestra memoria, el triunfo de Honduras en la controversia a que puso término el laudo de S. M. el Rey de España, don Alfonso XIII.

Y últimamente, en defensa de los derechos territoriales de Honduras, escribía su RÉPLICA al Doctor don Santiago I. Barberena,

234

quien pretende poner en duda la jurisdicción y dominio de nuestro país en el Golfo de Fonseca; y réplica que no pudo concluir por haberle interrumpido la muerte en su patriótica tarea.

Pero es de saber que, a más de estas obras y otra sobre idioma dejó sin publicar otras de utilísima importancia: una de ellas es el estudio de la deuda exterior, la que nadie conocía mejor que él y cuya publicación se impone, pues en ella puso en claro, con sobra de documentos, nuestra verdadera posición respecto a nuestros acreedores de Londres y París; y su conocimiento hará pensar con horror en el crimen que se pretendió cometer cuando se quiso en 1911 arreglar esa deuda sin que se hubiera intentado siquiera investigar sus antecedentes.

Otras, son sus colecciones de leyes, una de las cuales, la del ramo de tierras, empezó a imprimirse; y otra su Colección completa de Tratados, Convenciones, Capitulaciones, Armisticios, dietas, Protocolos de Conferencias, Cuestiones de Límites, Contratos del Ferrocarril Interoceánico y otros actos diplomáticos de Honduras desde el año de 1783 hasta nuestros días. Tenía en proyecto un estudio de las Minas del país desde la época colonial y otro sobre Capellanías.

Añádase a esto sus conocimiento completo de nuestros archivos fuera del que tenía de los de Guatemala y El Salvador, su amor a la patria, y su afán por servirla en medio de las penalidades de la pobreza, no descorazonándose jamás porque no se hiciera de sus empeños el aprecio a que era acreedor, ni sintiéndose engreído por haber sido factor principalísimo en el éxito de la cuestión de límites con Nicaragua, ni por el elevado puesto que se conquistó por sus publicaciones, pues era de los que creen que mientras haya que hacer nada se ha hecho, y se tendrá una idea de lo que representaba para Honduras un hombre como él.

Pero él ha partido, ya su alma se ha desligado de la materia para elevarse a regiones a donde no puede alcanzar la imaginación ni el pensamiento; su nombre queda unido al nombre de Honduras: sus obras quedan vinculadas a la vida nacional y no dejarán de influir en todo paso hacia la dignificación de la Patria y a la defensa de sus derechos: su pluma, que fue su arma de combate, brillará con fulgores inmortales por la excelsitud de sus causas: y los patriotas sabrán recordarle con gratitud y con cariño.

Penetrado de estas ideas, el Consejo Supremo de Instrucción Pública, en cuya representación tengo el honor de hablaros, le rindo su homenaje a nuestro conciudadano desaparecido, inscribiendo su nombre en el libro de oro de los hombres ilustres de Honduras. He dicho.

A estos homenajes se unió la Corporación Municipal de Tegucigalpa, consignando en el Acta de su sesión del día, "una nota de pésame" para la familia del Padre Vallejo de cuyo punto el Secretario Municipal sacó copia para entregarla personalmente a los familiares del ilustre fallecido.

El 27 de enero de 1914, se presentó al Registro Municipal el General y Licenciado don Miguel Oquelí Bustillo, pariente cercano de Vallejo dando aviso de su muerte. En el LIBRO DE DEFUNCIONES del referido año, a los folios 27 del Tomo 20 se puede leer: "ANTONIO R. VALLEJO. En Tegucigalpa a veintisiete de enero de mil novecientos catorce. Ante mí Pastor Gómez Secretario Municipal y ante los testigos Justo P. Morales y Santiago Chavarría solteros estudiantes y de este vecindario compareció el Dr. don Miguel Oquelí Bustillo de cincuentaidós años de edad casado abogado y vecino de esta ciudad, dando cuenta que el día domingo dieciocho del corriente a las siete de la noche y en casa de su propiedad sita en el Barrio Abajo de esta ciudad, falleció de Reblandecimiento Cerebral, el Dr. ANTONIO R. VALLEJO, de setenta años de edad, soltero, abogado, hondureño y natural de esta ciudad. Era hijo legítimo de don Román Vallejo, Procurador Judicial y doña Marta Bustillo, de oficios domésticos. Tuvo hijos. No se hizo testamento. Lo asistió el Dr. Ernesto Argueta. El cadáver fue sepultado al siguiente día a las cinco de la farde en el Cementerio General de esta ciudad. Leí lo escrito al compareciente y encontrándolo conforme con su manifestación firmó conmigo y testigos. Miguel Oquelí, Santiago Chavarría, Justo P. Morales, Pastor Gómez. Secretario".

HOMENAJES POSTUMOS AL PRESBITERO Y LICENCIADO ANTONIO R. VALLEJO.

Cuando los verdaderos valores humanos conviven en el medio que les vio nacer pasan como ignorados y disfrutan amargos instantes de indiferencia y rudos desengaños rodean su mesa de trabajo, pero una vez que mueren, los primeros en saltar a la palestra pública para ensalzar los méritos de aquella vida ejemplar que se apagó, son los egoístas, los miserables de espíritu que le hicieron víctima de su desdén o de su resentimiento. Esto es lo común, lo clásico.

En el caso de Vallejo la indiferencia campeó por muchos años y no fue sino hasta 1948, es decir, 34 años después de su muerte, que el Instituto Panamericano de Historia y Geografía con sede en México, D. F., le rindió el merecido tributo al colocar su retrato en su Salón de Honor. El acto solemne tuvo lugar a las 12:30 del día 11 de agosto de aquel año, en Tacubaya, Avenida Observatorio 192 con asistencia del Excmo. Embajador de Honduras y Decano del Cuerpo Diplomático Ingeniero Gregorio Reyes Zelaya; del Señor General Juan Manuel Torrea, en representación de la Secretaría de Relaciones Exteriores; del Señor Arquitecto Ignacio Marquina, en representación de la Secretaría de Educación Pública y como Director del Instituto Nacional de Antropología e Historia; del Director del Instituto Panamericano de Geografía e Historia, Ingeniero Pedro C. Sánchez; del Presidente de la Comisión de Historia, Doctor Silvio Zavala; del Doctor Javier Malagón Barceló, Secretario Asistente de la comisión de Historia, del Cuerpo Diplomático acreditado ante el Gobierno de México, y de numerosas personas invitadas al efecto.

En aquella memorable ocasión Don Ernesto Chinchilla, en su magistral discurso, dijo: "Señoras y Señores: El Presbítero y Licenciado don Antonio R. Vallejo, nació a mediados del Siglo XIX. Desde su juventud se puso en contacto con la tragedia política que afligía a Centro América, y se le vio dedicarse a asuntos de interés nacional que le convertirían en uno de los intelectuales más destacados de su patria. Renunció al sacerdocio. La anecdótica ha recogido algunos detalles sobresalientes de su vida. Y cuando la Reforma ya se había verificado de hecho, pero aún no echaba hondas raíces en la conciencia de los pueblos, sus ideas liberales le acarrearon el destierro, que supo sobrellevar con ejemplar estoicismo. Tenía especial afición por clásicos españoles y greco— latinos, y leyó con seguridad a Tácito, a Plinio y a Plutarco, cuyas sentencias impresionaron profundamente su espíritu. No creo que sus lecturas de autores europeos estuviesen al día, pero conoció, en cambio, casi todas las ideas de que estaba saturado el liberalismo político, y deben agregarse como factor importante de su formación las lecturas determinadas por su ministerio religioso. Muy de acuerdo con las ideas de su tiempo, Vallejo dice: "Me impuse por ley no decir nada falso, ni omitir nada verdadero; asumiendo la responsabilidad y las amarguras que este propósito pueda traerme en cualquier forma del odio o la calumnia", y puede decirse que no se apartó del programa de rectitud que se había impuesto. Su censura de las obras históricas parciales tiene validez genérica aun en la actualidad, siendo interesante consignar que escoge con gran justeza las palabras con que expresa sus ideas al respecto: "historiadores que solo han publicado documentos que pertenecen a su devoción". Vallejo tiene ilimitada confianza en el conocimiento histórico que es, según él, "la única luz capaz de guiar a la humanidad en su larga peregrinación sobre la faz de la tierra", pensamiento que resulta doblemente sugestivo en un eclesiástico. La mayor parte de estas ideas son aceptadas generalmente por casi todos sus contemporáneos, y algunas veces repite conceptos tradicionales acerca de la manera y el sentido del conocimiento histórico, pero hay un momento en que su espíritu crítico se pone de manifiesto, no sólo porque le da más crédito a las fuentes directas, sino porque confía en que su biógrafo puede interpretar la verdad emanada de ellas. Me he apartado —dice— de los inexactos y apasionados juicios de los escritores que se han ocupado de reseñar las contiendas de Centro América, y he seguido sin recelo las revelaciones de los documentos que he tenido a la vista, sobre todo, cuando estos han estado de conformidad con las narraciones de personas contemporáneas." En alguna otra parte, Vallejo acaba de darnos la clave de su método de investigación, pues pretende hacer un estudio objetivo de los acontecimientos. Por todas estas razones la labor histórica de Vallejo es fruto de su patriotismo pues ese ha sido el requerimiento actual que lo ha llevado a sus investigaciones del pretérito; pero a veces se desborda en franca doctrina centroamericanista, y aun continental, y de esa manera logra una superación de bienes que resultan del patriotismo sobre los males que puede acarrear las exacerbaciones nacionalistas.

Pero hay algo más, que los historiadores hondureños nunca acabarán de agradecerle: la conservación y clasificación de los archivos de su país, las inquietudes históricas que despertó entre la juventud intelectual, y los sabios lineamientos que dejó trazados para que la nueva generación hallara más llano el camino, y enmendara inevitables errores.

Los párrafos trascritos del discurso del Señor Chinchilla no requieren comentarios; ellos son elocuentes y definen la razón del homenaje a Vallejo.

Cuatro años más tarde, el 31 de mayo de 1952, la Comisión de Estudios Territoriales de. Honduras, dependiente de la Secretaría de Relaciones Exteriores, acordó rendir un homenaje al Padre Vallejo consistente en la colocación de su retrato en el Salón de Sesiones. Honraba así aquella Comisión al hombre que le dejó abierta la brecha y listos la mayoría de los documentos que Honduras necesitó y necesitará para resolver los litigios fronterizos. Así, el espíritu del Padre Vallejo presidirá su labor y bajo su mirada tranquilla, se irán analizando los viejos y nuevos testimonios que respaldan la seguridad de nuestras fronteras.

Seis años después, el 17 de abril de 1958, la Sociedad de Geografía e Historia de Honduras emitió acuerdo especial para que, en tal fecha, fuesen colocados en su Salón de Honor, los retratos de los historiadores ANTONIO R. VALLEJO, Rómulo E. Durón, Esteban Guardiola y Félix Salgado. El acto fue solemne, y durante su desarrollo, socios distinguidos de aquella docta entidad, leyeron valiosos trabajos biográficos de los eminentes hondureños. Posteriormente, la misma Sociedad, ha colocado un busto del Padre Vallejo en su Salón de Honor, como una demostración más de su veneración y del cariño que le merece el ilustre iniciador de los estudios históricos en Honduras.

Ahora, la Biblioteca Nacional que Vallejo organizara con amor y grandes trabajos, le tributa el sentido homenaje de su respeto y reconocimiento; en el recinto de este centro cultural, estará presente la efigie en mármol del ilustre Vallejo, como si se quisiera tener para la eternidad, un vigilante sereno de su propia obra.

¡Loor al eminente Antonio Ramón Vallejo! ¡La Patria le será siempre deudora de sus desvelos y de su inmensa labor en pro de la cultura!

BIOGRAFÍAS SOBRE EL PADRE VALLEJO.

No obstante que el Presbítero y Licenciado Antonio Ramón Vallejo fue el pionero de la investigación histórica en Honduras, son relativamente pocos los trabajos encaminados a divulgar su vida y su obra. Breves semblanzas se han publicado esporádicamente, como si quisiera escatimársele la gloria de haber escrito la primera Historia de Honduras, y de tarde en tarde se le menciona como el más esforzado defensor de nuestros derechos territoriales, quizá por temor a obscurecer algunas obscuras personalidades que han venido saludando con sombrero ajeno.

Son, no obstante, dignas de loa las pequeñas biografías publicadas por los historiadores don Salvador Turcios Ramírez, don Martín Alvarado Rodríguez y el escritor don Mariano Saavedra de Santa Rosa de Copán.

¿QUIEN FUE EL PADRE VALLEJO?, se intitulan los "Apuntamientos biográficos" del escritor Turcios Ramírez, que toma como acápite esta sentencia de Juan María Cuéllar, uno de los intelectuales de más valía con que ha contado Honduras y que dice: "Los que pudieron comprender su personalidad, —aprovecharon sus alfas dotes; los mediocres, al referirse a él, lo hicieron despectivamente". Luego Turcios Ramírez dice: "Uno de los recuerdos imborrables que conservamos cuidadosamente en nuestra memoria desde los primeros años de nuestra existencia, es el que exalta la figura interesante de aquel conspicuo personaje que en la vida se llamó Antonio Ramón Vallejo. Este formidable pionero de nuestra cultura intelectual tuvo la braveza legendaria de los héroes autóctonos, para abrir a brazo partido la trocha luminosa en nuestra selva virgen por donde pudiera ambular libremente el carro del progreso de la cultura nacional. Fue el iniciador, entre nosotros, de los estudios científicos y fecundos, serios y metódicos de la Historia y de su Filosofía, que antes de él eran casi desconocidos en el desarrollo de la existencia patria. Él fue el creador, el HEREDOTO, que dijéramos, de la verdadera Historia de Honduras."

Más adelante, Turcios agrega: "Fue Socio correspondiente de la Academia de Ciencias y Bellas Letras de San Salvador, desde 1892, y Académico de número de la Academia Científico—Literaria de Honduras, correspondiente de la Real Academia Española, lo mismo que de otras prestigiosas instituciones nacionales y extranjeras. La

Dirección de la Exposición Nacional de Guatemala, que tuvo lugar en aquella República, en 1897, haciendo justicia a sus altos merecimientos intelectuales, le confirió una medalla de plata de primera clase por sus trabajos literarios y estadísticos. Hablando del Doctor Vallejo decía de él un escritor hondureño contemporáneo: "Durante regenteó varias parroquias, dedicó las horas que le dejaban libres sus tareas apostólicas a estudiar las lenguas y los dialectos primitivos de Honduras, a registrar los archivos, a buscar tradiciones y a obtener los progresos de las ciencias políticas y sociales. Estos estudios y sus hondas meditaciones produjeron una gran revolución en las ideas y en los principios del sabio. Su inteligencia y su corazón se abrieron a nuevos ideales y arrojando de sí todos los prejuicios, todos los sofismas de la ciencia antigua, iniciado en los secretos de la Filosofía moderna, volvió hacia una vida nueva, y en la cátedra, en el periodismo, en la política, en el libro, ¡derramó todos los tesoros de su saber!".

Hace Turcios Ramírez un recuento de sus obras publicadas e inéditas; dice que murió pobre a los 70 años de edad; que nadie ha igualado en nuestro medio y mucho menos superado "el enorme esfuerzo mental de aquel esforzado benedictino servidor de la Patria", y fermina con estas palabras: "Y como una cruel ironía de la vida —decimos nosotros— el creador de nuestra verdadera Historia; el paciente investigador de los viejos infolios; el fundador de nuestro Archivo y Biblioteca Nacional, no tiene un busto recordatorio, ni siquiera una fotografía en el aula máxima de estos centros del saber humano; pero sí, en cambio, tienen un monumento indestructible y eterno; una estatua imperecedera de níveo mármol pentélico en la conciencia espiritual de nuestra amada Honduras."

En Julio de 1963, el Profesor e historiador don Martín Alvarado Rodríguez, publicó bajo los auspicios del "Instituto Militar Presidencial", una Biografía del DOCTOR ANTONIO R. VALLEJO. Es un folleto de 32 páginas impreso en la Imprenta La República de esta capital. Narra el Señor Alvarado el nacimiento y los primeros años de su biografía de hace una especie de índice bibliográfico bastante completo de sus obras e inserta varios juicios de prominentes escritores acerca del Padre Vallejo. Luego agrega: "El Doctor Vallejo era incansable para el trabajo. Jamás estaba ocioso, siempre se le veía buscando que hacer. Nos cuenta persona autorizada para ello, que en cierta ocasión, yendo para El Salvador en busca de documentos para la defensa de nuestro territorio, ya para llegar a un pueblo hondureño fronterizo a aquel país, tuvo que apurar la mula que montaba porque se advertía la inminencia de una fuerte tempestad. En efecto, llegó pronto al lugar indicado, y en vez de sentarse a descansar de las fatigas del camino, pidió la dirección de la Alcaldía Municipal, y bajo el agua que caía a torrentes allá se dirigió en busca de datos que el Archivo Municipal pudiera proporcionarle. Era tan adicto a la investigación histórica, que tenía siempre a su servicio personas que le ayudaban como escribientes, y éstos fueron muchos. Se recuerda por la dedicación esmerada con que actuaba en esos menesteres, y por la belleza de su letra, de consumados pendolistas, a los jóvenes: Mateo Martínez, de Lepaterique; a Antonio Abad del Castillo, de Comayagüela y a Isidro Amaya, de Yoro. Estos amanuenses recibían por estas labores sueldos mensuales muy modestos, y el Doctor Vallejo atendía estos gastos con el producto de sus trabajos profesionales de abogado. Del Estado no recibió jamás ayuda alguna. ¿Se habrá visto sacrificio mayor y patriotismo semejante?.

También el escritor don Mariano Saavedra y el artista don Carlos Zúñiga Figueroa, el primero en el N° 6 del Boletín de la Academia Hondureña de la Lengua, y el segundo en la edición de diario EL DIA de 27 de diciembre de 1960, publicaron una semblanza del Padre Vallejo, de quien dijo el periodista Don Julián López Pineda: "El Dr. Antonio R. Vallejo, cuya memoria esclarecida, entre las sombras del pasado reciente, se oculta a los ojos del pueblo, merece la consagración como símbolo de la soberanía nacional, por el aporte de sus obras a la defensa de nuestro territorio, las cuales ofrecieran la mejor documentación y los más concienzudos estudios que ha servido en la lucha de fronteras por los derechos de Honduras". (Editorial de diario EL DÍA intitulado EL VALOR DE LOS SÍMBOLOS, febrero 7 de 1954).

Este modesto trabajo aspira justamente a sacar de las sombras el nombre esclarecido del Presbítero y Licenciado Antonio R. Vallejo; aspira a que se divulguen las múltiples facetas de su existencia útil a la patria y a la sociedad, porque Vallejo fue maestro, filólogo, periodista historiador, guía de almas, defensor de pobres e infatigable luchador por los derechos inalienables de la Nación sobre el territorio con que vio la vida Independiente el 15 de Septiembre de 1821. Es un trabajo incompleto, deficiente; pero en él he querido hacer un esbozo de su vida y rendirle el tributo de mi admiración y de mi profundo respeto.

Ojalá que mi aspiración se haya cumplido, y que otros escritores con más perseverancia que la mía, llenen los vacíos que no me ha sido dable llenar.

Y para concluir, voy a copiar el siguiente párrafo de un discurso del escritor Don Juan María Cuéllar, pronunciado en honor del Padre Vallejo:

"Los que pudieron comprender su personalidad, aprovecharon sus altas dotes; los mediocres, al referirse a él, lo hicieron despectivamente….

R.R.R.

APÉNDICE: CASAMIENTO DEL SENOR CANONIGO MAESTRE—ESCUELA DE LA SANTA IGLESIA CATEDRAL DE COMAYAGUA, DON MANUEL ROMERO

El suceso que vamos a referir, a propios y á extraños, para que maldigan a su autor, lo condenen, lo degüellen, se rían y hagan de él lo que quieran, no es una mentira, ni una suposición, tampoco un invento imaginativo, menos, mucho menos, una miserable calumnia en la que a sabiendas, no incurrimos nunca, ni por pasión de partido, ni por odios personales: es un hecho tan real, fan verdadero, como verdaderos y reales son los informes de que partimos.

Estamos, si la memoria no nos es infiel, en 1868 o 69, cuando aún era cura de la parroquia de Chinacla, conocida hoy con el nombre de Marcala, el Señor Presbítero Don Manuel Romero. Esta parroquia se encuentra situada en el corazón de las montañas que están al Sur del valle de Comayagua y a diez y ocho leguas del asiento del Obispo. Ocho o diez años hacía que nuestro PIADOSO y CEBADO cura apacentaba a su amadísimo rebaño. Como no nos proponemos seguirlo paso a paso en su tremendo cargo pastoral, no diremos que se ocupaba de ESTIRPAR la horrenda lepra de la IGNORANCIA y SUPERSTICION en que sacerdotes sin CONCIENCIA habían mantenido por tres siglos a nuestros infelices pueblos para explorarlos con holgura, ni que subía al altar de Dios, INDEVOTO, FRIO, TRASNOCHADO, LLENO DE INMUNDICIAS a ejercer las funciones más altas del sacerdocio cristiano, que indebidamente le habían confiado; ni tampoco referiremos que perseguía de día, de noche y a todas horas con celo, con amor paternal, a sus inocentes ovejas, que andaban el camino de la sencillez, para atraerlas a su redil y devorarlas a mansalva; pero sí diremos que se ocupaba a derecha y á izquierda del amor a las VÍRGENES que RECOMIENDAN LOS SAGRADOS CÁNONES pues para ellos es casi DISIMULABLE la fragilidad de un sacerdote en materia de amores PROHIBIDOS, con tal que HAYA INTEGRIDAD EN LA PUREZA.

Nuestro BUEN PASTOR se hallaba, pues, bajo el dominio de una pasión frenética, que le había inspirado una joven de pocos años, de costumbres puras y sencillas y de un corazón más puro y sencillo todavía, de negros y rasgados ojos, de una estatura bastante regular y de voluptuosas y bien contorneadas formas: ella era lo que se llama una bonita joven, que se atraía por su voluptuosidad y por su candor las simpatías de todos aquellos que tenían la dicha de conocerla y tratarla, pues tenía un no sé qué.... SALERO en su semblante.

Con mucho gusto escribiríamos las páginas de la vida de esa desventurada joven pero como juzgamos impacientes a nuestros lectores por saber a dónde nos dirigimos, llegaremos de un brinco al desenlace de la COMEDIA AMOROSA, que no sin bastante habilidad y POCA VERGUENZA, había hecho EL VIRTUOSISIMO CURA DE MARCALA.

Viendo el Señor cura Romero que la joven, aunque tierna, era muy amiga de su honor, y que por lo mismo NO PICABA EN SU ANZUELO, cambió de armas y empleó los recursos más ingeniosos que sugiere el amor INDIGNO y depravado, y una promesa que triunfa siempre en igualdad de circunstancias, llegó a decirla con palabras bien ensartadas, que estaba DECIDIDAMENTE RESUELTO A CASARSE CON ELLA: que aunque la RELAJACION DE LOS VOTOS de las sagradas órdenes, era difícil de conseguir en la SANTA Y RECATADA ROMA, estaba dispuesto por su amor y su felicidad a vencer todos los obstáculos por imposibles que fuesen.

Una vez concebidos sus proyectos, trató al punto de ponerlos en ejecución.

La niña, que antes se había encastillado en las ideas de honradez, no dejó de prestar asentimiento a las falsas promesas que le hacia el BUEN PASTOR, QUE DABA LA VIDA POR SUS OVEJAS.

El cura, pues, fingió a su ovejita que ocurría por la dispensa a la ciudad Eterna: guardó el INTERSTICIO necesario, para que su solicitud fuera y volviera de la SANTA SEDE.

Llegó al fin el esperadísimo día de la vuelta: la solicitud había sido despachada de conformidad. Este fue un día de verdadera gloria para nuestro HONRADO CURA.

Llamó a hurtadillas a la joven: le leyó en un LATIN MONTANES la dispensa otorgada por la Silla Romana.

Nos han asegurado que la Dataría Apostólica, expidió la expresada dispensa más o menos en estos términos:

"Pius Papa IX,

Fili dilectissime

SOLICITUDINEM VESTRAM VIDIMUS, CUM MAGNA CARITATE ET AMORE, ET NOM POSSUMUS FACERE QUIM PERMITERE DUXEER EXORUM, QUIA MELIUS EST NUBERE QUEAM URI &&.

Vencidas las resistencias de la joven con estas arterias, se trató solamente de señalar el día de la boda y el sacerdote que debía presenciarla, porque entonces no se usaba ese MATRIMONIO DIABÓLICO llamado CIVIL, que cuenta hoy con numerosos partidarios; por lo tanto, debía efectuarse canónicamente, es decir, IN FACIE ECCLESIE.

¡Qué burla, Santo Dios, a tu esposa amada y al Sacramento que el Apóstol llama: SACRAMENTUM HOC MAGNUM EST!

Llegada la hora se hizo venir al Señor Presbítero Don Pablo Ramírez, actual cura de Texiguat y residente entonces en Marcala, á que presenciase el enlace matrimonial del CASTISIMO cura de Chinacla, y cumplir así las palabras del Concilio de Trento, que dice: CORAM PAROCHO VEL ALLIO SACERDOTE.

El Padre Ramírez, tomado de PROSAICA CUSUSA y llevando un crucifijo para que fuese testigo de aquella inmoralidad, de aquella infame burla, hecha al honor, a las buenas costumbres y a la santidad del matrimonio que Dios instituyó desde el principio de los tiempos, dio lectura a la epístola de San Pablo que por el estilo FUERTE Y COLORADO en que está concebida, hemos visto que muchos curas, más recatados, se han visto en la necesidad, por respetos al pudor de suprimirle algunas PALABRAS FRIVOLAS, que en nada perjudican la validez del contrato matrimonial.

Terminada la ceremonia que acabamos de describir, el Cura Romero quedó casado.

Así concluyó la comedia amorosa del CELEBRE CURA ROMERO, hoy MISIONERO ELOCUENTE de Masaya.

Este hecho escandaloso y vil, lo supo el INFATIGABLE, el INTELIGENTE, el CELOSO Obispo de Comayagua, que hace sobre ONCE AÑOS que no visita su Diócesis; lo supo el CASTISIMO, el CARITATIVO Dean Don Pedro Boquín, que no tiene nada de ENERGUMENO: lo supo el bien CONSERVADO Arcediano D. Florencio Estrada: lo supo el FRANCO, el DESINTERESADO, el RECOGIDO Canónigo de Gracia, Don Inés Licona, QUE SABE

RESPETAR los vínculos espirituales, y no tienen nada de sibarita; lo supo, en fin, el oscuro, el ilustrado Vicario General de nuestras ENTRETELAS, D. Florencio Carranza, que ameniza los ratos de las personas que lo visitan con una fraseología admirable, nunca vista de ES ASI.... regularmente de ordinario, vengan a no vengan al caso y de quien después contaremos algunos chilitos, y sin embargo, ni el Obispo, ni el Dean, ni el Arcediana, o ni el Canónigo de Gracia, ni el Vicario General se escandalizaron de este escándalo sin nombre; por el contrario, este vergonzoso y criminal hecho y otros que vamos a referir, le sirvieron de mérito y de escala para subir al alto puesto de Canónigo Maestre—Escuela de la Santa Iglesia Catedral de Comayagua.

Al llegar aquí, nos vemos trozados, por la lógica de los hechos, a referir otras FRIOLERAS que dan a conocer mejor lo que ha sido, lo que es y lo que será el Padre Romero, POR AQUELLO DE QUE NATURAL Y FIGURA HASTA LA SEPULTURA.

Convencida la joven de la infame farsa, se separó al punto de nuestro BUEN CURA de Marcala y continuó viviendo al lado de su madre.

Cuando el FRUTO de aquellos desgraciados amores, QUE AÚN VIVE, contaba algunos días o algunos meses de nacido, Romero intentó conocerlo y le fue imposible, porque la familia de la desdichada quería PREMIAR ASÍ sus GRANDES CUIDADOS PASTORALES.

Colocadas las cosas en este estado, el consabido cura, que ya hacía VERGONZOSAS ANTESALAS en el palacio del Presidenta Medina, le pidió por gracia le diese veinticinco hombres al mando de un oficial, para que tanto éste como la fuerza ejecutasen las órdenes que él les diese.

Su HONRADO pensamiento era el siguiente: pedir nuevamente al niño, y si no se lo mandaban, disparar los fusiles sobre la casa y habitantes.

Este tremendo plan se habría ejecutado al pie de la letra, a no haber habido allí personas de la ciudad de Comayagua, que oportunamente interpusieron su mediación.

Se asegura que en aquellos momentos el EJEMPLAR CURA había PERDIDO SU RAZÓN.

Pero aún hay más, en la ciudad de Comayagua, asiento de la obispalía, para obtener el puesto de Canónigo Maestre Escuela, cometió ACCIONES HONROSÍSIMAS.

SE CONTABA de cierto que se ponía en cuatro pies: que se agazapaba como UN CAN: que se colocaba bajo la mesa del Presidente Medina: que se le metía entre las piernas: que se las abrazaba: que se las lamía, y que aguantaba en recompensa algunos puntapiés y algunos vómitos alcohólicos. Este es el SANTO MISIONERO de Masaya, República de Nicaragua.

Pero no es esto todo. Se asegura también que como BUEN VASALLO, servía de... lo diremos después, porque este escrito ha tomado proporciones que no pensamos; por lo mismo estacionaremos aquí para continuar cuando nos conteste y nos desmienta nuestro VIRTUOSO CURA,SANTO E INFATIGABLE MISIONERO, a quien por la PUREZA DE VIDA, por LA SANTIDAD DE COSTUMERES, por los PERSEVERANTES E IMPROBOS TRABAJOS ESPIRITUALES, estamos muy lejos de aplicarle estas palabras crueles de Jesucristo, SUR ET LATRO, BANDIDO, LADRON DE LA CASA DEL SENOR, que viene bien solamente a sacerdotes depravados, que como lobos se introducen en el rebaño para degollar y perder las ovejas, ET MACTET ET PERDAT San Juan capítulo 10vs. 1, 8 y 10.

(Tomado de "EL ORDEN" Periódico Industrial Noticioso, Político y Científico. Serie 3ra. Número 70. Tegucigalpa, Agosto 3 de 1882. Página 3, columnas lra. 2da. y 3ra. y página 4fa., columna lra. A.: ARCHIVO NACIONAL DE HONDURAS.

CASAMIENTO DEL CANONIGO MAESTRE—ESCUELA DE LA SANTA IGLESIA CATEDRAL DE COMAYAGUA, DON MANUEL ROMERO

Si al traer a cuenta el casamiento del ILUSTRE CURA de Marcala, después Canónigo de la Santa Iglesia Catedral de Comayagua, y hoy SANTO MISIONERO de Masaya, hemos referido, al propio tiempo, algunos hechos accesorios, no ha sido, de ninguna manera, por mala intención, pues no la tenemos con nadie y menos con esta GENTE SANTA, QUE SOLO DIOS TIENE QUE VER CON ELLA, sino únicamente para manifestar, por un lado, la sorpresa que nos causó ver el silencioso, el profundo silencio que se guardó con LAS BRINADAS cometidas por el cura de Chinacla, y por otro, EL DISGUSTO, LA ADMIRACIÓN, LA RABIA, EL RECHINAMIENTO DE DIENTES que ha ocasionado al Obispo, al Dean, al Arcediano, al Canónigo de Gracia y al Vicario General, de quien no sabemos si SU ORIGEN ESTA EN EL RIO DE CRISTALES, el casamiento honrado y legítimo que han contraído los curas Rodríguez y Guerrero.

Nosotros comprendemos perfectamente bien que el paso que éstos acaban de dar, aunque es un hecho enteramente privado, pero como se encuentran revestidos del augusto y tremendo carácter sacerdotal, habrá causado aflicción y entristecido a muchas conciencias timoratas y honradas, que profesan de buena fe con la mayor sinceridad las santas doctrinas de la Iglesia fundada por Jesucristo; habrá también escandalizado algunos hombres frívolos, ligeros e hipócritas. Pero a pesar del arraigo que las preocupaciones tienen entre nosotros, hemos notado con singular placer el entusiasmo grande con que la prensa ilustrada de Centroamérica, lo mismo que la mayoría de nuestros hombres y de nuestros pueblos, a excepción de unos cuatro SANTURRONES y SANTURRONAS, han acogido los matrimonios de Rodríguez y Guerrero.

Antes de entrar en la cuestión que nos proponemos deslindar, manifestaremos: que, aunque estamos convencidos y penetrados de que ya no se encienden, ni atizan hogueras para TOSTAR VIVOS A LOS HOMBRES, que aspiran a PENSAR POR SÍ, y a decir con santa libertad lo que sienten: que, aunque estamos seguros de que las excepciones son hoy ARMAS GASTADAS, QUE PRODUCEN MAYORES MALES A LOS QUE LAS FULMINAN QUE A SUS PROPIOS ADVERSARIOS, con todo, trataremos la cuestión, la importantísima cuestión de que nos vamos a ocupar, con el mayor comedimiento; porque, a pesar de que somos meros seglares, SIN UNA TILDE DE SUPERSTICIÓN Y FANATISMO, TENEMOS MIEDO de meternos con el ALTO Y BAJO CLERO de Comayagua, que CONOCE A FONDO las SUBIDÍSIMAS CUESTIONES de Teología trascendental, y puede, no citarnos a Descartes, á Tertuliano y á Orígenes, que negó el dogma del infierno y el DOGMA DEL DIABLO, sino echar sobre nuestros pobres y débiles hombros VEINTE O TREINTA TRATADOS del SABIO Y DISCRETO LARRAGA, que el Canónigo de gracia Don Inés Licona ha explicado admirablemente en el colegio Tridentino con CASOS DE PULPERÍA, del LACÓNICO y SESUDO ECHARRI, del ESPIRITUAL y SUBLIME CHARMES, que a juzgar por sus doctrinas sobre Dios y los ángeles, parece que ha subido y MORADO en el tercer cielo. Pero esto sería nada: nuestros temores están en que, después de citar a Larraga por aquí, a Chármes por allá, y, SI CONOCIERAN, a José de Maistre, á Witasse, á Gaume, á Billuart, á Habert y a V. Deschamps, nos pueden dirigir algunas CHANCITAS INJURIOSAS, como acostumbran siempre que ven que se les va de las manos una SUPERCHERÍA o UNA SUPERSTICIÓN. La historia está cubierta como una triste comprobante.

Si alguna palabra dura, si alguna frase inconveniente, si alguna opinión extravagante o atrevida sale de nuestra boca, más que culpa nuestra, es culpa de las Magistraturas que han gobernado y gobiernan la Iglesia de Comayagua, que han mantenido tratan de mantener a la grey hondureña en una criminal y supina ignorancia acerca de los grandes problemas sociales y de la vida de ultratumba. Para que se vea la razón que nos asiste, interpelamos al padre Obispo y a todos los Canónigos para que nos digan qué Obispo y en qué tiempo, a excepción del virtuoso Guadalupe, ha fundado un establecimiento de instrucción pública en donde se hayan apartado las densas nieblas de la ignorancia para que brillen en todo su esplendor las luces de la civilización moderna. Cítennos uno siquiera. Aquí llega la oportunidad de aplicar las palabras de las sagradas letras: NON EST QUI FACIAT BONUM, NON EST USQUE AD UNUM.

Hemos hecho una digresión que tal vez haya sido necesaria; pero, como quiera que esto sea, nos parece conveniente entrar, sin pérdida de tiempo, a hablar de un punto que llamamos capital, sobre el que hemos pensado hace algunos días.

Nosotros creemos, como cree también el apóstol San Pablo, que es mejor casarse que arderse en las pasiones MELIUS EST NUBERE QUAM URI. Por lo mismo, estamos de acuerdo con los matrimonios que han contraído los sacerdotes Rodríguez y Guerrero; pero no estamos de acuerdo, ni lo estaremos nunca, en que estos puedan y deban convertirse, como se han convertido, en laicos.

Los padres Rodríguez y Guerrero creen sinceramente, como suponemos que deben creer, que la augusta facultad sacerdotal es una facultad indeleble, por lo mismo que imprime carácter, ¿con qué derecho se han vuelto legos?

La Iglesia Católica también rechaza esto cuando expone: SI QUIS DIXERIT PER SACRAM ORDINATIONEN.... NON IMPRIMI CHARACTEREM, VEL CUM QUI SACERDOS SEMEL FUIT, LAICUM RURSUS FIERIT POSSE. Concilio Tridentino (Sess. 23 can 4.)

Cuanto más pensamos, más nos convencemos de lo que acabamos de exponer, es decir, que los curas Rodríguez y Guerrero no pueden ni deben, de ninguna manera sin traicionar su conciencia, sin mofarse de los católicos y de las enseñanzas cristianas, renunciar motu propio, la potestad sacerdotal que, una vez conferida, NO DEPENDE DE NADIE.

Tan cierto es esto que afirmamos, que la Iglesia de todos los tiempos ha reconocido y reconoce como vital la consagración eucarística hecha por un sacerdote ex—comulgado, degradado y suspenso.

¿Y qué significa esto? Significa que la potestad de orden una vez recibida, no se pierde nunca.

Por lo mismo nos ha sorprendido ver que los curas Rodríguez y Guerrero se hayan convertido en seglares, cuando, a nuestro juicio, son ahora más dignos de ejercer las augustas funciones del altar; puesto que, por una parte, han llenado las cualidades que recomienda el apóstol San Pablo, cuando dice: que sepan gobernar bien su casa, teniendo los hijos a raya con toda decencia. Pues si uno no sabe gobernar su casa, ¿Cómo cuidará de la Iglesia de Dios? (Capítulo 3, V. 4 y 5;) y por otra, se han reconciliado con los afectos del corazón, con los intereses más grandes del hombre, santificándolos con el matrimonio que acaban de contraer, que fue establecido por Dios, no tanto para curar la naturaleza caída, flaca o enferma, sino para que, estando el hombre unido a la mujer, que es hueso de sus huesos y carne de sus carnes, con la unión más estrecha, íntima y santa, que puede concebirse entre dos criaturas humanas, tenga FRUICIONES Y CONSUELOS de que se ha visto privado el sacerdote hace algunos siglos por el celibato forzoso y eterno que se le ha exigido; conculcando así los sagrados derechos de la naturaleza.

Para concluir, diremos que el celibato del sacerdote no es un punto de fe sino de mera disciplina, establecida hace ocho o nueve siglos, contra lo que Jesucristo y sus apóstoles mandaron.

San Pablo, escribiendo a los Corintios, les decía: "Respecto a las vírgenes, yo no tengo mandamiento del Señor: os doy un consejo." 1ª a los Corintios V. 25.)

Por donde se ve que, siendo la Iglesia la fiel depositaria de las doctrinas de su divino fundador, no solamente debía permitir el matrimonio a los sacerdotes, sino que el DERECHO debía convertirlo en DEBER, sobre todo, en estos tiempos en que la VIDA PRÁCTICA DEL SACERDOTE no anda muy conforme con la santidad evangélica.

De todo la que dejamos expuesto deducimos que les sacerdotes Rodríguez y Guerrero, después de glorificar a Dios nuestro Señor, por el estado en que los ha colocado, deben PERMANECER SACERDOTES y ejercer su alto ministerio, no el de pastores de las almas, porque es un empleo pero sí el de edificar a los hombres con su buena conducta, con su buen ejemplo, con su ardiente caridad, con su gran mansedumbre mirando a todos los hombres como á hermanos, y apacentándolos con la palabra de Dios, ya en su casa como en todas partes. El lugar no importa.

L.R.

(Tomado de: "EL ORDEN" Periódico Industrial, Noticioso, Político I Científico. Serie 3ra. Número 71, Tegucigalpa, Agosto 14 de 1882 Primera página, columna 3ra y 2da. página primera, 2da. y tercera columna. A: ARCHIVO NACIONAL DE HONDURAS.

EL CURA DE CANTARRANAS. I UN MATRIMONIO CIVIL

Aunque grandes son las consideraciones que tributamos al sacerdote, PERSONA SANTISIMA para nosotros, mayor es el respeto que tenemos por el derecho i por los intereses de los pueblos, que hoi, más que nunca, se tratan de poner a cubierto de la ambición, de la ignorancia i fanatismo.

EL ORDEN, que se ha impuesto la ímproba tarea de luchar resueltamente i sin descanso, por la libertad, por la justicia i por todo lo que importa al bienestar de nuestra sociedad, viene ahora a defender con todas las fuerzas, con la sinceridad de sus convicciones, con la energía inquebrantable de la razón i el derecho, la causa más trascendental, que sirve de base a la sociedad i la familia i que se trafa de vilipendiar en estos momentos el matrimonio civil. Referiremos los hechos.

El Sr. Narciso Morazán, del pueblo de Morocelí i residente en el valle del Ocotal, se presentó ante el cura de Cantarranas D. Benjamín Guerrero, solicitando ardientemente que lo matrimoniase con María de Jesús del mismo apellido: el BENDITO CURA, después de haberle exigido el pago, sin poder recordar talvez, o recordando, que los derechos parroquiales están derogados por la sabia Constitución de 1880, que se inspiró en el principio QUOD GRATIS ACCIPISTI, GRATIS DANTUR, denegó, con el mayor desdén i sangre fría la solicitud que con tanto interés presentó ante su ministerio el pretendiente Morazán, por no haber tenido dinero con qué pagarle; pero como el Estado ha establecido, fundado en altísimas razones de interés social, el matrimonio civil, i como un amparo otorgado a nuestra sociedad, contra la codicia de sacerdotes sin conciencia, Morazán ocurrió al Señor Alcalde de Morocelí, quien, después de llenar todos los trámites prescritos por la leí, procedió al matrimonio, que espontáneamente solicitaron ambos contrayentes.

Este procedimiento ha irritado de tal manera al Sr. Cura D. Benjamín Guerrero, POR QUE LA CODICIA ROMPIÓ EL SACO, que ha hecho valer o la gente sencilla i pobre de espíritu, que los dos esposos están viviendo en unión ilícita, porque el matrimonio civil, según su GRAN CACUMEN, que vive no sabemos en qué atmósfera, no es más ni menos que un concubinato. Como este viejo apotegma afecta los más vitales intereses de la sociedad nos vemos en el imprescindible deber de apuntar aquí, aunque ligeramente las razones justificadas del matrimonio civil que hoy se practica en casi todas las partes del mundo; pero antes queremos preguntar al Sr. Cura de Cantarranas, con el mayor comedimiento, si esa FURIA, si esa RABIA, si esa MURMURACIÓN que le ha ocasionado el matrimonio Morazán, es el celo apostólico, es el amor a la religión de Jesucristo, o por AMOR al ORO, cuyo vil interés condena enérgicamente el apóstol, cuando dice: que el ministro de la religión debe despreciar altamente el oro i la plata, i mirar como estiércol todos los bienes de la fierra, para ocuparse exclusivamente del logro i ganancia de Jesucristo; ARJENTUM ET AURUM AUT VESTEM

NULLIUS CONCUPIVI. OMNIA ARBITROR UT STERCORA UT CHRISTUM LUCRIFACIAM. ¿Entenderá este testo el Señor cura? Pues sino lo entiende, le citaremos este otro del mismo apóstol San Pablo que reprueba la conducta del sacerdote que, dominado por la PASION DEL ORO, busca en las alfas i sagradas funciones del ministerio un medio de HACER FORTUNA, convirtiendo en vil tráfico la dispensación de los augustos misterios de la religión: NOM QUERO QUOE VESTRA SUNT, VED VOS; i otro que, después de calificar de soez la ambición de atesorar dinero, i de probar que en el corazón del avaro no puede albergarse nunca ningún sentimiento, ni de nobleza, ni de caridad ni de amor al prójimo, dice que es una pasión que jamás se debilita NI CON LA EDAD, como las demás pasiones (cosa que nos entristece mucho) que antes bien se robustece con los años i se convierte en sed insaciable i en un vicio que nunca dice.... BASTA: GUOD NUNQUAM DICIT SUFFICIT. ¿Será este el lamentable estado en que se encuentra, como otros muchos, el REVERENDO Cura de Cantarranas? ¡NO LO PERMITA DIOS!

Por esta razón, se ha requerido en todas los tiempos, i hoi principalmente, que están derogados los derechos arancelarios, vocación en los que se han dedicado i se dedican a las altas funciones del altar, por esta razón, la Sagrada Escritura llama FUROR ET LATRO, BANDIDOS LADRONES DE LA CASA DEL SENOR, a los que, sin estar adornados de las preciosas prendas del amor, de la caridad, de la abnegación i, sobre todo, del desprendimiento a los intereses caducos de la tierra, se meten INTRUSAMENTE a administrar intereses que el Divino Maestro ha encargado sólo a sacerdotes llenos de espíritu evangélico.

Si los sacerdotes creen sinceramente que el matrimonio civil es un concubinato, i éste UN PECADO MORTAL, que importa la PERDICION ETERNA, ¿Por qué dejan caer a sus ovejas en desgracia fan grande, por miserables OCHO PESOS? Si creen en este ¿Por qué no son desinteresados? Sino creen ¿por qué se valen de estas supercherías, para saciar su sed de plata?

De todo lo que llevamos expuesto, se deduce lógicamente que la conducta observada por el cura Guerrero i por los otros muchos, respecto a la administración de los sacramentos, es altamente CRIMINAL i digna de que sus feligreses los detesten cordialmente; tanto más, si se atiende a las INIQUIDADES que cometen, negando los auxilios espirituales, como lo ha hecho Salgado en Danlí con María de Jesús, sólo porque tienen la desgracia de no poseer riquezas para saciar la SED DE PLATA que devora las ENTRANAS de esta JENTE SANTA, GENS SANCTA.

Ya que tratamos este punto, desearíamos preguntar a la Estadística hondureña, cuántos miles importa cada año al Estado la administración de Sacramentos, dispensas matrimoniales, licencia de Sacerdotes, enterramientos &., i cuántos son las haciendas que se encuentran en el territorio, pertenecientes a CLÉRIGOS DESNUDOS, que las han formado CON EL SUDOR DEL POBRE I DE LAS MIL MANERAS que la codicia les ha sugerido i les sugiere a cuánto asciende.... más ¿a dónde vamos? Entremos en materia; pero antes, comencemos por definir lo que se entiende por contrato matrimonial; pues muchas veces las dudas i las objeciones desaparecen con solo fijar bien el sentido de la verdad que se defiende.

¿Qué se entiende pues, por contrato matrimonial?

Para que nuestra definición no se tache de SEGLAR, ni se tilde de HERETICA i por lo tanto de sospechosa, daremos la que trae en su Diccionario teológico el Señor Donoso, Obispo de la Serena, la que no dudamos será del PALADAR de nuestros Sacerdotes.

"Es unión conyugal del hombre i la mujer, entre personas hábiles, que las obliga a vivir perpetuamente, unidas en una misma sociedad: MATRIMONIUM EST VIRI ET MULIERIS MARITATIS CONJUCTIO INTER LEJITIMAS PERSONAS, INDIVIDUAM VITOE CONSUETUDINEM RETINENS."

Sentado pues, que el matrimonio es un contrato, se deduce con lógica inflexible que como tal, su reglamentación es de la exclusiva incumbencia del Estado, i que por lo mismo, a él i solamente a él, pertenece determinar su índole verdadera, los derechos i las obligaciones que engendra, i en suma, todo lo demás qué se refiere a la esencia de este contrato; por donde se ve que el Estado puede declarar, puede decidir, porque está en la esfera de sus atribuciones, si el matrimonio es indisoluble o disoluble, i en qué casos, cuántos i cuáles son los impedimentos, i hasta qué punto llegan, sin meterse, sin preocuparse absolutamente, en que pueda rodearse de ésta o aquella ceremonia, de ésta o aquella bendición, de éstas o de aquellas palabras porque, en verdad, no son otra cosa que una pura forma, que en nada, absolutamente en nada, altera la naturaleza del contrato, que es la base i la esencia del matrimonio que defiende el Estado pertenecerle, por mil razones que expondremos si el caso llega.

Para que no se crea que proponemos a nuestros lectores doctrinas falsas, o que las defendemos con mala fe, suplicamos a los sacerdotes más ilustrados de nuestro país, que ya que se ocupan de criticar esta grave i espinosa cuestión en sus LOJIAS i al amparo de la ignorancia de los pueblos, dirijan a EL ORDEN sus escritos sobre el particular, pues de la discusión brotará la luz que dará por resultado la MUERTE de las preocupaciones; pues estamos seguros que por ortodoxos, que por reaccionarios e ignorantes que sean, tienen que conocer al Estado la facultad de legislar acerca de los derechos civiles, consecuencia del matrimonio, i de establecer los derechos de los esposos entre sí, los de los padres con relación a sus hijos, de éstos respecto a aquellos, de la testamentificación, y; sobre todo lo cual la Iglesia no puede establecer ni agregar un ápice.

(CONTINUARÁ)

(Tomado de "EL ORDEN" Periódico Industrial, Noticioso, Político i científico. Serie 3ra. Número 22. Tegucigalpa, Marzo 24 de 1881. Página 1 pra., columnas 1, 2 y 3 y, 2da. página, columnas 2 y 3.

A: Fondo del Archivo Nacional de Honduras).

EL CURA DE CANTARRANAS I UN MATRIMONIO CIVIL
(Continúa).

En confirmación de todo lo que llevamos expuesto, i aún más de lo que hemos expuesto, copiaremos el brillante i sesudo discurso que en defensa del matrimonio civil, dirigió el Señor Martos, distinguido literato, en las sesiones de las Cortes Constituyentes de España, en tiempo de la República; reservándonos para después probar á los clérigos ambiciosos e ignorantes, PARA QUE DEJEN DE ESTAR ENGANANDO A LA JENTE SENCILLA, que el matrimonio civil es tan indisoluble, fan perpetuo, tan legítimo, como el matrimonio católico.

"Yo espero demostrar, Señores Diputados, que el proyecto del Gobierno i de la comisión no es contrario a la Constitución del Estado, no se opone a la libertad de cultos, no se opone a los sentimientos del pueblo español, no se opone en fin, a los derechos de la Iglesia católica, ni a los derechos de ninguna Iglesia, ni de ninguna religión positiva. Pero para esto, como podía partir del fundamento de donde se deriva toda la argumentación del Señor Calderón Collantes, no puedo ver en el matrimonio, como ha visto S. S., un acto en el cual solo están interesados los individuos que le celebran i la Iglesia que le presencia i autoriza; creo sí, que el matrimonio es un acto grandemente humano, que tiene varios componentes, que encierra varios elementos sustanciales, en el cual el aspecto del sacramento, el aspecto religioso es importante i respetable, i es importante i respetable el aspecto natural, i es importante i respetable el aspecto civil, i es importante i respetable el aspecto social.

De esta manera el legislador mira todo lo que hai que mirar en un acto fan grande: mira por la libertad i el interés del individuo; mira por el interés i la libertad de la Iglesia; mira por el interés, por la libertad, por el derecho i la obligación del Estado

Pero me he anticipado, Señores Diputados, faltando un poco al método que me había propuesto, i que en realidad exige la respuesta que se merece (i que yo, por cierto, no la daré fan cumplida como quisiera, porque no está en mis medios, aunque sí en mi voluntad) el metódico, claro, ordenado i elocuente discurso del Señor Calderón Collantes.

Su Señoría, antes de venir a examinar fundamentalmente la idea del matrimonio, su objeto, carácter i consecuencias, ha querido tomar apoyo para su vigoroso razonamiento en la historia del mundo, i sin ir yo fan lejos, no porque pudiera fatigarme, sino porque fatigaría a los Señores Diputados que me escuchan, acompañaré en su viaje al Señor Calderón Collantes, fan solo en aquello que es preciso para rectificar algunos extravíos que ha padecido en su itinerario.

Yo no puedo reconocer que vayamos a tomar argumentos i ejemplos en las sociedades anteriores al cristianismo, en cuyo seno era completamente desconocida la idea del sacramento; yo no puedo admitir que el matrimonio fuese en Roma, como ha sostenido el Señor Calderón Collantes, un acto principalmente religioso. Extrañabas S. S. hace poco de que nuestro amigo el Señor Ministro de la Gobernación le hubiese hecho particularmente alguna observación, de la cual quizá luego por incidencia, me haga cargo apropósito de lo que decía en cuanto al derecho internacional privado, i me permitirá mi amigo el Señor Calderón Collantes que yo extrañe a mi vez que S. S., que es una persona que tanto sabe, a quien oigo con fan profundo respeto i de quien estoy dispuesto a recibir lecciones de enseñanza, dejándose llevar de la necesidad de su defensa, del interés del asunto que trataba i de la tesis que estaba sosteniendo, haya caído en el error de sostener que el matrimonio fuese un acto religioso i puramente religioso, en la antigua Roma. No lo era, i bien lo sabe el Señor Calderón Collantes: en los tiempos primitivos, etruscos, o casi etruscos, el matrimonio era natural, instintivo i no era un acto reflexivo que obedeciera a un orden social más perfecto i a disposición del derecho más positivo; más lo que antes se hacía por instinto i por sentimiento, viene luego variando de formas con el trascurso del progreso humano.

También sabe el Señor Calderón Collantes que cuando por instinto se obra i no por meditación ni por reflexión, entonces es cuando el alma se levanta a Dios i se busca el concurso de la religión para todos les actos de la vida; i que cuando falta la reflexión, cuando falta el juicio i cuando faltan disposiciones escritas, todos los actos de la vida tienen el carácter de la espontaneidad religiosa, pero sin que esto sea señal de progreso, sino de retroceso a la época de la sociedad primitiva. No quiero seguir acerca de este punto por no lastimar las creencias religiosas del Señor Calderón Collantes.

Carácter civil tenía el contrato de matrimonio entre los romanos, i ofendería vuestra ilustración, Señores Diputados, i mui especialmente la de mi querido amigo el Señor Calderón Collantes, si me detuviera a demostrar esto con ejemplos i determinaciones del derecho de aquel pueblo. Mas farde, durante los cuatro primeros siglos del cristianismo. Roma mantiene el carácter de contrato en el matrimonio de aquella muchedumbre de cristianos, que poco a poco iba llenando el imperio i formando un elemento numeroso i considerable que forma la base de su población; i aquel pueblo de cristianos, aquel pueblo de mártires, que hubiera tenido bastante valor para rechazar la tiranía, si tal tiranía hubiera habido, de contrariar o violentar las facultades de la Iglesia, aquel pueblo cristiano se sometía i permitía la distinción respecto al matrimonio en sacramento i contrato. I no se diga que esto era durante el período de la persecución i del martirio; en primer lugar, porque ya tengo contestado a esta observación, i en segundo, porque, como sabe mui bien el Señor Calderón Collantes, la religión católica se hizo triunfadora, predominante i oficial del Estado. I no sólo en tiempos de Constantino, sino que en el Código Teodosiano i en la legislación Justiniana, se mantuvo el carácter esencialmente civil al contrato del matrimonio.

I hai una Novela de Justiniano, la74, si mal no recuerdo, pero que si no es ésta, no importa el número de ella para el caso: hai una novela de Justiniano, digo, donde comienza a notarse por primera vez la intervención del elemento eclesiástico, la intervención religiosa, algo de principio, de carácter sacramental en el matrimonio. Se exigía para una de las tres clases de matrimonios que se conocían en aquella legislación, se exige, i precisamente para la clase media, respecto al matrimonio, que vaya a celebrarlo a un lugar de oración, no para celebrar el sacramento, no para que el sacerdote autorizase el sacramento, sino que lo presenciara; bastando la presencia del DEFENSOR, que así se llamaba en aquella legislación, para que entregase a los contrayentes un acta, un testimonio, una auténtica del acta, autorizada por el testimonio de tres ó cuatro personas, que así podían ser eclesiásticas como legas.

El sacramento, como dijo el Señor Madrazo, no aparece en realidad como condición necesaria para el matrimonio en Oriente hasta el siglo X.

Durante todo este tiempo, la Iglesia consiente, no protesta, i no hai ni acta de Concilio, ni epístola de Obispo, ni rescripto de Pontífice en que se haga esa protesta, i á mi vez invito al Señor Calderón Collantes, fan entendido en estas materias, á que cite un solo texto de un acta de Concilio ó decreto pontificio contra la violación del derecho que la Iglesia tenia, contra eso que S. S. llama la tiranía del Estado.

¿Significa esto, acaso, que los Padres de la Iglesia, de aquellas grandes Asambleas católicas eran menos católicos, ó menos escrupulosos que los Señores Diputados que se sientan en aquellos bancos (SEÑALANDO AL SITIO DE LOS TRADICIONALISTAS) i también que mi estimado amigo el Señor Calderón Collantes?

No hablemos de la legislación española, acerca de la cual ha guardado silencio mi amigo el Señor Calderón Collantes; no digo que haya sido silencio malicioso; pero en fin, S. S. ha callado porque no hubiera podido demostrarnos que en los primeros tiempos de nuestra legislación, el carácter del matrimonio en España fuera esencial, exclusivo ni puramente religioso durante los primeros siglos.

Destruido el imperio romano, viven los dos pueblos en perfecta separación, los conquistadores y los vencidos. La raza vencida vive al amparo de la ley romana, rigiéndose por el ANUARIO DE ANIANO, compuesto, como sabe S. S., de varios elementos del Código Teodosiano i fragmentos de otros; i allí se mantienen el carácter civil del matrimonio, sin que los cristianos ni la autoridad eclesiástica proteste contra aquella legislación. I no hablamos de la raza conquistadora, que vivió bajo sus propias leyes. Después, cuando se hace la fusión entre los dos pueblos, toma forma i vida i se encarna en el FUERO—JUZGO el carácter esencialmente civil que distinguía el contrato del matrimonio.

Mas no quiero fatigar más a los Señores Diputados con estas excursiones históricas. Entiendo que S. S. está conforme conmigo; entiendo que reconoce como yo que los orígenes del matrimonio en el pueblo cristiano fueron puramente civiles; i si esto es así, ¿podrá desconocerse que no traemos en proyecto ninguna novedad peligrosa, que esté en contradicción con lo que se hizo en otros tiempos, ni con las costumbres de otra época, aún las más atrasadas respecto de la nuestra? i no hablo de herejías, porque en la ilustración de mi amigo el Señor Calderón Collantes no podía caber semejante imputación; pues de haberse hecho, yo habría podido citar textos de los Pontífices Nicolás I, Alejandro III e Inocencio III, en los cuales se concedía la separación entre el sacramento i el contrato, i no se consideraba necesario para la validez del acto del sacramento. Pero ¡qué más! Si existe esta separación en la esencia fundamental, en el mismo Código de las Partidas, ¡dentro de su espíritu religioso!

Realmente la identificación, la confusión, diré más bien, entre el sacramento i el contrato, procede de un gran fenómeno histórico i social que conocéis todos vosotros, porque es una de las nociones más elementales i más vulgares de la ciencia.

En el seno de las tinieblas de la Edad Media, Señores Diputados, a penas brillaba otra cosa que el resplandor de las doctrinas, de las instituciones i de las leyes de la Iglesia. Más: la Iglesia, con una fuerte unidad de doctrina, había tomado las fórmulas del escolasticismo, con los aparatos externos de la ciencia; la Iglesia, dominando i dirigiendo la enseñanza, oponía el veto de sus dogmas a las investigaciones de los sabios, que tenían que buscar las grandes leyes de la vida social, no en los libros de la naturaleza, abiertos a todo el mundo, sino en los libros de la vieja escuela aristotélica; implantados o identificados los Obispos en la organización social de aquellos tiempos, a la vez que dignatarios de la Iglesia, eran Obispos; al mismo tiempo que dignatarios de la Iglesia, eran Señores de Castillo, capitanes de huestes; i armadas ambas manos con el rayo espiritual i la espada de la guerra, jurisconsultos, filósofos i políticos, dominaban toda la vida, dominaban toda la sociedad: entonces vino la confusión de las dos potestades, o más bien la absorción del Estado por la Iglesia; entonces vino la confusión entre el sacramento i el contrato, o más bien, la absorción del contrato por el sacramento. Explicaos en vuestro espíritu, en vuestra imaginación, si os es posible, ese fenómeno de la historia; imaginaos que la civilización se construye por otros procedimientos, por una fuerza civilizadora que no hubiera sido la fuerza de la Iglesia, i yo os pregunto si se hubiera podido realizar esa gran confusión que realizó la Iglesia; si hubiera podido venir a preponderar el sacramento sobre el contrato; si el sacramento hubiera podido venir a dar validez al contrato.

Pues, Señores, si esto es así; si es por hechos humanos, si es por razones históricas como se ha producido esa gran preponderancia, cuya justicia, históricamente considerada, yo reconozco i aplaudo en aquellos tiempos; si es por hechos humanos como eso se verifica, apartemos toda idea de sacrilegio, apartemos toda idea de violación del principio religioso, i convengamos en la existencia de ese fenómeno, en la existencia de ese hecho, en la existencia de esas causas, i vengamos a lo que más importa, a su consagración por el Concilio tridentino; porque antes, a pesar de la justa preponderancia del derecho canónico, que tenía gran superioridad en ciertos ramos sobre el derecho civil; a pesar de todo esto, es indudable, Señores Diputados, que todavía la fuerza de las costumbres era tanta, que existían matrimonios que no se celebraban según los ritos i solemnidades de la Iglesia católica, i que no eran, sin embargo, reprobados, como otros muchos, por la Iglesia católica, la cual tenía paca ellos una fórmula que conoce i sabe el señor Calderón Collantes. Aquellos matrimonios eran válidos, aunque no legítimos, i como válidos, surtían todos sus efectos legales i todas sus consecuencias en la sociedad: eran una especie de matrimonios civiles reconocidos por la Iglesia. El Concilio tridentino vino a dar sanción religiosa, vino a dar la sanción de la autoridad eclesiástica, de que como Concilio de la Iglesia disfrutaba a aquellos hechos, i vino, sobre todo, a reformar el mal, a acabar con los inconvenientes de esa especie de matrimonios civiles.

Esto sucedía en el siglo XVI, en ese gran período en que la lucha de las ideas, en que las grandes necesidades del catolicismo, que aparecía en el seno de la Iglesia universal, excitaban naturalmente la viveza de la fe i convocaban a los católicos a la contienda i a la defensa; i entonces el Concilio tridentino quiso acabar con aquella tolerancia de los matrimonios clandestinos. Pero después de largas discusiones, durante las cuales hubo incidentes fan poco edificantes como aquellos, que pueden verse por referencia, porque respecto a las actas del Concilio, no se ha podido saber, sino que están encerradas en el castillo de Sant Anjelo: i sino se quiere recurrir al P. Sarpi, cuyas opiniones pueden parecer sospechosas a los amigos de la Iglesia por el espíritu que, según ese escritor, dominaba en el Concilio, puede consultarse lo que en su HISTORIA DEL CONCILIO dice relativamente a este asunto el historiador i jesuita Pallaviccini. (Yo recomiendo su lectura al Señor Ochoa i a sus amigos; i cuando la hayan leído i recuerden los grandes escándalos á que pacíficamente se entregaban por motivos teológicos i sobre puntos de disciplina aquellos Padres de la Iglesia, quizás les extrañe menos lo que aquí pasa, i que bajo el punto de vista de sus ideas políticas, llaman escándalos parlamentarios). Después de largas discusiones, Señores Diputados, habidas en el Concilio, cuando se puso a examen i á deliberación de los Padres aquel punto importantísimo de si habían de tenerse por sacramento todos los matrimonios que se celebrasen entre cristianos, o si habían solo de considerarse así aquellos que se celebrasen con arreglo a los ritos i solemnidades de la Iglesia católica, la mayoría de los Padres se declaró por la validez de todo contrato matrimonial que se celebrase entre cristianos, aunque no llevara el sello sacramental, i la minoría solo, la inmensa minoría, quiso que se declarase la nulidad de los matrimonios clandestinos; i yo no sé por qué arte, que también explica el mismo jesuita Pallaviccini, vino a convertirse la minoría en mayoría i se vino a decretar la nulidad de los matrimonios clandestinos.

Este es pues, un punto de disciplina, esta es una declaración de la Iglesia; pero esto ha de contenerse dentro de los límites, dentro de la esfera en que se debe encerrar, i por lo tanto hemos de ver si el matrimonio es o no un acto exclusivamente religioso, porque si lo es, entonces no hai sino contraerle con todas las fórmulas i condiciones establecidas por el Concilio tridentino; i sino lo es, sino se puede sostener que lo es, según la ciencia i según la realidad de la historia; si eso es insostenible, sobre todo dentro de las condiciones en que nos ha colocado el artículo 21 de la Constitución del Estado, entonces, Señores Diputados, hai que tomar el matrimonio en su diversidad i en sus varios elementos constituyentes, porque sólo de esta manera puede examinarse este punto, sólo de esta manera dejaremos de incurrir en el cargo que fan sin razón nos dirigía el Señor Marrón, cuando hablaba del alto deber que tenían en este punto los legisladores.

Pues bien, yo voy a demostrar al Señor González Marrón, i de paso habré de hacerlo también al Señor Calderón Collantes, que en el proyecto de leí se procura contemplar el acto del matrimonio en toda su grandeza i en toda su múltiple variedad.

(CONTINUARÁ)

(Tomado de "EL ORDEN PERIÓDICO INDUSTRIAL NOTICIOSO, POLÍTICO I CIENTÍFICO". Serie 3ra. Número 22. Tegucigalpa, Marzo 24de 1881. Fondo del ARCHIVO NACIONAL DE HONDURAS.

TROPELÍA OFICIAL INCALIFICABLE

Con indecible sorpresa i con la natural alarma que ocasiona a todo ciudadano la violación de la leí, especialmente en lo que se relaciona con la libertad personal, fuimos informados el día 1° de los corrientes, que en ese mismo día nuestro colega en la redacción de EL ORDEN, Licenciado Don Antonio R. Vallejo fue llevado a la cárcel i confundido entre los criminales, por mandamiento del Señor Juez de Paz 19 suplente Don Ángel Ugarte.

La grave tropelía de que nos ocupamos se verificó así: El Juez Ugarte mandó colocar tres soldados de la policía en la esquina de la tienda de Don Salvador Díaz, para que a las 12 del medio día en que saliera de su despacho el Señor Vallejo, se le condujese a la cárcel como en efecto se le condujo.

Sirvió de pretexto para semejante ultraje, el hecho de haberse disparado desde el cerro inmediato de Zapusuca un tiro de revólver, según se cree, i de que resultó herido mortalmente por la espalda un pobre niño.

Para llegar al examen jurídico del enunciado delito, se vulgariza cada vez más, que en la farde en que fue cometido, había por el lado Norte del expresado cerro, una pandilla de tahúres que constantemente juegan a los dados, i entre los cuales no son raros los disparos de revólver, sin que la policía haya cuidado hasta ahora de perseguirlos para lograr su corrección: —que por coincidencia ocurrió ese día, que nuestro Colega anduviese a caballo por el cerro como a las cuatro i media de la farde, descendiendo inmediatamente por la calle de la Ronda, mucho antes de la desgracia, i que el Señor Juez Ugarte no mandó capturar para el efecto de inquirir a ninguno de los tahúres del grupo que mencionamos; pero sí mandó a la cárcel a nuestro Colega, persona honrada, sin antecedentes criminales, solamente porque HABÍA PASADO por la farde en dirección al cerro, i sin embargo de que cuando él pasó por el lugar del acontecimiento aún no se había cometido el hecho.

Si es dable suponer la parcialidad del Juez Ugarte en el procedimiento contra el Señor Vallejo, es oportuno decir: que ha sido público i notorio que el Señor Ugarte es enemigo del Señor Vallejo desde que se publicó en EL ORDEN un artículo contra aquel bajo el rubro de FORMIDABLE ALIANZA DE SALMERÓN DE PAMPLONA I PAPIANO BOBADILLA. Siendo eso así, el Juez Ugarte en buena conciencia, por delicadeza i respeto a la ley, debió juzgarse impedido para conocer en el procedimiento contra su adversario. La fracción 16 del artículo 221 de la Ley de Tribunales, refiriéndose a la implicancia de los Jueces, dice: "Tener el Juez con alguna de las partes enemistad, odio o resentimiento que haga presumir que no se halla revestido de la debida imparcialidad; "pero el Juez Ugarte no lo hizo así i en confirmación de su parcialidad, se afirma que, después de haber llamado los autos la Corft de Apelaciones en razón de solicitud de amparo, el Juez hizo sugestivas i extraordinarias investigaciones, continuó actuando i no permitió los autos sino en virtud de un apercibimiento de la Corte.

Mucho sentimos que en esa ocasión el Juez Ugarte no hubiese dado una prueba de caballerosidad i de imparcial procedimiento, aun en el caso improbable de que nuestro Colega hubiese sido el de la comisión del delito.

¿Son libres los jueces para detener a su arbitrio a cualquiera persona de honrosos antecedentes, solo porque hubiese PASADO por el lugar en que se cometió un delito? De ninguna manera. El artículo 910 del Código Penal dice: "No podrá dictarse auto de prisión, sin que proceda información sumaria de haberse cometido un crimen o simple delito i sin que concurra INDICIO RACIONAL O MOTIVO SUFICIENTE para suponer que la persona detenida es la que ha cometido el delito. "Ese artículo no deja al Juez en capacidad de disponer arbitralmente de la libertad individual, por el contrario lo obliga á proceder en esa materia solo en virtud de sospecha racionales, en que la conciencia del buen Juez i el sentimiento público queden satisfechos. Deseamos saber, qué entiende el Juez Ugarte por INDICIO racional.

La manera con que fue llevado a la cárcel el Señor Vallejo revela en sí misma la idea preconcebida de una venganza ultrajante, escandalosa i sorpresiva contra un empleado público, honrado é inocente, con residencia fija i con Oficina abierta en donde debió citársele, i no apostarle POLIZONTES en la plaza pública para torturarlo, deprimirlo i colmarlo de escándalo, con mengua hasta de las funciones públicas a que con tanto bien para la sociedad se consagra.

I eso ha sucedido en esta culta ciudad a vista de los honorables redactores de nuestros buenos Códigos patrios, donde hai respetables maestros del derecho i en una sociedad bastante civilizada, para que pudiese tolerar sin indignación hechos de esa clase, que a repetirse impunemente, pondrían en conflicto a todos los hombres honrados.

No creemos posible que en el proceso de que surgió la prisión de nuestro Colega Vallejo haya un indicio, SIQUIERA VULGAR, de culpabilidad contra el prevenido, quien no dudamos elevará enérgicamente su querella al Tribunal Superior, para obtener el castigo del Juez culpable i el desgravio de la sociedad.

Los Jueces están obligados a seguir las formas que establece el Código de Procedimientos. Artículo 862.

Todo empleado público que arbitrariamente arrestase ó detuviese á una persona, debe sufrir la pena de reclusión menor i suspensión del empleo en sus grados mínimos a medios. Artículo 143, Código Penal.

Según las disposiciones citadas, el Superior habrá de resolver en justicia ese asunto, cuyo desenlace jurídico en favor de la persona inocente i altamente ofendida esperan los ciudadanos imparciales de esta población.

EL ORDEN no perderá de vista el juicio i los tribunales en que la acusación se ventile, porque nos importa saber si aquí respetan o no los jueces las garantías individuales.

El Redactor, Francisco Cruz

(Tomado de "EL ORDEN PERIODICO INDUSTRIAL, NOTICIOSO, POLITICO I CIENTIFICO." Serie 3ra. Número 56. Tegucigalpa, noviembre 16 de 1881. Página 2da. columna 3ra. y, 3ra. página columnas primera y segunda. FONDO: ARCHIVO NACIONAL DE HONDURAS.

EL INFRASCRITO, SECRETARIO DE LA CORTE DE APELACIONES DE ESTA SECCIÓN

Certifica: que en el recurso de amparo introducido por el Presbítero Licenciado Don Antonio Ramón Vallejo, se encuentra la resolución siguiente: "Corte de Apelaciones de esta Sección. Tegucigalpa, Noviembre treinta de mil ochocientos ochenta i uno. Vista la sumaria instruida por el juez de Paz 1° de esta ciudad, Licenciado D. Ángel Ugarte, contra el Presbítero Licenciado D. Antonio Ramón Vallejo, de este vecindario, por suponerlo indiciado en el hecho criminal de haber recibido un balazo el joven Ciriaco Elvir, en la calle Nueva de esta población la tarde del día treinta de Octubre próximo pasado, cuyas diligencias han venido al conocimiento de este Tribunal, en virtud del recurso de amparo, promovido por el procesado, Resulta: que de las diligencias aparece que varios testigos afirman que el Señor Vallejo subió al cerro llamado LA PEDRERA, más o menos a las cuatro de la tarde del día antes citado, i que dos de estos refiriéndose al dicho del testigo Marcial Lanza, declaran: que él presumía que el referido Vallejo había sido el autor del tiro, por haberlo visto subir al cerro expresado, montado en una mula, de donde se infiere que fue dirigido; pero repreguntado se ratificó en la ignorancia absoluta, consignada en su primera declaración, asegurando ser falta la especie a que se refieren los dos testigos de que antes se ha hecho mérito. Considerando: que la garantía de HABEAS CORPUS, consagrada en nuestro Código fundamental, más que un derecho particular es un derecho que interesa a la comunidad de los ciudadanos i que en ese concepto, los tribunales están en el estricto deber de hacerla respetar siempre que la vean infringida, en contravención con las leyes que la determinan.

Considerando: que obedeciendo al principio universalmente reconocido, de que el hombre debe reputarse inocente, mientras no se justifique lo contrario, en la generalidad de los casos, para decretar la detención, los jueces deben establecer previamente algunos elementos de prueba, que alejen la arbitrariedad i el capricho, en atención al respeto que debe tributarse a la libertad individual. Considerando: que en un pueblo libre, como el nuestro, que, por sus instituciones, ha conquistado preciosas garantías, no puede dejarse impune la arbitraria detención de un ciudadano, sin dejar expuesta a iguales vejámenes la comunidad de los coasociados. Considerando: que en el presente caso el Juez de Paz procedió a la detención del Señor Presbítero Licenciado Don Antonio Ramón Vallejo, sin que las diligencias, creadas al afecto, arrojen la MENOR PRESUNCIÓN sobre el hecho de que el expresado Señor Vallejo, fuese el autor del disparo del tiro que lesionó al joven Elvir, en la fecha antes referida, i sin hacerlo constar, en una orden de arresto, destinada a efectuar el grave acto de privar de la libertad personal, a un ciudadano, que por su condición social, i por el carácter de empleado público de que se halla investido, prevenía un mandamiento de comparecía, aun en el caso de que hubiese causa probable de haber sido él el trasgresor de la lei, sin hacer uso del escándalo i del menosprecio con que se verificó la detención. Por tanto: la Corte de Apelaciones, a nombre de la República, en observancia de los artículos 7 de la Constitución i 950 del Código de Procedimientos, declara procedente el recurso de amparo interpuesto por el Presbítero Licenciado D. Antonio Ramón Vallejo, mandando devolver las diligencias al Juzgado de su origen, con el atestado de estilo. Notifíquese.— Ferrari, —Reina, —Zúniga, —José María González, Secretario.

De orden superior se extiende la presente en Tegucigalpa, a cinco de Diciembre de mil ochocientos ochenta i uno. — JOSÉ MARÍA GONZÁLEZ.

No debía hacerse esperar mucho en favor de la vindicta pública la sentencia que antecede, i ella no podía ser de otra manera, atendida la ilustración i rectitud de los Señores Magistrados que la dictaron i la claridad de las leyes que garantizan en Honduras la libertad personal. No faltarían personas de carácter ligero que se hubiesen complacido por la ultrajante detención del Señor Vallejo, sin reparar que más farde o más luego, ellas también serian víctimas de iguales violencias i vejaciones oficiales, a no mediar ejemplos de superior reprobación, como el de que nos ocupamos. Esa clase de sentencias, además de garantizar los derechos del hombre en lo más importante de su libertad personal, promueve la circunspección de los jueces, para que no puedan estimar a su arbitrio, como indicio racional, lo que no merece el nombre de tal. ¡Ojalá que esto sirva de lección provechosa a la juventud que está en la antesala de los destinos públicos!

(Tomado de "EL ORDEN PERIÓDICO INDUSTRIAL, NOTICIOSO, POLÍTICO I CIENTÍFICO". Serie 3ra. Número 59. Tegucigalpa, Diciembre 6 de 1881. Página 3ra., columna 3ra. y, página 4ta. columna pra. (primera. Publicado cada 15 días en la TIPOGRAFIA NACIONAL. Calle de Estación.

FONDO: ARCHIVO NACIONAL DE HONDURAS.

—**FIN**—

CONTENIDO